Stock
und Stein
Verlag, Krefeld

Christian Ebener

Fünf Quadratmeter Freiheit

Mit der Land Rover Ambulanz auf dem Landweg nach Australien

Verlag, Krefeld

Das Umschlagfoto entstand im November 2019 an der australischen Westküste nördlich von Geraldton.
Das Bild auf der Buchrückseite wurde im Januar 2019 in den Kardamom Mountains (Kambodscha) aufgenommen.

Einige Namen wurden aus Gründen des Persönlichkeitsschutzes geändert.

"Fünf Quadratmeter Freiheit" ist in der Deutschen Nationalbibliothek verzeichnet.

Taschenbuch-Erstausgabe
1. Auflage 2020
by Stock und Stein Verlag Krefeld
Raderfeld 30b
47807 Krefeld
www.stockundsteinverlag.de

Gesetzt aus der Times New Roman
Fotos: Christian Ebener, Anja Ebener
Druck und Bindung: Generál Druckerei GmbH
Umschlaggestaltung, Lektorat und Satz:
Susanne Goertz, www.extratour-media.de

ISBN 978-3-9817174-3-3

Inhalt

Prolog 9

Zurück in die Zukunft 11

Von Kasachen, Kakerlaken und kalten Nächten 31

Ausverkauf auf verbrannter Erde 71

Grün ist nicht gleich Grün 115

“Hello Mister!” 145

Wüste(n) Träume 185

Goodbye Nanny 227

Take me home country roads 259

Anhang – Wer, wie, was: Fragen und Antworten 278

Zum Autor 295

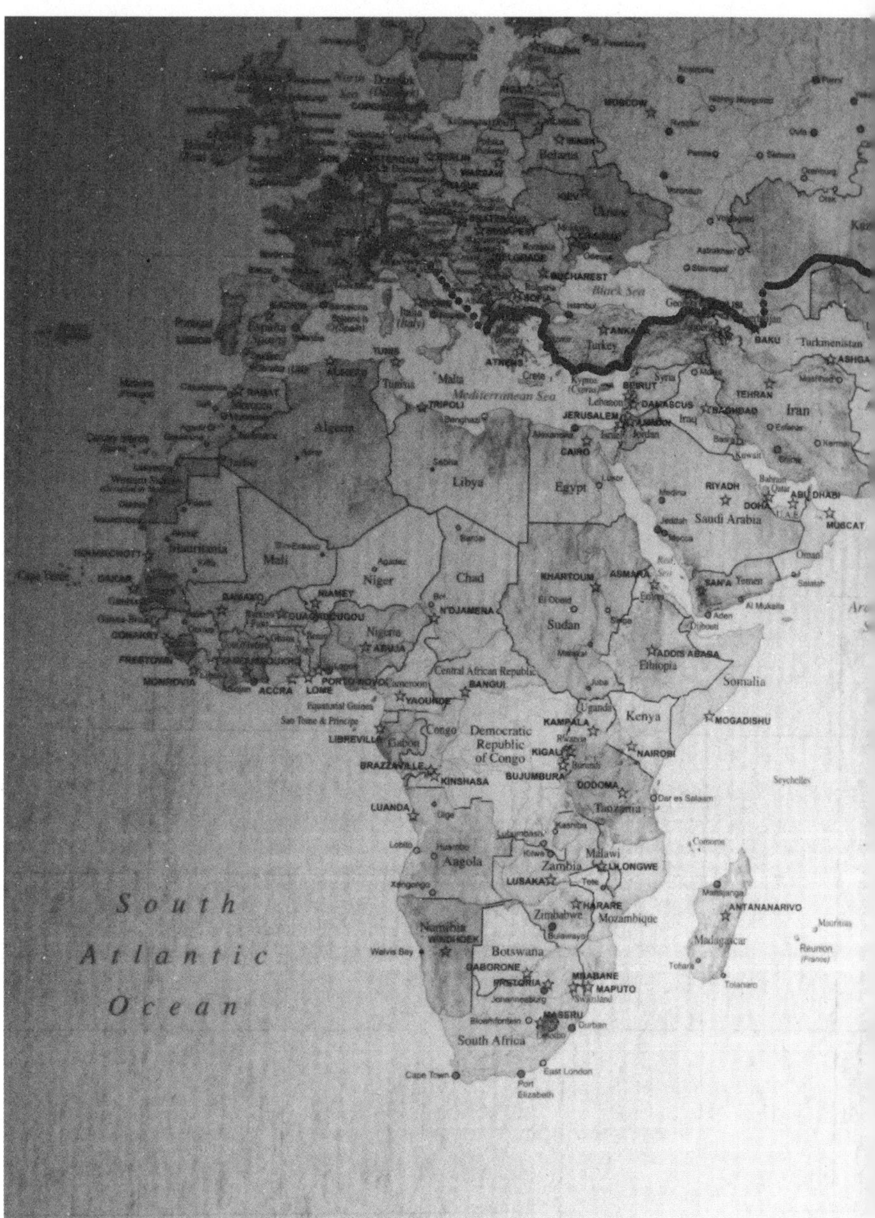

South Atlantic Ocean
MOSCOW
Belarus
Black Sea
BUCHAREST
SOFIA
Turkey
ATHENS
Crete
Mediterranean Sea
Malta
Tunisia
TUNIS
TRIPOLI
Algeria
RABAT
Morocco
Libya
Egypt
CAIRO
JERUSALEM
BEIRUT
DAMASCUS
Lebanon
Syria
Iraq
Jordan
Israel
BAGHDAD
TEHRAN
Iran
BAKU
Turkmenistan
Kuwait
RIYADH
Saudi Arabia
DOHA
ABU DHABI
MUSCAT
Oman
Yemen
SAN'A
Aden
Djibouti
Mauritania
Mali
Niger
NIAMEY
Chad
N'DJAMENA
Nigeria
ABUJA
DAKAR
FREETOWN
MONROVIA
ACCRA
LOME
PORTO NOVO
Sudan
KHARTOUM
ASMARA
ADDIS ABABA
Ethiopia
Somalia
MOGADISHU
Central African Republic
BANGUI
Cameroon
YAOUNDE
Equatorial Guinea
San Tome & Principe
LIBREVILLE
Gabon
Congo
Democratic Republic of Congo
BRAZZAVILLE
KINSHASA
Uganda
KAMPALA
Kenya
NAIROBI
KIGALI
BUJUMBURA
DODOMA
Tanzania
Dar es Salaam
Seychelles
LUANDA
Angola
Zambia
LUSAKA
Malawi
LILONGWE
HARARE
Zimbabwe
Mozambique
Madagascar
ANTANANARIVO
Mauritius
Reunion
(France)
Namibia
WINDHOEK
Walvis Bay
Botswana
GABORONE
PRETORIA
Johannesburg
MBABANE
MAPUTO
Swaziland
MASERU
Bloemfontein
Durban
South Africa
Cape Town
East London
Port Elizabeth

Sea of Okhotsk
Mongolia
ULAN BATOR
China
BEIJING
Yellow Sea
SEOUL
Japan
TOKYO
North Pacific Ocean
India
DELHI
KATHMANDU
Nepal
Sri Lanka
COLOMBO
Bay of Bengal
NAYPYIDAW
BANGKOK
Vietnam
Ho Chi Minh City
Philippines
MANILA
TAIPEI
Taiwan
East China Sea
South China Sea
KUALA LUMPUR
Malaysia
Singapore
Borneo
Sumatra
Indonesia
JAKARTA
PORT MORESBY
Coral Sea
Indian Ocean
Port Hedland
Australia
Geraldton
Perth
Albany
Adelaide
Melbourne
CANBERRA
Sydney
Brisbane
Tasman Sea
New Zealand
Tasmania
Queensland
New South Wales
New Caledonia
Federated States of Micronesia

Wegweiser:

"... ein Schild oder Zeichen,
das auf eine bestimmte Richtung oder ein bestimmtes Ziel
aufmerksam machen soll ..."

Prolog

"Dann lass uns wieder losfahren!"

Ich blicke auf und schaue Anja abwägend an. "Meinst Du das ernst?"

"Warum denn nicht?"

"Hmm ..." Nachdenklich lehne ich mich auf der blaugelben Couch unseres Wohnzimmers zurück. Ich hatte mich nicht getraut, diese Idee so konkret auszusprechen. Jedenfalls noch nicht. Ich wollte Anja nicht unter Druck setzen.

In meinem Kopf verzieht sich allmählich der dichte Nebel. Es ist, als ob ich aus einem undurchdringlichen Wald endlich auf eine Lichtung trete und sehen kann, wohin ich gehen muss.

Es muss im Frühjahr 2016 gewesen sein, als dieser Moment eintrat. Vorausgegangen war ein Gespräch zwischen uns beiden über unsere Perspektiven und Möglichkeiten, besonders im Job. Wieder mal. Aber auch über unsere Unzufriedenheit, über meine Unruhe. Vor gut zwei Jahren waren wir von unserer ersten langen Reise zurückgekehrt. Der Wiedereinstieg in das "normale" Leben klappte für jeden von uns nur mäßig. Anja wechselte innerhalb dieser Zeit einmal die Stelle und war nun beinahe wieder an dem Punkt hinzuschmeißen: Zu quälend waren die Schikanen in der Abteilung und die Konflikte, bei denen es um Nichtigkeiten ging. Auch bei mir lief es alles andere als zufriedenstellend: Zwar hatte ich genug Arbeit und im Rahmen meiner Selbstständigkeit neue Geschäftsfelder ausprobiert, aber die Begeisterung für das, was ich tat, war weg. Es war irgendwie nebensächlich geworden. Stattdessen plagte mich eine innere Unruhe. Das Zuhausesein fühlte sich zu eng an, zu trocken, zu langweilig. "Das ist der Virus!" attestierten uns Freunde, die schon alte Reisehasen waren.

Jaja, der legendäre Reisevirus. Mittlerweile weiß ich, dass es ihn gibt. Wer sich einmal auf eine lange Reise begeben hat, der wird ihm entweder verfallen oder aber das Leben on the road hassen. Jedenfalls kenne ich keinen Fall, wo es nicht eines von beidem war. Bei uns ist die Sache klar, sind die Symptome eindeutig: Wir hatten mit großen Zügen aus dem Kelch der echten Freiheit getrunken – und es genossen. Es gibt keinen Weg zurück. Einmal erlangte Erkenntnis lässt sich nun mal nicht mehr aus dem Denken und Tun verbannen. Uns reizt das einfache, pure Leben unterwegs, gepaart mit der Freiheit und Selbstbestimmtheit, hinzugehen, wo, wann und wie man möchte. Es sind neue Erfahrungen, die wir machen und uns begreifen lassen, dass es noch so viel mehr gibt als das, was uns zu Hause umgibt. Es sind andere spannende Lebenskonzepte, die wir unterwegs beobachten. Sie sind so unterschiedlich zu dem, was wir aus unserem Kulturkreis kennen und dennoch funktionieren sie, sind genauso richtig, erweitern unseren Horizont und schaffen Verständnis und Akzeptanz. Reisen bedeutet, interessante Menschen und Sichtweisen kennenzulernen, Zusammenhänge und Geschichte zu verstehen. Es bedeutet, wilde Landstriche zu erkunden und die Stille und Einsamkeit der freien Natur genießen zu können. Oder auf einem weiten leeren Strand an einem knisternden Lagerfeuer und unter Tausenden von Sternen die Magie und Glückseligkeit des Moments zu spüren. Ungebunden und nur zu zweit – ohne Hektik, Alltagsstress, Terminkalender und Stechuhren ...

"Wir könnten noch ein, zwei Jahre die Zähne zusammenbeißen, bis wir genügend Geld beisammen haben, und dann hauen wir wieder ab!" reißt mich Anja aus der Flut von Bildern und Gedanken in meinem Hirn. Ich bin erleichtert, dass es ihr genau so geht wie mir, dass ich nicht alleine bin mit dem heimlichen inneren Wunsch, in ein weiteres Abenteuer zu starten. Innerhalb weniger Sekunden hat sich die vage Idee bereits zu einem festen Plan in meinem Kopf etabliert, sind verschiedene Szenarien an meinem geistigen Auge vorbeigerauscht.

"Nein", sage ich. Anja schaut mich erwartungsvoll an.

"Wir brauchen einen richtigen Plan, ein festes Datum, sonst wird das nix! Der 01.05.2017 soll unser Abfahrtsdatum sein."

Ungeduld:

„... ist das fehlende Vermögen abzuwarten,
bis eine ersehnte Situation
endlich eintrifft ...“

Zurück in die Zukunft

Auf alten Pfaden zu neuen Zielen

Die Ellbogen aufgestützt sitze ich da und beobachte gedankenverloren die Schaumkrone, die in elliptischen Bahnen auf meinem schwarzen, wohlduftenden Kaffee treibt. Die blaue Tasse mit dem grüngelben Land Rover-Logo steht vor mir auf dem Küchentisch, gegenüber sitzt meine Frau Anja und sieht mich an. „Wir sollten ihn noch mal anrufen!“, sagt sie. Es ist eine dieser Mittagspausen in unserer Küche, die gleichzeitig immer eine wichtige Planungssitzung ist, in der Probleme besprochen werden, Material und Komponenten geordert und das weitere Vorgehen in unserem Projekt festgelegt wird. Während der vergangenen vier Monate, in denen wir fast jeden Tag zehn und mehr Stunden an der Fertigstellung unseres fahrbaren Untersatzes gearbeitet hatten, saßen wir Dutzende Male so da, genauso wie jetzt. Aber heute wird es wohl das letzte Mal sein, denn morgen wollen wir los ...

Ungefähr 15 Monate ist es her, dass ich mit einem schweren Autotrailer hinter unserem kleinen roten Defender nach England fuhr, um dieses Stück Altmetall auf einem Schrottplatz in der Nähe von Winchester abzuholen. Die kantige und schuhkartonartige Form des kurzen und kompakten Allradfahrzeugs mit den großen Rädern gehörte einem untypischen Land Rover, einem Forward Control 101. Nur wenige wurden davon gebaut. Unser Exemplar diente als Ambulanzwagen zuletzt im Jugoslawienkrieg, seine Reifen waren porös und platt, aus einem Loch im Motorblock lugte seitlich ein Pleuel, der Lack blätterte an allen Ecken und Kanten – und doch freute ich mich wie ein Schneekönig. Ich konnte unser Glück kaum fassen. Vor exakt einer Woche hatten wir dieses mit Nieten übersäte Stück englischer Ingenieurskunst blind gekauft, wohl aber zu einem überschaubaren Preis. Ich blickte durch die reichlich vorhandene Patina hindurch, vor meinem geistigen Auge erwuchs der Landy zu einem kernigen Expeditionsmobil und wurde für Anja und mich zu dem Gefährt, mit dem wir uns auf den Landweg nach Australien aufmachen wollten.

Nach einer langen, haarsträubenden und verregneten Nacht, in der ich langsam und todmüde mit dem überladenen Hänger nach Hause schlich, bezog der Krankenwagen eine kleine unbeheizte Scheune auf einem Bauernhof. In den folgenden Wochen und Monaten wurde Major Tom bis zur letzten Schraube zerlegt. Diesen Namen fanden wir schnell: Der „Major" erinnerte an seine militärische Vergangenheit. Während jedoch der Protagonist aus David Bowies Song die Unendlichkeit des Weltraums erforscht, reichte es uns, mit unserem Major die letzten Winkel unseres Planeten zu erkunden. Quasi wird ER unsere Raumkapsel sein … Es wurden allerhand Teile erneuert, ein Vermögen für Reifen ausgegeben, der ruinierte V8-Motor gegen einen Turbodiesel samt Getriebe ersetzt und am Ende ein gemütlicher wie zweckmäßiger Innenausbau aus Birkenholz angefertigt, mit Klappdach für die nötige Stehhöhe.

Alles ist gecheckt und abfahrbereit, das Einzige, was fehlt, ist der Zeltstoff im Dach.

„Hier, ich hab schon gewählt", reißt mich Anja aus den Gedanken und reicht mir den Telefonhörer rüber. Es klingelt einige Male auf der anderen Seite der Leitung, dann geht die mir mittlerweile wohlbekannte Stimme des Anrufbeantworters ran. Nochmals spreche ich bittend, eigentlich bettelnd aufs Band, sage dem Sattler, dass wir auf seinen Rückruf warten und erwähne, wie jedes Mal, unseren geplanten morgigen Abfahrtstermin. Es bleibt uns nichts weiter übrig, als unsere Vorbereitungen zur Abreise unbeachtet des luftigen Panoramablicks bei geöffnetem Dach fortzusetzen.

Es ist beinahe 17 Uhr, als der Bulli des Sattlers knirschend die Kiesauffahrt zu unserer Scheune hinauffährt. Endlich! Nur eine halbe Stunde vergeht und die hellgraue Zeltbahn sitzt perfekt an ihrem Platz. Major Tom meldet Startbereitschaft! Freunde kommen vorbei, um sich zu verabschieden, eine Flasche Wein oder ein Andenken zu überreichen, die Aufregung steigt. Wann werden wir uns wiedersehen?

Unser Plan ist ähnlich vage wie bei unserer ersten Reise. Vor nicht ganz vier Jahren befanden wir uns ebenfalls in Aufbruchstimmung. Damals entstand der Entschluss zu einer gemeinsamen Tour recht spontan und nicht lange, nachdem wir uns kennenlernten. Kurzfristig bauten wir unseren Defender 90 zum Reisefahrzeug aus: Eine Schublade an Auszügen nahm alles zum Thema Kochen und Küche auf, stapelbare Kunststoffkisten auf gezimmerten Böden im Kofferraum fassten unser Hab und Gut, Wasser gab es aus vier Kanistern. Eine kleine Kompressorkühlbox hielt das Bier kalt, und geschlafen wurde in einem Dachzelt in luftiger Höhe. Was im Auto keinen Platz fand, wurde in Alukisten hinter dem Zelt verstaut. Fertig. Mit diesem minimalistischen Setup machten wir uns mit südlichem Kurs auf den Weg, auf der Suche nach Freiheit, Abenteuer und neuen Erfahrungen. Europa und eventuell Marokko im Winter waren anvisiert, stattdessen führte uns der Weg unverhofft durch Iran, über die Straße von Hormus bis nach Oman und Saudi Arabien. Acht Monate streunten wir durch den Orient, durchquerten Wüsten, campierten unter den Sternen von Tausendundeinernacht, bestaunten die Kulturen und Moscheen der Perser wie der Araber und erfreuten uns an warmen Temperaturen. Meistens jedenfalls. Denn im Iran lernten wir schnell die Grenzen des Idealbereichs unserer Ausrüstung kennen, aber auch die unserer Komfortzone. Gemeint sind nicht nur die Temperaturen, die schon in der Osttürkei gerne mal deutlich unter den Gefrierpunkt sanken oder der nicht enden wollende Nieselregen und der Nebel an der iranischen Küste des Kaspischen Meeres, der die Feuchtigkeit spätestens nach drei Tagen in sämtliche Klamotten und Schlafsäcke treibt. Gemeint sind auch menschliche Phänomene wie zum Beispiel die Gastfreundschaft der Iraner, der man sich kaum entziehen kann, gepaart mit einer freundlichen Neugierde, die Privatsphäre im europäischen Sinne nur schwer möglich macht. Jedenfalls nicht, wenn man in einem Zelt schläft und alles Weitere sich jenseits der Zeltbahn und außerhalb des Autos abspielt – das Kochen, Zähneputzen, Duschen, Anziehen. So ein kleiner Raum, in den man sich zurückziehen könnte, sich vor Wind und Wetter verkriechen und vor neugierigen Blicken und unangenehmen Zeitgenossen verbergen könnte – das wäre was!

Nach acht Monaten kehrten wir in unser altes Leben zurück und merkten ziemlich schnell, dass die Erfahrungen während einer derartigen Reise nicht sonderlich gut mit dem Alltagstrott und der oftmals stoisch einseitigen Weltanschauung mancher zu Hause vereinbar waren. Wieder war es die Unzufriedenheit im Job, die uns einen Entschluss fassen ließ, denn eins war längst klar: Der Reisevirus hatte uns sowieso voll erwischt. Spätestens in zwei Jahren wollten wir wieder los. Bis dahin hieß es Zähne zusammenbeißen, Durchhalten und vor allem: jeden Cent sparen!

Wohin sollte es gehen? Nach Australien! Warum? Weil man weiter auf dem Landweg von zu Hause aus nicht fahren konnte – von der Überquerung einiger Meeresengen abgesehen. Unser Ziel war ambitionierter und selbstbewusster als beim ersten Mal, sonst gab es keine Unterschiede. Keine fest geplante Route, nur eine grobe Idee. Auch keinen Zeitplan, der Geldbeutel und die Reiselust sollten den Rahmen stecken. Um der Sache einen Namen zu geben, wurde das „Projekt 1517" ins Leben gerufen. Der Codename stand für den 1. Mai 2017, unser anvisiertes Abfahrtsdatum.

Ernüchtert stellen wir fest, dass heute der achte Juli ist – immerhin 2017 ... Zu viel war zu organisieren gewesen, besonders die Fertigstellung unseres Autos aber war es, die nach viel mehr Zeit verlangte. Somit überrascht es nicht, dass wir kaum Zeit fanden, um den Major ausgiebig zu testen. Abgesehen von einem Wochenende, an dem wir in drei Tagen 1.500 Kilometer quer durch Deutschland fuhren und von dem wir mit einer To-do-Liste mit 23 Punkten zurückkamen, haben wir faktisch keine Erfahrung mit dem Gefährt. Ein Punkt, der die Anspannung und Aufregung jetzt, als es losgeht, nicht unwesentlich steigert. Wird alles halten und funktionieren? Werden wir die deutsche Grenze überhaupt erreichen? Monatelang haben wir diesem Moment entgegengefiebert und all unsere Energie in die Vorbereitung und den Bau unseres mobilen Zuhauses gesteckt. Jetzt endlich gehts los.

Ohne zu zögern, beinahe selbstverständlich klettern wir ins Führerhaus, starten den Motor und fahren aus dem Fenster winkend davon. Es fühlt sich wie die Erleichterung nach einer harten, langen Prüfungsphase an, die man hinter sich lässt, es ist dieses Gefühl von „endlich geschafft".

Auf der Auffahrt zur A61 Richtung Süden drücke ich auf die Playtaste unseres Radios. Willie Nelson zählt drei vor, dann dudelt sein Hit „On the road again". Anja und ich grinsen uns an und können es noch gar nicht richtig fassen: Ja, wir sind wieder unterwegs!

Schon auf der Probefahrt haben wir festgestellt, dass sich unser Major Tom in einem Punkt gravierend von der Hauptfigur in dem berühmten Song unterscheidet: Während die sich nämlich mit einigen Zehntausend Stundenkilometern dem Orbit nähert, geht es bei uns eher beschaulich zu. Mit knappen 80 trödeln wir dem nächsten Rastplatz entgegen. Dafür aber ähnlich laut. Die Soundkulisse wird durch das kräftige Nageln des Turbodiesels direkt unter unseren Hintern und durch das deutliche Heulen und Wummern der groben Geländereifen auf dem Asphalt bestimmt. Ob man einen dauerhaften Gehörschaden bekommt, wenn man von nun an jeden Tag so verbringt?

Am Gardasee machen wir halt. Im größten Schwimmbecken Europas ist mächtig was los. Die Sonne brennt vom Himmel, im fast schon widerlich warmen Flachwasser tummeln sich Eltern und ihre Kinder. Es ist Ferienzeit – und das bedeutet südlich der Alpen Hauptsaison. Der Andrang hier, wie vermutlich auch an der gesamten Mittelmeerküste, ist enorm und war einer der Gründe, eine Fähre von Venedig nach Griechenland zu buchen. Die Strände und Campingplätze wären eh überfüllt, an wildes Campieren, so wie wir es am liebsten tun, ist wohl ohne Strafzettel nicht zu denken. Ein positiver Nebeneffekt ist, dass wir mit der Fährpassage etwas Zeit gutmachen können. Der Winter in Russland und der Mongolei beginnt früh – und dort wollen wir hin, allerdings lieber, bevor es richtig kalt wird!

Mitten in der Nacht legt das Schiff ab. Wir wandern umher auf der Suche nach einem Schlafplatz, weil wir keine Kabine gebucht haben. Das Szenario erinnert an ein Geisterschiff, auf dem jemand eine Granate mit Betäubungsmittel gezündet hat: Überall liegen Menschen, die Schlaf suchen – auf Bänken, Tischen, auf dem Fußboden und selbst auf den Treppenabsätzen. Für uns ist nichts mehr frei. Beim Zwischenstopp in Ancona gelingt es uns, uns am Personal vorbei auf das eigentlich gesperrte Autodeck zu mogeln. Die restliche Fahrt verbringen wir entspannt im Major: Wir kochen und lesen und schlafen die folgende Nacht gut in unserem eigenen Bett.

Die Küste Griechenlands ist unsere Leitlinie, nachdem wir ausgeschifft haben. Immer am Wasser entlang geht es Richtung Osten. Erfrischend wenig ist hier los, scheinbar ist das von der Schuldenkrise gebeutelte Land dieses Jahr bei Urlaubern nicht sonderlich populär. Wir freuen uns über leere Strände und ruhige Stellplätze. Das Thermometer zeigt um neun Uhr morgens teils schon um die dreißig Grad, eine gute Entschuldigung, keine Gelegenheit auszulassen, um die Tauchermaske samt Schnorchel und Flossen anzulegen und zwischen Felsen und Steinen nach den bunten Bewohnern des glasklaren Mittelmeeres Ausschau zu halten. Rasch haben wir nach wenigen Tagen unseren Reiserhythmus gefunden, haben den Stress der letzten Wochen vergessen und genießen es, vom ebenmäßigen Rauschen der Wellen geweckt zu werden.

In Jerissos, einem Ferienörtchen am östlichen Ende der Chalkidiki-Halbinsel, halten wir auf dem Parkplatz eines Supermarkts, um unsere Vorräte aufzufrischen. Noch im Fortgehen werfe ich einen flüchtigen Blick unter unser Auto und muss feststellen, dass es ordentlich Öl verliert. Gleich an mehreren Stellen im Bereich des Motors tropft es. Während Anja nun den Einkauf alleine erledigt, gehe ich der Sache auf den Grund und finde bald heraus, dass aus dem Zahnriemengehäuse das Öl bei laufendem Motor regelrecht herausläuft und sich während der Fahrt gleichmäßig überall unter dem Fahrzeug verteilt. Mist! Mit einem so massiven Leck ist an eine Weiterfahrt erst einmal nicht zu denken. Als Anja aus dem Supermarkt zurückkehrt, ist der vordere Teil des Motors bereits fast zerlegt und der Zahnriemen frei zugänglich. Offensichtlich ist der vordere Kurbelwellensimmering, obwohl er bei der Überholung getauscht wurde, defekt. Wir haben eine Vielzahl an Reparaturteilen an Bord. Wie es sich aber bei einer solchen Reise wohl immer mit Ersatzteilen verhält, ist dieser Simmering nicht dabei. Ein aufmerksamer Supermarktkunde rät uns, zu einer kleinen Werkstatt hier im Ort zu gehen. Deren Besitzer habe zehn Jahre in Deutschland gelebt und würde uns sicher helfen können.

Costas spricht kaum Deutsch und auch kein Englisch. Unsere griechischen Kenntnisse tendieren gegen null, trotzdem können wir ihn überreden, mit zum Parkplatz zu kommen, damit er sich das Problem selber anschauen kann und versteht, was für ein Ersatzteil wir bei ihm bestellen möchten. Zwar kommt er mit, aber er sagt, er könne uns hier nicht helfen und auch keinen Simmering für uns besorgen. Wir müssten das Auto in seine Werkstatt bringen. Irgendwie scheint der Laden nicht sonderlich vertrauenswürdig zu sein, außerdem kann ich die Reparatur selbst durchführen. Schließlich ordern wir kurzerhand das 4,58 Euro teure Ersatzteil direkt bei einem englischen Großhändler per Express zur Adresse des Supermarktes. Dort geben wir Bescheid. Man würde uns das Päckchen bringen, sobald es da ist. Nun heißt es warten.

48 Stunden, kein Problem, heute ist Montag – vielleicht sind wir am Donnerstag wieder im Rennen. Grundsätzlich hätte uns der Ort unserer Havarie schlimmer treffen können. Der Supermarkt hat von sieben bis 22 Uhr auf, verfügt neben einem Angebot an allem, was man braucht, auch über eine Toilette für Kunden. Jerissos selbst ist überschaubar und ganz hübsch, der Strand mit Duschen ist 15 Minuten Gehzeit entfernt. In einem kleinen Eisenwarengeschäft kaufen wir ein paar Winkel und Schrauben, aus denen ich mir ein Spezialwerkzeug zur Demontage des Kurbelwellenrades bastele. Es könnte also schlechter sein.

Dennoch sind wir ungeduldig, besonders als das Paket am Donnerstag nicht kommt. Nach zwei Tagen haben wir das Städtchen vollkommen erkundet. Zudem ist es heiß. Glücklicherweise parkt der Major halb im Schatten einer kleinen Kiefer. Tagsüber surrt der Chor Hunderter Zikaden sein monotones Lied, das ohrenbetäubend laut werden kann. Auch am Freitag kommt kein Paket. Wir kontaktieren den Händler. Die Spur des Pakets verliert sich beim Erreichen Griechenlands, und in Hellas Reich kann es leider nicht nachverfolgt werden. Dafür meldet der Lieferdienst Schwierigkeiten und kündigt an, dass es zu Verzögerungen kommen kann. Na großartig!

Abends hört das hektische Treiben auf dem Gelände auf, die Menschen verschwinden und mit ihnen die Autos, bis der Major das einzige Fahrzeug auf dem großen, teils überdachten Parkplatz ist. Im Schutze der Dunkelheit kommen rivalisierende Rudel streunender Hunde und liefern sich Beißereien um die Dinge, die tagsüber beim Einladen zu Bruch gingen und nun herumliegen: Eier, Joghurt, Sahne … Nachts weckt uns das durch die Straßen hallende Gebell der Vierbeiner. Samstag Nachmittag haben wir unsere Lieferung schon vollkommen abgeschrieben und somit das ganze Wochenende, denn sonntags wird wohl kaum ein Kurier kommen. Lethargisch sitzen wir schwitzend und wortlos auf unserer Bank und blicken mit nur halb geöffneten Augen durch das Fenster zum Eingang des Supermarktes hinüber. Manchmal weht ein laues, angenehmes Lüftchen herein. Gegen 16 Uhr erweckt ein weißer unscheinbarer Lieferwagen zunächst nur geringfügig unsere Aufmerksamkeit. Es ist das aufgedruckte und mir bekannte Logo des englischen Händlers auf dem Frachtstück, das unter dem Arm des Fahrers klemmt und das mich aufspringen lässt. Ich sprinte hinüber und noch bevor der Kurier den Laden erreicht, habe ich ihm unser Päckchen schon aus der Hand gerissen.

Nach fünf Tagen Ferien vor dem Supermarkt haben wir die Inkontinenz unseres Gefährts behoben und können unsere Fahrt fortsetzen. Der neuerliche Zwischenfall hat das gerade frisch aufkommende und noch zarte Vertrauen ins Auto zunichtegemacht. Wann wird es wieder Probleme geben? War es die richtige Entscheidung, so eine alte Kiste für ein solches Vorhaben zu wählen? Wir haben die türkische Grenze fast vor der Nase, als uns Anrufe und E-Mails von Freunden und Familie erreichen, die uns bitten, nicht dort einzureisen. Grund ist ein „Reisehinweis" des Auswärtigen Amts, der darin begründet ist, dass die Regierung Erdogans verstärkt Kritiker und Protestler mitunter willkürlich inhaftiert und dabei auch vor Ausländern nicht haltmacht. Wir informieren uns, lesen aktuelle Nachrichten und Berichte von anderen Reisenden. Ohnehin haben wir nicht vor, größere Städte des Landes wie Istanbul oder Ankara zu bereisen, uns interessieren vielmehr die Küste und das Hinterland. Hier sollte es faktisch kein Risiko geben, in politische Konflikte verwickelt zu werden. Somit verlassen wir uns schlussendlich auf unser Bauchgefühl und die Erfahrungen während unserer ersten Tour: Wir reisen ein. Schon damals hatte uns die Türkei ein Stück weit verzaubert. Hier ist es, wo man spürbar den bekannten Kulturkreis verlässt. Lebensgewohnheiten und Religion sind so anders als bei uns, das ist besonders deutlich hörbar, wenn der Muezzin mit seinem oft kunstvollen Gesang vom Minarett aus fünf Mal am Tag die Gläubigen zum Gebet ruft und an Allah erinnert.

Die Einreise erfolgt absolut problemlos, freundlich und schnell. Am ersten Abend befinden wir uns in dicht besiedeltem Gebiet. Es fällt uns schwer, einen Campplatz für die Nacht zu finden. Überall Häuser, Siedlungen oder Felder. Notgedrungen fahren wir ein Stück in eine Obstplantage hinein und parken den Major versteckt zwischen den Bäumchen. In Ermangelung eines besseren oder schöneren Platzes wollen wir hier die Nacht verbringen und gleich am nächsten Morgen mit dem ersten Sonnenstrahl und vor dem Frühstück wieder verschwinden. Richtig wohl fühlen wir uns nicht, zumal wir wissen, dass uns ein paar Jugendliche beobachtet haben, als wir uns hier hinein manövrierten. So sind wir auch nicht sehr überrascht, als wenige Minuten später ein Auto in die Plantage einbiegt. Ich steige aus. Angestrahlt durch die Scheinwerfer des Wagens entschuldige ich mich, deute mit Gesten, dass wir hier nur schlafen wollten. Ein Mann und eine Frau kommen auf mich zu, sprechen Türkisch miteinander, dann verschwinden sie in der Dunkelheit zwischen den Büschen. Wenig später kehren sie zurück, mittlerweile ist Anja bei mir. Gemeinsam reichen sie uns ein Dutzend Pfirsiche und Nektarinen. Mit mehrfachen Kopfnicken deutet der Mann uns „Tamam, tamam!“ Schließlich verbeugt er sich und sagt: „Hosgeldiniz“ – alles ok, ihr seid herzlich willkommen!

Wir brauchen nicht lange auf türkischen Boden unterwegs zu sein, um zu sehen, dass auch die hiesige Tourismusbranche sehr unter dem schlechten Image der türkischen Regierung im Ausland zu leiden hat. Als wir in Bodrum haltmachen, wird das besonders offensichtlich: Diese Stadt ist eigentlich eine Touristenhochburg, vor allem Engländer kommen gerne hierher. Die Preistafeln der Restaurants und deren Angebote sind in Englisch verfasst und in britischen Pfund ausgezeichnet. Nur Engländer sind keine da. Lediglich wenige Russen und ein paar einheimische Gäste haben freie Platzwahl. Die Kellner buhlen vor den Restaurants um die Gunst der wenigen Besucher, die an diesem Abend hier vorbeiflanieren. Wir vergleichen unsere Eindrücke mit denen von vor vier Jahren und stellen fest, dass zumindest hier in der westlichen Türkei der Kurs auf Modernisierung steht. Obwohl nur wenig Zeit vergangen ist, wirken viele der kleinen Städte, an denen wir vorüberfahren, moderner und westlicher. Die jungen Männer haben stylische Haarschnitte und tragen nun auch kurze Hosen, ein Kleidungsstück, das einen richtigen Kerl damals gefühlt zum lächerlichen Hampelmann degradierte. Es gibt Tattoos und mehr neue Autos, überall wird wie bei uns mit dem Smartphone gespielt. Besonders die jungen Mädels tragen kaum noch ein Kopftuch, am Strand sonnen sie sich meistens in Bikinis, man kann aber auch „Burkinis“ beobachten. In den Touristengebieten ist es sauberer und die Strände sind gepflegt und aufgeräumt.

Es sind beinahe 40 Grad, als wir nach wenigen Tagen Cirali erreichen, jenen Ort, der sich auf unserer ersten Reise zu einem besonderen Wendepunkt entwickelte. Hier war es, wo wir erstmals auf andere Overlander trafen und uns von ihnen zur Weiterfahrt in den Iran inspirieren ließen. Heute sind wir die einzigen Reisenden im eigenen Auto am Strand dieses verträumten Örtchens. Auch hier ist die Zeit nicht stehen geblieben. Fanden sich damals die Traveller bei Lagerfeuern unter alten, schattenspendenden Küstenkiefern ein, so ist dieser Bereich für Fahrzeuge nun komplett gesperrt und durch einen niedrigen Zaun gesichert. Lediglich auf dem Parkplatz neben einer Sportanlage können wir nun übernachten. Tröstlich ist, dass die Umzäunung dem Naturschutz dient: Hier sollen junge Kiefern die Chance haben, ungestört anzuwachsen und somit den Bestand der Bäume am Strand sichern. Außer uns genießen auch zahlreiche türkische Familien ihre Ferien hier auf diesem Parkplatz. Tagsüber sind die Camper alle am Meer und versuchen der schier unerträglichen Hitze im angenehmen Wasser zu entfliehen. Abends versammeln sich die Familien um uns herum. Es wird gegrillt, gelacht, geredet, Musik spielt bis spät in die Nacht. Die einen reisen ab, andere kommen hinzu – gerne mal mitten in der Nacht. Auch die nachts immer noch hohen Temperaturen von beinahe 30 Grad sorgen dafür, dass für uns an Schlaf kaum zu denken ist.

Unser Weg führt uns immer weiter ostwärts. Unbeachtet der Ferienregionen um Alanya und Side erreichen wir Gazipaza. Hier lassen sich erstmals die außenpolitischen Spannungen zwischen der Türkei, dem Geschehen in Syrien und Irak und dem Auftreten der Terrororganisation IS in diesen Ländern spüren: Schwer bewaffnete Polizisten mit Helm und schusssicherer Weste führen hinter errichteten Straßenbarrikaden Kontrollen durch. Unweit der Stadt treffen wir zufällig auf ein wahres Kleinod: Eine schmale, sehr steile einspurige Schotterpiste führt eng gewunden durch leuchtend grüne Bananenplantagen das Küstengebirge hinab zum „Harmony“. Diese Pension ist terrassenartig direkt in den Fels des Küstengebirges gebaut. Zwischen den wenigen schlichten Bungalows ranken bunte Blumen in den Gärten. Von einer aus Naturstämmen gezimmerten Holzterrasse aus überblickt man eine malerische Bucht mit einem kleinen weißen Sandstrand, vor dem im Dunst der Brandung ein einziger Monolith majestätisch und schroff aus dem Meer erwächst. Nur das Rauschen der Wellen und das Zwitschern der Vögel sind zu hören. Paradiesisch! Uns beeindruckt diese Szenerie so sehr, dass wir spontan beschließen, hier einige Zeit zu bleiben.

Aysha, eine Deutschtürkin, und ihr Mann Ahmed betreiben diesen besonderen Ort. Abends kochen sie Spezialitäten der türkischen Küche und erzählen uns Geschichten, die so weit weg scheinen, wie sic unvorstellbar sind. Sie erzählen, wie Protestler und Oppositionelle über Nacht verschwinden, dass Lehrpläne und -inhalte vollkommen neu eingeführt werden, die die Evolutionstheorie leugnen und das Osmanische Reich glorifizieren. Die Redezeit der Opposition im Parlament wird auf ein Minimum gekürzt, Wissenschaftler werden ihres freien Reiserechts beraubt und ihnen wird der Pass entzogen. Sie erzählen von der Spaltung der Gesellschaft und der zunehmenden Gewalt zwischen den Lagern ...

Wir liegen später noch wach und denken über die innenpolitischen Herausforderungen dieses großartigen Landes nach, dessen Gastfreundschaft, Wärme und Herzlichkeit uns seit der ersten Begegnung so begeistern, während draußen ein Drama seinen Lauf nimmt.

Wir beobachten Ahmed, wie er sichtlich nervös von der Terrasse aus immer wieder mit seiner Taschenlampe zum Strand hinunter leuchtet und so etwas wie Morsesignale in die umliegenden Plantagen sendet. Wir gehen hinüber und fragen, ob alles ok sei. Er erzählt, dass am Nachmittag ein Junge aus der Stadt hier sein Auto abstellte, um unten im Meer mit der Harpune Fische zu jagen. Das würde er öfters machen, normalerweise jedoch in einer kleinen Gruppe, und eigentlich kehren sie immer vor Einsetzen der Dunkelheit zurück. Heute ging er erstmals alleine und kam bisher nicht wieder hinauf, obwohl es seit beinahe drei Stunden vollkommen finster ist. Zunächst finden sich Freunde ein. Gemeinsam und mit Taschenlampen ausgerüstet ziehen sie los, um den Strand und das umliegende Gelände abzusuchen, in der Hoffnung, ihn vielleicht leicht verletzt mit einem verstauchten Knöchel oder Ähnlichem zu finden. Erfolglos. Eine düstere Vorahnung macht sich breit. Der kleine Parkplatz, auf dem wir campieren und der Platz für höchstens drei Autos bietet, entwickelt sich zur Einsatzzentrale für eine dramatische Rettungsaktion. Gleich um den Major herum bereiten im Morgengrauen Taucher der Polizei ihre Ausrüstung vor, bevor sie die steile Treppe hinabsteigen zum Strand. Wir sitzen mittendrin und können weder helfen noch verschwinden. Vor der Bucht kreuzt bereits ein Patrouillenboot der Küstenwache, auch kleinere Schlauchboote sind im Einsatz. Gegen elf Uhr wird die Ahnung zur bitteren Gewissheit: Die Taucher finden den 21-Jährigen in 19 Metern Tiefe leblos und kopfüber zwischen zwei Felsen verkeilt. Beklommen und mit einem Kloß im Hals ziehen wir beide uns zu einem Spaziergang in die Bananenplantagen zurück. Die Familie des Toten kommt, um das Auto und die übrigen Sachen des Verunglückten zu holen. Erst am späten Nachmittag sind wir wieder alleine an diesem eigentlich wundervollen Ort, der nun von Trauer und Fassungslosigkeit geprägt ist. Wir fühlen uns in dieser Situation hier vollkommen deplatziert und sind froh, am nächsten Morgen weiter zu fahren.

Wir suchen Ruhe und Abstand – das hoffen wir am „Robinson Crusoe Beach“ zu finden. Wir tauften eine einsame Bucht mit menschenleerem Strand und feinem Kies circa 40 Kilometer östlich von Gazipaza auf diesen Namen, nachdem wir sie an diesem Küstenabschnitt auf unserer ersten Reise zufällig entdeckten. Die Ursprünglichkeit und Ruhe dort hatte uns augenblicklich an die Hauptfigur aus Daniel Defoes Roman erinnern lassen. Tatsächlich finden wir den leicht zu übersehenden Abzweig auf die gut fünf Kilometer lange Piste gleich wieder, die uns in engen Serpentinen durch herrlich duftenden Pinienwald hinunter ans Wasser führt. Hierher scheinen nur selten Besucher zu kommen. Eine Nachbarbucht ist sogar nur schwimmend oder per Boot zu erreichen. Als wir dorthin auf „Expedition“ gehen, entdecken wir ein gutes Dutzend Schildkrötennester. Die Spuren der über den Strand robbenden Muttertiere sind einwandfrei zu erkennen, auch die trichterförmige Kuhle, in der das Gelege angelegt wurde, ist klar zu sehen. Wir genießen die Abgeschiedenheit, schnorcheln, dösen, lauschen den Wellen und dem Wind, backen abends Brot auf unserem Lagerfeuer. Uns ist bewusst, dass es bald Abschied nehmen heißt von der Küste des Mittelmeeres.

Kurz hinter Adana biegen wir auf nordöstlichen Kurs ab Richtung Kozan. Bis dorthin geht es auf gut ausgebauten Straßen rasch voran. Später folgen wir lieber kleineren Nebenstrecken, um das zentrale Hochland Anatoliens zu überqueren. Über schmale Landstraßen und durch enge Täler fahren wir stets bergan. Gleich in der ersten Nacht, nachdem wir die Küste verlassen haben, campieren wir auf über 1.600 Meter über Normalnull. Auf unserem Weg zur Landesgrenze der Türkei zu Georgien werden wir in den nächsten Tagen noch Pässe mit über 2.200 Metern Höhe erklimmen. Das Bild der Türkei hier im Hinterland fernab von Großstädten und Touristen wandelt sich vollkommen. Die Landschaft ist mal sanft hügelig, mal schroff und felsig. Die Menschen in den oft weit auseinanderliegenden Dörfern leben ein traditionelles, von der Landwirtschaft bestimmtes Leben. Hier oben ist der Bikini bei Frauen genauso undenkbar wie eine kurze Hose bei Männern. Die Damen tragen üblicherweise lange Röcke, weite Blusen, Jacken oder Mäntel, deren Ärmel immer bis zum Handgelenk reichen. Um den Kopf ist ein oftmals buntes

Kopftuch geschlungen. Auf kleinen, einfachen Traktoren und Landmaschinen erledigen die Männer ihre Feldarbeit. Auch ihr Dresscode ist ziemlich einheitlich: lange, weit geschnittene Bundfaltenhosen und ein langärmeliges Hemd als Oberbekleidung. Fast immer bildet eine Moschee den Mittelpunkt der Siedlungen. Rund um die Ortschaften treiben junge Burschen Ziegen- und Schafherden zu den Weidegründen. Jetzt, Ende August, ist das meiste Getreide bereits abgeerntet. Weite Landstriche leuchten nun in der gelblich-beigen Farbe der Stoppelfelder und verdorrten Gräser. Balsampappeln säumen die Wasserläufe der Flüsse und Bäche. Wenn wir einkaufen oder tanken, erleben wir die Menschen hier oben deutlich zurückhaltender, manchmal gar mit einer gewissen Skepsis. Dennoch lieben wir gerade diesen Teil der Türkei, er wirkt auf uns so echt, ursprünglich und vom Tourismus unverdorben.

Bei Giresun treffen wir auf die Schwarzmeerküste, wo gerade das „Haselnuss-Fieber" grassiert. Weite Teile der Region gelten als bedeutendes Anbaugebiet für diesen gut fünf Meter hohen Strauch, dessen Früchte nun an den Straßenrändern auf Decken und Planen zum Trocknen ausgebreitet in der Sonne liegen. Säckeweise werden die Nüsse verladen oder in speziellen, auf kleinen Lkw montierten Maschinen von der Schale getrennt. Selbst Ferrero soll hier den Rohstoff für sein begehrtes Nutella beziehen. Die Schwarzmeerküste selbst ist so weit im Osten des Landes nicht sonderlich spektakulär. Eine vierspurige Straße folgt der Küstenlinie von Ost nach West und ist gleichzeitig die wichtigste Versorgungslinie für die Küstenregion und die im Hinterland angrenzenden Provinzen. Eine Stadt reiht sich an die andere. Wenn man hier entlangfährt ist nur schwer erkennbar, wann die eine endet und die nächste beginnt.

Somit sind wir froh, als wir am Nachmittag des 20. August die Grenze zu Georgien erreichen. Bereits einige Kilometer vorher kündigt eine ewig lange Schlange wartender Lkw deren Nähe an. Die Trucker scheinen die Situation zu kennen: Gelassen sitzen sie in Gruppen neben ihren schattenspendenden Brummis und kochen auf kleinen Gaskochern Kaffee und Tee. Als wir näherkommen, wird schnell klar, dass auch wir uns auf einige Wartezeit einstellen müssen, denn die Pkw-Schlange ist ebenso lang. Die Leute sind ungeduldig, es wird gehupt, Fahrer pöbeln ungehalten die beiden Grenzer an, die in brütender Hitze versuchen, mit ihren Trillerpfeifen Ordnung in das Chaos zu bringen. Knappe zwei Stunden wird es dauern, bis auch wir uns durch das Nadelöhr gezwängt haben. Dennoch reißt der Trubel auf der Straße nicht ab. Schnell lernen wir, dass die Georgier wie die Berserker fahren. Drängeln, hupen, schneiden, ausbremsen und mit Freude überholen, obwohl der Gegenverkehr schon beängstigend nahe ist, so sind die typischen Manöver der hiesigen Fahrkunst. Auch sonst kann man auf den ersten Blick deutliche Unterschiede zum Osten der Türkei ausmachen: Die Frauen auf den Straßen sind sehr westlich gekleidet, die Männer hingegen verzichten oft gänzlich auf ein T-Shirt oder klappen den Saum des Shirts über den oft üppig vorhandenen Bauch nach oben. So kommt nicht nur viel mehr Luft an die Wampe, sondern sie lässt sich auch viel besser kneten und streicheln, während man sich auf der Straße unterhält. Interessant ist auch die immense Zahl an gut genährten braunen Kühen, die immer und überall umher wandern und sich auch gerne in den ohnehin nicht ungefährlichen Straßenverkehr einmischen, indem sie sich beispielsweise auf der warmen Fahrbahn niederlassen, um zu verdauen. Das Resultat ist überall „auffindbar“: Straßen und Gehwege sind stellenweise übersät mit Kuhfladen. Man ist also gut beraten, einen prüfenden Blick auf den Gehsteig zu werfen, bevor man sich dynamisch aus dem Sitz schwingt – besonders wenn man Sandalen trägt wie wir ...

Ein Highlight Georgiens ist die Region um das Städtchen Mestia. Auf über 1.500 Metern gelegen, ist sie nicht nur Ausgangspunkt für Bergsportler wie Kletterer und Wanderer, sondern beherbergt eine historische Besonderheit. Hier und im Umland stehen Wehrtürme, die teilweise knapp 1.000 Jahre alt sind. Diese bis zu 25 Meter hohen Gebäude dienten in der Vergangenheit mit ihren vier bis fünf Stockwerken und den massiven, einen Meter starken Wänden als Wohn- und Wehrgebäude zugleich. So ist der Eingang immer in einem der oberen Stockwerke gelegen und nur über eine Leiter zu erreichen. Im Angriffsfall wurde die einfach hochgezogen, und durch Schießschächte im obersten Stockwerk verteidigten die Bewohner den Turm und somit ihr Leben. Der Umstand, dass viele der Anlagen trotz zahlreicher militärischer Auseinandersetzungen in der Region und trotz des hohen Alters oftmals unrestauriert bis heute überdauerten, belegt den Erfolg dieses Konzepts, das so in der Region Swanetien einmalig ist. Mestia selbst hat in den vergangenen Jahren vom wachsenden Tourismus profitiert. Die Straßen im Ortskern sind mittlerweile asphaltiert, es wurde viel gebaut und saniert, was wiederum bei

Kritikern den Vorwurf schürt, dass das ursprüngliche Bild der Stadt zerstört wurde. Touristen hingegen genießen eine Mischung aus zeitgemäßer Infrastruktur, bestehend aus Hotels, Cafés und Restaurants, gepaart mit dem rustikalen Charme des georgischen Hochlandes.

Nur 43 Kilometer entfernt wartet das Dorf Ushguli mit einer Superlative: Auf 2.100 Metern gelegen ist es das höchste ständig bewohnte Dorf Europas. Die Strecke dorthin hat es jedoch in sich. Auf einer abenteuerlichen Bergpiste krabbelt der Major durch Geröll, Schlamm und Bachläufe. Ein kräftiger Regenguss in der vergangenen Nacht hat den Weg aufgeweicht und kleine Rinnsale zu ernsthaften Bächen anschwellen lassen, die es nun zu kreuzen gilt. Wir benötigen beinahe drei Stunden für diese lächerliche Distanz, dabei waren die ersten zwölf Kilometer sogar asphaltiert! Trotz seiner Besonderheit empfinden wir den Ort als Enttäuschung. Zwar gibt es weitere eindrucksvolle Türme, aber sonst ist seine Geschichte für die stetig wachsende Besucherzahl, durch die Ushguli eine Art Renaissance erfährt, kaum aufbereitet dargestellt. Dafür gibt es Plastikmüll und Kuhmist in den Straßen, in denen frei laufende Schweine wühlen, das Dorf wirkt ungepflegt und heruntergekommen. Immerhin hören wir hier vom Zaghari-Pass, einer Verbindung, die eine Weiterreise in Richtung Osten möglich macht und uns somit den lästigen Umweg zurück über Mestia ersparen würde. Wir hören uns um, man ist sich unsicher, ob der Pass wegen der Regenfälle frei sei. Außerdem sei unser Auto doch ziemlich groß. Trotzdem wollen wir es versuchen. Gleich auf der Zufahrt gibt es ein schlechtes Omen: Ein Jeep blockiert mit gebrochener Vorderachse den schmalen, steilen Weg. Beide Räder sind oben komplett ins Radhaus eingedrückt. Mit eingelegter Differenzialsperre und Untersetzung manövriere ich den Major vorsichtig an der Böschung entlang und am Hindernis vorbei. Tatsächlich ist der Pass nicht ohne. Die Büsche drängen sich an die schmale Fahrspur. Eng gewunden schlängelt sie sich den Berg hinauf und wieder herab, über Felsstufen und Blöcke, loses Geröll und durch kleine Flüsse. Der Major bekommt erste leichte Blessuren, als sich die Äste der Sträucher unangenehm quietschend im Lack verewigen. Wir schaffen es, brauchen aber für die ungefähr 70 Kilometer einen ganzen Tag. Der Ausblick, die Einsamkeit und die Unberührtheit der Landschaft entschädigen jedoch für die Strapazen. Saftig grüne Hänge, Bäche, die den Weg kreuzen, um dann ins Tal zu fließen, Berggipfel, die sich kontrastreich vor dem blauen, mit weißen Wolken durchsetzten Himmel abzeichnen. Am östlichen Ende des Passes säumt bald dichter Wald den Weg, erste Ortschaften erscheinen. Mit von Ochsen gezogenen Schlitten schaffen die Menschen das gemähte Heu von den Berghängen hinunter ins Tal. Auch die Mäharbeiten erfolgen noch von Hand mit der Sense. Von den Straßenverhältnissen her erinnert uns Georgien an Rumänien. Auf den Nebenstrecken sind die Straßen meistens unglaublich schlecht. Mit ein bisschen Fantasie entsteht ein Bild, in dem die Fahrbahn zum Gletscherfluss wird: Loses Geröll bildet das Wasser, Asphaltfetzen mit scharfen Abbruchkanten erscheinen wie Eisschollen, die darauf treiben. Das Vorankommen ist mühsam und nervig, selten geht es über den zweiten Gang hinaus. Wie lange würde es wohl dauern, wenn wir hier eine Panne hätten und ein Kurier ein Päckchen bringen müsste?

Wir haben die Hauptstadt Tiflis im Visier. Hier sind die Straßen natürlich bestens. Überhaupt scheint die Stadt besonders in der Altstadt hübsch herausgeputzt. Die Friedensbrücke, eine moderne Glaskuppelbrücke, überspannt den Fluss Kura, der mitten durch Tiflis´ Innenstadt fließt. Wir parken unseren Landy und fahren mit dem Bus zu einem der berühmten Märkte am Rande des Zentrums. Die Vielfalt an dem, was man hier erwerben kann, ist überwältigend, sowohl in puncto Auswahl als auch an Menge. Da gibt es Lkw-Ladungen Knoblauch, Paprika oder Zwiebeln. Ganze Lieferwagen sind fein säuberlich vollgestapelt mit Melonen, Kürbissen und Kohlköpfen, so groß wie Medizinbälle, dazu Fleisch, Fisch, Schuhe, Kleidung, Werkzeug und Ersatzteile. Im Grunde ist der Markt ein Einkaufszentrum für alles, was man im täglichen Leben brauchen könnte.

Langsam wird es Zeit, einen Platz für die Nacht zu finden. Das ist gerade in großen Städten am schwierigsten. Glücklicherweise trafen wir in Ushguli ein paar Wanderer, die uns einen heißen Tipp gaben: Oben auf dem Hügel mitten in der Stadt gäbe es eine Freizeitanlage. Rund um den sogenannten Schildkrötenteich könne man spazieren gehen oder sich auf einer der Anlagen sportlich betätigen. Der große Parkplatz davor böte sich förmlich an, um dem Treiben der Stadt zu entfliehen und eine ruhige Nacht zu verbringen. Offenbar war die junge Familie, die uns diese Empfehlung gab, immer nur bis Sonnenuntergang hier, denn ihr sicherlich gut gemeinter Tipp entwickelt sich im Verlauf der Nacht zum Desaster. Wir haben kaum das Licht gelöscht und es uns im Major gemütlich gemacht, als gegen 23 Uhr laute Musik von der anderen Seite des kleinen Sees zu spielen beginnt, die leider bis um sechs Uhr am nächsten Morgen nicht verstummen wird. Dumpfe Bässe dröhnen die ganze Nacht. Quelle des schlafraubenden Lärms ist eine Diskothek, gut versteckt im Wald etwas abseits der Rundwege. Der eben noch fast leere Parkplatz ist nun übervoll mit Autos. Fahrzeuge kommen und fahren wieder, Türen werden geschlagen, Motoren heulen auf, Leute lehnen sich für ein Schwätzchen und eine letzte Zigarette an unser Auto. Selbst die besten Ohrstopfen und das dickste Kissen über dem Kopf können nicht helfen, das Geschehen auszublenden. Als die Musik bei Tagesanbruch endlich verstummt, kommen die ersten Sportler, um auf der Anlage Tennis zu spielen und Fußbälle hin und her zu schießen.

Nordöstlich der Hauptstadt ändert sich die Landschaft. Ein weites ausgedehntes Tal öffnet sich. Zunächst sind die Hügel an beiden Seiten mit dichtem Wald aus urigen Altholzbeständen bewachsen, bevor es lichter wird und er Wiesen und Rebstöcken weicht. Hier in der Region Kachetien, an den Südhängen des Großen Kaukasus, findet der Weinanbau beste Bedingungen vor. Dies ist nicht nur der Grund, warum die verschiedensten Rebsorten hier schon seit vielen Tausend Jahren kultiviert werden, sondern auch dafür, dass Wein eines der wichtigsten Exportgüter des Landes ist. Trotz des enormen Flächenbedarfs für Weinanbau und Landwirtschaft findet die Natur ihren Platz wie zum Beispiel im Lagodechi-Nationalpark. Bereits seit 1912 ist hier eine Fläche von mehr als 240 Quadratkilometern unter Schutz gestellt. Verschiedene Wanderwege laden zu kurzen oder gar Mehrtagestouren ein. Wir entscheiden uns für eine Wanderung zum „Black Grouse Waterfall". Bei herrlichem Wetter und heißen Temperaturen folgen wir glasklaren Gebirgsbächen immer tiefer ins Hinterland. Wilde Mischwälder, Farne, Felsen und umgestürzte Bäume sorgen für eine vorzeitliche Erscheinung. Durchgeschwitzt und matt wie wir sind, ist der etwa zehn Meter hohe Wasserfall am Ende der Strecke genau das richtige Ziel. Das frische klare Wasser strömt zwischen den Felsen aus einer ausgewaschenen Rinne in einen dunklen, tiefen Naturpool, in dem wir bald unsere erschöpften Glieder ausstrecken.

Die Grenze zu Aserbaidschan ist von hier nur einen Steinwurf entfernt. Die Visa haben wir bereits vor einigen Wochen elektronisch beantragt. Ein großes blaues Straßenschild auf dem Weg zum Nachbarn lässt uns schmunzeln: „Azerbaijan border – good luck!“ Na, das kann ja heiter werden.

Viel Zeit wollen wir in dem Land ohnehin nicht verbringen. Genau genommen möchten wir auf kürzestem Wege an die Küste des Kaspischen Meeres. Noch immer treibt uns die Furcht vor dem kalten russischen Winter zu einer gewissen Eile. Dort, in der Umgebung der Hauptstadt Baku, soll es eine Autofähre geben, die uns samt Major hinüber bringt ins Land der Kasachen. Auf einem nördlichen Kurs steuern wir nach einem unspektakulären Grenzübertritt die Kapitale Aserbaidschans an. Auf den ersten Blick erinnert uns das Land an die Türkei, nur dass es sauberer und aufgeräumter wirkt. Es gibt viele alte Autos, die meist in gutem, gepflegtem Zustand sind. Die Menschen winken im Vorüberfahren. Entlang der Straße verkaufen Händler an kleinen Ständen Gemüse und Obst. Skurrilerweise werden uns auch lebendige weiße Karnickel zum Kauf angeboten. Junge Männer halten sie an den Ohren und strecken uns die Tiere im Vorüberfahren entgegen. Gleich am ersten Tag fahren wir bis auf 100 Kilometer an Baku heran. Der üppige Wald, der uns anfangs seit der Grenze begleitet hatte, ist zunehmend dürren, kargen, wüstenähnlichen Landstrichen gewichen. Baku ist eine moderne und riesige Stadt im typischen Stil der angesagten Metropolen dieser Welt. Sie überrascht uns mit einer Fülle an restaurierten historischen Gebäuden in einem interessanten Mix mit modernen Neubauten. Es gibt Kunstgalerien, in den Fußgängerzonen schlendern die Menschen in lifestyle-bewussten Outfits umher. Alle bekannten Restaurantketten und Modelabel haben hier eine Dependance. Blickt man von der breiten, gepflegten Uferpromenade zurück zur Stadt, springen die Wahrzeichen Bakus, die Flame Towers, regelrecht ins Auge. Diese Türme ragen wie drei züngelnde Flammen eines Lagerfeuers in den Himmel. Nachts werden sie zudem bunt, fast kitschig angestrahlt.

Am Abend verlassen wir die Stadt, um uns außerhalb einen Stellplatz zu suchen. Nun bietet sich ein anderes Bild: Die Hauptstraße ist verstopft mit Autos und Kleinbussen, die die Arbeiter und vermutlich Tagelöhner nach Feierabend zurück in die Vororte bringen. An markanten Knotenpunkten bahnen wir uns geduldig unseren Weg durch ein Knäuel aus umherlaufenden Menschen und hupenden Fahrzeugen. Auf dem Weg nach Elat, wo sich der Abfahrtshafen für unsere Fähre befinden soll, fackeln die Erdölraffinerien an schlanken Schornsteinen jene unerwünschten Gase ab, die bei der Förderung und Weiterverarbeitung des schwarzen Goldes entstehen. Die gigantischen, orange leuchtenden Feuerbälle auf den Spitzen der Türme um uns herum sorgen für eine düstere Stimmung. Selbst draußen auf dem Meer sind Bohrtürme und Pumpeinrichtungen erkennbar. Öl ist eine entscheidende Säule der Staatseinnahmen.

Ein etwa 200 Meter breiter Landstreifen liegt zwischen der Straße und dem Meer. Mitten im Niemandsland zwischen Baku und Elat biegen wir einfach von der Fahrbahn ab, fahren eine steile Böschung hinunter und verschwinden im Schutz der Dunkelheit, um dort die Nacht zu verbringen.

Gegen zwei Uhr klopft es an unserem Auto. Zwei junge Kerle mit Taschenlampen scheinen jemanden zu suchen. Aus den Zweien werden plötzlich vier. Durch einen schmalen Spalt des geöffneten Fensters versuchen wir herauszufinden, was sie wollen, aber wir sprechen keine gemeinsame Sprache. Irgendwann verschwinden sie wieder, nachdem sie die gesamte Gegend um den Major herum abgesucht haben. Wir sind froh, als die Sonne über dem Meer aufgeht und der neue Tag anbricht. Erst jetzt erkennen wir, dass wir mehr oder weniger auf einer Müllhalde übernachtet haben. An den kleinen Sträuchern im Sand hängen Plastiktüten, es wimmelt von angespülten oder weggeworfenen Kunststoffflaschen und zerschlagenem Glas. Vielleicht hielten uns die Kerle für Teil irgendeines illegalen Geschäfts.

Der Hafen in Elat ist schnell gefunden und überschaubar groß. Am Ende eines rechteckigen asphaltierten Platzes stehen drei Bürocontainer, ihnen gegenüber fein säuberlich aufgereiht einige wartende Lkw. In einem der Container soll es die Tickets zur Überfahrt geben. Tatsächlich haben wir den Preis für die Passage bald verhandelt und halten eine Fahrkarte in den Händen, nur der Abfahrtszeitpunkt steht noch nicht fest. Einen regulären Fahrplan scheint es nicht zu geben. Man würde warten, bis genug Lkw da seien, um die Fähre zu füllen, und uns dann anrufen. Zwar ein ungewöhnliches Prozedere, aber im Hinblick auf die Effizienz des Schiffes sicherlich sinnvoll.

Schon am Morgen des nächsten Tages erhalten wir einen Anruf: Gegen 14 Uhr würde geladen. Selbstverständlich sind wir zeitig da. Mittlerweile wurde die Reihe der wartenden Trucks durch die Zahl der zur Abfahrt nötigen ergänzt. Zudem treffen wir jetzt erstmals auf unserer Tour auf andere Overlander: Gleich fünf Motorräder aus drei verschiedenen Teams warten genauso aufs Boarding wie drei Tramper mit ihren schweren Rucksäcken. Dabei sind auch zwei Leute, die sich in einem simplen Audi A4 Kombi auf einen abenteuerlichen Roadtrip begeben haben. Nur verladen wird noch nicht: Aus 14 wird 17 Uhr, aus 17 wird 20, aus 20 wird 22 Uhr ...

Schließlich verlässt die „Professor Gül“ früh morgens um fünf Uhr dreißig den Hafen von Elat. Nur wenig vorher beziehen wir todmüde unsere Kojen an Bord des alten rostigen Dampfers.

Trotz des langen Wartens, der Aufregung um Papiere, Verladen und Verzurren freuen wir uns auf einen spannenden Abschnitt: Es geht hinüber nach Zentralasien.

Strapaze:

*"... eine körperliche, mitunter geistige,
sich über einen großen Zeitraum
erstreckende Anstrengung ..."*

Von Kasachen, Kakerlaken und kalten Nächten

Durch endlose Weiten nach Ulan Bator

03.09.2017, 11:10 Uhr: Die klapprige, rostige Fähre „Professor Gül" legt in Aktau, Kasachstan, an. Nicht nur wir, sondern auch unsere Reisegenossen, die wir auf dem Schiff kennenlernten, sind froh, es endlich verlassen zu können. Die uns zugesicherte Zweier-Außenkabine mit Bad und WC erwies sich als ein Raum ohne eigenes Bad und auch ohne Fenster oder Bullaugen, die man hätte öffnen können. Die Klimaanlage funktionierte auf dem gesamten Schiff nicht, die Kabinen waren allesamt stickig und heiß. Um zumindest etwas frische Luft zu ergattern, schliefen wir die zwei Nächte bei geöffneter Kabinentüre. Nein, eigentlich schliefen wir nicht, sondern wir lauschten dem abwechslungsreichen und rhythmischen Schnarchkonzert der übrigen Passagiere, die ebenfalls ihre Türe offen gehalten hatten, um nicht unbemerkt im Schlaf zu ersticken. Der Zustand der drei Bordtoiletten, die für die insgesamt 60 Passagiere vorgesehen waren, war schnell ziemlich ekelerregend. Die Klos für die Damen waren zugesperrt, weil sie angeblich alle defekt waren. Es drängte sich der Verdacht auf, dass es sich aus Sicht der Crew schlichtweg nicht gelohnt hat, für die einzigen zwei anwesenden weiblichen Passagiere nach der Überfahrt putzen zu müssen. Die Verpflegung an Bord war mäßig, immerhin wurden wir satt.

Umso mehr freuen wir uns an diesem Morgen über die frische kasachische Luft und stürzen uns voller Euphorie in das chaotische Abfertigungsprozedere des Zolls. Zwei Stunden vergehen, bis wir an verschiedenen Stationen alle Fragen beantwortet und alle Papiere beisammen haben und bis alle Stempel platziert sind. Der Schlagbaum öffnet sich – wir sind in Kasachstan! Die

Stunden an Bord der „Professor Gül“ vergingen zäh und schleppend. Eingängig studierten wir den Reiseführer Kasachstans, was unerwartet zu einer Planänderung führte. Eigentlich wollten wir das Land nur im Transit, also auf der kürzest möglichen Route zwischen Aktau und der russischen Grenze, durchqueren. Viele andere Reisende beschrieben Kasachstan als flach, leer und langweilig, von nur wenigen Straßen durchzogen, die sich zudem in einem katastrophalen Zustand befinden sollten. Unser Buch erzählt jedoch darüber hinaus von einigen Highlights, die uns interessieren. Außerdem liegt das Reich der Kasachen am nördlichen Rand der Seidenstraße. Orientalische Szenen mit Kamelkarawanen in der Wüste ziehen an unserem geistigen Auge vorbei und besiegeln unseren Entschluss: Wir wollen doch genauer hinsehen – wann kommen wir wohl noch mal hierher?

Auf einer wunderbar ausgebauten zweispurigen Straße rollen wir gemächlich Richtung Bejneu, einem kleinen Städtchen in der Wüste. Schnurgerade führt uns das Asphaltband auf einer leicht erhöhten Trasse dem Horizont entgegen. Tatsächlich: Links und rechts nichts als eine flache, karge und monotone Steppenlandschaft, es gibt quasi keinen Verkehr. Bald sehen wir die erste Wildpferdherde und fragen uns, wie die Tiere hier überhaupt überleben können. Am Abend biegen wir einfach von der Straße ab und fahren zwei bis drei Kilometer weglos in die Landschaft hinein, bis hinter einem flachen Hügel die Straße aus dem Rückspiegel verschwunden ist. Wir nehmen eine Dose Bier aus der Kühlbox, kraxeln auf eine flache Anhöhe und genießen gemeinsam mit Nadja und Peter einen phänomenalen Sonnenuntergang über einer scheinbar endlosen Landschaft. Unsere beiden Begleiter sind Tramper, die gemeinsam mit uns über das Kaspische Meer kamen. Kurzentschlossen haben wir sie auf unbestimmte Zeit mitgenommen. Peter lebt schon seit zweieinhalb Jahren „on the road“. Der Mitte 20-Jährige sieht sich als moderner Nomade, ist sehr gesellschaftskritisch bis philosophisch, hat interessante bis abstruse Ansichten. Seine Freundin Nadja hat er auf seinen Streifzügen in der Schweiz kennengelernt. Sie verliebte sich so unsterblich in den Vagabunden, dass sie sich schließlich einen Rucksack kaufte, ihm hinterherreiste und sie sich in Georgien wieder trafen. Ihre Gesellschaft ist erfrischend, ihr alternativer Lebensstil und unkonventionellen Ansichten sorgen für einen interessanten Austausch, der mitunter auch mal hitzig enden kann. Abends befestigen die beiden außen am Major eine Plane und krabbeln mit ihren Schlafsäcken und einem Moskitonetz darunter.

In Bejneu versorgen wir uns mit allem Notwendigen: Lebensmittel, Wasser, Diesel, denn wir haben „demokratisch" eine schwierige Entscheidung getroffen. Die Straße, die zu unserem nächsten Ziel, nach Aralsk, führt, vollzieht einen weiten Bogen, um ein Wüstengebiet zu umgehen. Würden wir auf gerader Linie durch die Wüste fahren, lägen circa 570 Kilometer vor uns, folgt man der Straße, sind es ungefähr 1.700 Kilometer. In unserem GPS gibt es verschiedene Pisten durch das Areal. Gemeinsam entscheiden wir uns für die Abkürzung.

Noch am gleichen Tag brechen wir auf und befahren zunächst eine schlechte asphaltierte Straße, die bald in eine Lehmpiste übergeht. Bis zum Einbruch der Dunkelheit folgen wir ihr mit ungefähr 50 Kilometern in der Stunde. Euphorisch errechnen wir, vielleicht schon am nächsten Tag anzukommen, falls wir den Schnitt halten. Natürlich kommt es anders.

Noch bis zu einer kleinen primitiven Siedlung bleibt der Zustand der Piste stabil. Ab hier haben wir Schwierigkeiten, überhaupt so etwas wie eine Straße oder einen Weg zu finden.

Wir entscheiden uns für eine Route, die ziemlich genau mit einer Linie auf unserem GPS übereinstimmt. Unser Schnitt ist längst zum Teufel. Langsam quält sich der Major durch tiefe Längs- und Querrillen, wird von links nach rechts geworfen. Wir fahren maximal im zweiten Gang, es geht nur sehr langsam voran. Manchmal kommen wir über gigantische, ebene Lehmplateaus, auf denen sich überraschend erleichtert wieder besser fahren lässt. Steigt man auf einem solchen Plateau aus und dreht sich 360 Grad im Kreis, sieht es zu allen Seiten exakt gleich aus. Endlose Weite und Leere, nur die Sonne gibt ein Orientierungsmerkmal. Dazu ist es absolut still, außer dem leichten Säuseln des Windes dringt kein Geräusch an unser Ohr.

Wir treffen auf eine Pipeline. Parallel zu dieser verläuft eine Vielzahl von Pisten, eine schlechter als die andere. Die tiefen Spurrillen, die hier von Lkw in den lehmigen Wüstenboden gefahren wurden, als er nass war, sind unter dem Einfluss der sengenden Sommersonne zu hartem Beton gebacken und mit puderzuckerfeinem hellbraunen Staub gefüllt. Durch jeden noch so kleinen Ritz gelangt er ins Fahrzeuginnere.

Vom Major aufgewirbelt folgt uns eine gigantische Staubfahne, die 15 bis 20 Meter in den Himmel aufsteigt, vom Wind seitlich neben das Auto geweht wird und einen dunklen Schatten auf uns und unser Gefährt wirft. Bald ist der gesamte Major innen und außen von feinem nugatfarbenen Staub überzogen.

Aufgrund der geringen Geschwindigkeit, der hohen Außentemperaturen von über 30 Grad und der schwierigen Geländebedingungen läuft unser Motor immer wieder heiß. Wir haben einen starken elektrischen Lüfter verbaut, den ich vom Cockpit aus zuschalten kann und der die Temperatur schnell wieder sinken lässt.

Irgendwann betätige ich erneut diesen Schalter. Es macht "Klick" und der Hebel des Schalters lässt sich ohne jeden Widerstand von der einen in die andere Stellung schalten – ohne dass der Lüfter anspringt.

Zunächst fahren wir noch langsamer ohne Lüfter weiter, um den Motor weiter zu schonen. Aber auch das hilft nicht. Der schräg von hinten anlaufende Wind hat bei der niedrigen Geschwindigkeit beinahe keine kühlende Wirkung. Die Motortemperatur steigt stetig.

Anja schaut mich ängstlich an, überhaupt ist die Stimmung durch das zermürbende und andauernde Schaukeln, Rappeln, Scheppern und Schütteln des Autos beklemmend still. Nadja liegt schon seit Stunden zusammengekauert hinten auf der Bank, ihr ist kotzübel. Die Passage erinnert eher an eine raue Schiff- als an eine Autofahrt.

Wir halten. Ich will einen Ersatzschalter einbauen, um den Motor nicht zu ruinieren. Unter dem Armaturenbrett ist wenig Platz. Beim schweißtreibenden Reingefummel des neuen Schalters produziere ich einen Kurzschluss. Das gesamte Cockpit ist tot, auch die Zündung macht keinen Mucks mehr.

Die Stimmung wird angespannt. Offensichtlich sind wir gestrandet. Der nächste erreichbare Ort liegt Luftlinie über 150 Kilometer entfernt. Wir haben den ganzen Tag außer toten Wüstenfüchsen und einem verendeten Kamel weder einen anderen Menschen noch ein anderes Fahrzeug gesehen.

Wir kontrollieren den Sicherungskasten und ermitteln schnell und erleichtert das Problem: Die Hauptsicherung des Armaturenbretts ist durchgebrannt. Nach deren Tausch funktioniert wieder alles einwandfrei, auch der Lüfter nimmt dank des neuen Schalters wieder seinen Dienst auf.

Wir fahren wieder bis in die Dunkelheit und schaffen es noch bis auf 70

Kilometer an den Ort Bozoy heran, als uns tatsächlich ein UAZ Jeep entgegenkommt. Die drei Jungs, die darin hocken, sind auf Patrouillenfahrt entlang der Pipeline und halten natürlich gleich, als sie uns sehen. Sie sind äußerst gelangweilt und entsprechend neugierig – wir sind allesamt einfach nur total fertig und wollen nach einem schnellen Abendessen nur noch schlafen.

Zu allem Überfluss lassen sich die drei Kollegen gleich neben uns nieder, trinken Wodka, beginnen Lieder zu singen und uns ziemlich auf die Nerven zu gehen. Was für ein Paradoxon: Da ist man in einer der menschenleersten Gegenden dieser Erde, in der man wohl immer einen schönen, zumindest aber einsamen Campplatz vermuten sollte, und dann tauchen ausgerechnet dort solche Plagegeister auf.

Zum Glück fahren die Typen morgens zeitig weiter. Ich will noch flott zwei Wasserkanister tauschen, als ich durch Zufall auf einen der Blattfederbolzen aufmerksam werde. Seine Befestigungsmutter hat sich losgerappelt und ist verloren, und nun ist der Bolzen Stück für Stück aus seiner Führung gewandert. Zwei Drittel sind schon draußen, noch ein paar Kilometer mehr, und auch der Bolzen wäre fort gewesen. Dann wäre guter Rat teuer geworden. Mithilfe zweier Wagenheber und etwas Mühe schaffen wir es, ihn wieder in seine Ursprungsposition zurückzubringen und durch eine andere Mutter zu sichern.

Am gleichen Tag erreichen wir Bozoy, ein wirklich erbärmliches Kaff. Alles ist sehr provisorisch. Aus den Betonplatten, die die Fahrbahn bilden, ragen Moniereisen empor, überall liegt Müll und Sand, aus geöffneten Augen starrt uns eine tote Katze stumm vom Gehweg aus an. Die Hoffnung auf ein gemütliches Café und etwas Entspannung nach dieser zermürbenden Etappe ist rasch dahin, lieber wollen wir zügig weiter und diesen Ort hinter uns lassen.

Von hier bringt uns eine etwas bessere Trasse weiter zur Hauptstraße nach Aralsk. Vermutlich hat uns unsere "Abkürzung" quer durch die Wüste nicht mal eine Zeitersparnis gebracht: Als wir in dem Städtchen am ehemals riesigen Aralsee ankommen, sind drei Tage vergangen.

Hier ist es, wo unsere gemeinsame Fahrt mit Nadja und Peter nach einer knappen Woche endet – wir sind uns sicher, dass sie komfortablere Mitfahrgelegenheiten finden.

In den 60ern war Aralsk eine der bedeutendsten Hafenstädte an diesem Binnenmeer. Dann leitete die Regierung der UdSSR oberhalb des Sees große Wassermengen der Hauptzuflüsse ab, um neu angelegte, riesige Baumwollplantagen zu bewässern – was in einem ökologischen Desaster für den See und eine ökonomische Katastrophe für Städte wie Aralsk endete.

Heute ist das Ufer des Sees ungefähr 80 Kilometer vom Ortsrand entfernt. Grotesk stehen die Kaimauern und Hafenkräne noch immer dort, wo einst der Fang der Fischkutter umgeschlagen wurde. Im losen Sand des Hafenbeckens weht Laub umher, das von niedrigen Büschen und spärlichen Bäumen abgeworfen wurde. Wir wollen sehen, wie weit der See tatsächlich von dieser "Hafenstadt" weg ist und machen uns auf den Weg, um sein Ufer zu suchen. Außerhalb der Stadt passieren wir zunächst die "Müllverbrennungsanlage". Wild aufgetürmte kleinere und größere Haufen werden einfach angezündet und brennen unkontrolliert und unvollständig ab. Den Rest weht der Wind je nach Richtung zurück in die Stadt oder hinaus in die Wüste.

Langsam folgen wir einem sandigen Pfad in eine riesige, flach abfallende Senke. Meine Gedanken schweifen ab und meine Fantasie übernimmt das Steuer. In ihr wird der Major zum U-Boot, dicht schwebt er über den Grund eines Gewässers, deutlich kann ich das "Ping" des Echolots hören. Blasen steigen vom Auspuff auf und streben der Oberfläche entgegen. Ich blicke aus dem Fenster, neben uns wogt eine weitläufige Wiese grünen Seegrases sanft im Rhythmus der Strömung, Streifen von Lichtstrahlen dringen bis hier unten vor. In einiger Entfernung jagt ein kapitaler Hecht einen Schwarm kleinerer Fische, die rasch im Seegrasteppich Zuflucht suchen. Etwa zwölf Meter über uns fährt quer zu unserem Kurs ein Stahlschiff hinweg und zeichnet sich deutlich gegen das gleißende Sonnenlicht ab. Auf die Distanz kann ich schemenhaft die gleichmäßig drehende Schraube am Heck und das Ruder erkennen ...

"Aua!" Ein tiefes Schlagloch katapultiert uns an die Decke des Majors und mich zurück in die Realität. Dutzende Kilometer sind wir nun schon gefahren, von Wasser fehlt allerdings draußen jede Spur. Stattdessen bewachsen Büsche mit kleinen Blättern den sandigen Boden. Nach über einer Stunde Fahrt können wir immerhin die glitzernde Oberfläche des Sees erkennen. Dort angekommen wirkt er auf uns immer noch gigantisch groß, zu keiner Seite ist das gegenüberliegende Ufer erkennbar, obwohl wir uns eigentlich in einer Art Bucht befinden. Das Seeufer ist dicht mit Schilf und Binsen bewachsen, der Boden ist morastig und weich. Kleine Vögel schnäbeln im flachen Wasser nach Fischen und Insekten. Wir nutzen die Abgeschiedenheit, um den Major vor allem innen gründlich zu säubern. Mit dem Kompressor blasen wir die Staufächer und das Fahrerhaus aus. Unfassbar, wo wir den feinen Staub, der sich in den letzten Tagen ins Auto geschlichen hat, überall finden.

Auf dem Weg nach Almaty liegt die Stadt Baikonur. Der Ort im Süden des Landes ist eine Kuriosität. Nicht weil er eine besondere Lage hat, ungewöhnlich groß, klein, hübsch oder hässlich ist – er ist besonders, weil der Ort und ein riesiges Areal unweit der Stadt an die Russen verliehen wurde bzw. nach wie vor ist. Hier, auf dem Territorium Kasachstans, in der menschenleeren Wüste, betreibt die ehemalige Besatzungsmacht ihren Weltraumbahnhof und schießt Raketen ins All. Dafür erhält der Staat von den Russen nicht unerhebliche Pachtbeträge. Wir biegen von der Hauptstraße ab und wollen uns ein Bild von Baikonur machen. Weit kommen wir nicht: Russische Soldaten stoppen uns an einem Checkpoint und weisen uns ab. Touristen ist es ohne besondere Erlaubnis nicht gestattet, die Stadt zu betreten.

Noch immer ist es ein gutes Stück bis zur ehemaligen Hauptstadt Almaty. Stunde um Stunde vergeht, mit gleichbleibendem Tempo rollen wir auf einer guten Landstraße gen Osten. Plötzlich schaltet ein Polizeiwagen hinter uns die Sirene ein und stoppt uns. Die Polizisten kommen an unser Fenster und versuchen uns auf Russisch zu erklären, dass ausgerechnet wir mit dem langsamsten Auto in ganz Kasachstan zu schnell unterwegs waren. Natürlich verstehen wir kein Wort. Wir sind überrascht, als der Beamte eine Kamera hervorholt, die die Geschwindigkeitsüberschreitung dokumentiert. Auf einem Bild ist unser Auto zu sehen, darunter der Messwert: 71 km/h – 21 zu viel ... Es stellt sich heraus, dass wir eine Geschwindigkeitsbegrenzung wegen einer für uns nicht vorhandenen oder erkennbaren Ortschaft übersehen haben. Wir geben uns weiter unverständig, bis der ältere der beiden Uniformierten mir sein Telefon ans Ohr hält. Am anderen Ende erklärt mir eine Frauenstimme in gebrochenem Englisch, dass wir zu schnell gefahren seien und dass nun 20.000 Tenge, umgerechnet circa 50 Euro, fällig wären. Wir zeigen uns einsichtig, beteuern aber, dass wir nicht so viel Bargeld mit uns führen.

"How much do you have?" Aha, die Höhe der Strafe lässt sich also verhandeln! Wir einigen uns auf nicht mal die Hälfte – natürlich ohne eine Quittung oder einen Strafzettel zu erhalten.

Allmählich rückt uns der Winter näher auf die Fersen. Obwohl es tagsüber noch oft um die 30 Grad sind, kühlt es nachts empfindlich bis auf unter fünf Grad ab. Die Landschaft wird grüner und bergiger, je mehr wir uns Almaty nähern. Die Dörfer entlang der Strecke bestehen aus kleinen Bauernhöfen, deren Bewohner in rechteckigen Häuschen mit flachem Spitzdach wohnen. Sie bewirtschaften kleinparzellierte Felder, die entweder durch Flüsse oder angelegte Kanäle bewässert werden. Die Bewirtschaftung findet mit teils uralten kleinen Traktoren und sogar mit Pferdekarren statt. Auf der Straße und in kleinen Ställen sehen wir Ziegen, Schafe und Kühe sowie Pferde. Farmer hoch zu Ross treiben Viehherden durch die Prärie.

Das Leben in Almaty könnte hingegen kontrastreicher zu dem draußen in der Provinz kaum sein: Alles ist sehr großstädtisch, weltoffen, modern mit dicken Autos und internationalen Hotel-, Mode- und Fast-Food-Ketten. Wir finden, dass die Stadt selbst dabei wenig Flair hat, ein richtiger Kern ist nicht erkennbar.

Etwas über 10.000 Kilometer hat der Major nun schon hinter sich. Diese echten Testkilometer haben eine Schwachstelle unseres rollenden Gefährten offenbart. Die Federung der Vorderachse ist zu weich. Insbesondere auf den Straßen und Pisten hier schlägt sie bei den vielen krassen Schlaglöchern bis auf die Achsanschläge durch, was begleitet von einem dumpfen Schlag deutlich hör- und spürbar ist. Vielleicht könnte die Ergänzung einer weiteren Federlage aus einem russischen Lkw die Lösung sein?

Als wir abends aus einem Irish Pub stolpern, spricht uns ein recht kleiner kompakter Kerl mit Glatze und Dreitagebart auf Englisch an. Nach dem üblichen wohin und woher verliebt sich John spontan in unseren Major, macht Fotos und Videos und – will ihn kaufen! Da wir noch einen langen Weg bis nach Australien haben und den Rest nicht laufen möchten, lehnen wir ab und bestehen darauf, dass unser Major unverkäuflich ist. Dennoch steckt er uns seine Visitenkarte zu – wir könnten ihn ja anrufen, falls wir unsere Meinung ändern …

Abends im Bett kommt Anja auf eine Idee. Vielleicht weiß John ja, wo man hier solche Federn auftreiben kann, schließlich lebt er schon seit vier Jahren in Almaty und ist offensichtlich Auto-Fan. Tatsächlich freut sich der gebürtige Ire sehr, uns helfen zu können. Zuerst sollen wir aber die Wohnung seiner Familie nutzen, falls wir duschen wollten oder Wäsche waschen müssten oder einfach nur Internet bräuchten.

John arbeitet nur halbtags und begleitet uns zu „Car City", der Autoteilemeile in Almaty. Der Name ist Programm. In einem riesigen Gebäude gibt es auf drei Stockwerken plus Keller in einer schier unendlichen Zahl von Mini-Geschäften jedes erdenkliche Ersatzteil für beinah jede Marke und zwar lagernd!

Nach einer guten Stunde der Suche werden wir fündig. Im Untergeschoss gibt es einen Händler, der einige Autofedern verkauft. Wir finden zwei Blattfederlagen mit der gleichen Breite wie die unseres Majors, die zudem nicht allzu dick sind. Kurz verhandelt – gekauft!

Draußen vor der Halle bauen Mechaniker in kleinen Werkstätten die erstandenen Ersatzteile für die Kundschaft gleich ein. Für umgerechnet zwei Euro lassen wir hier die Federlagen auf die richtige Länge kürzen. Jetzt müssen wir sie nur noch einbauen, aber das wollen wir später entlang des Weges selbst und in Ruhe machen – ohne viele neugierige Augenpaare.

Etwa einen halben Fahrtag nördlich von Almaty finden wir direkt neben der Straße einen kleinen aufgegebenen Rastplatz. Optimal! Die Operation Federtuning beginnt. Es stellt sich heraus, dass das Loch des Herzbolzens zu klein gebohrt ist. Nur mit der Rundfeile bewaffnet, mahlen wir beide Löcher mühsam auf, bis das Maß stimmt und die Federn passen.

Wir haben Erfolg. Der Major steht nun vorne höher und die Federung arbeitet deutlich besser.

Die Verstärkung des Fahrwerks erfolgte keinen Moment zu früh. Auf den folgenden 800 Kilometern wird die Straße immer schlechter, teilweise ist der Asphalt so katastrophal, dass die Autos neben der Straße besser vorankommen. Die Fahrbahn schaut aus, als hätte jemand weichen Pizzateig in die Landschaft geschüttet und ihn dann ungleichmäßig nach links und rechts ausgerollt, so wulstig und wellig ist der geschundene Teerbelag. An anderer Stelle erinnert mich die Straße an die grobgewebte Patchwork-Decke, die mein Bett in meiner Jugend bedeckte. Flicken reiht sich an Flicken, immer wieder fehlen ganze Stücke. Die Abbruchkanten dieser teilweise mehrere Meter großen Löcher sind steil, langsam holpern wir von Schlagloch zu Schlagloch und reiten die „Teigwellen" ab. Am Ende der Reise werden wir rekapitulieren: Die übelsten Straßen gibt es in Kasachstan! Ermattet, aber froh erreichen wir nach dreieinhalb Tagen das ungefähr 1.400 Kilometer entfernte Ziel: die russische Grenze.

Der Übergang ist nicht groß, außer uns gibt es neben einigen Lkw nur wenige andere kleinere Fahrzeuge. Mit etwas Bauchschmerzen passieren wir den ersten Schlagbaum und rollen so auf russischen Boden. Wir hatten nicht besonders viel Ermutigendes über die Einreise nach Russland gelesen. Von Wartezeiten bis zu zwei Tagen war da die Rede, von übergründlichen Inspektionen der Fahrzeuge und des Gepäcks und natürlich von hohen Summen Bakschisch, um den guten Willen der Zöllner zu fördern. Offensichtlich sind die Grenzer auf der russischen Seite beim internationalen Prozedere von Fahrzeugen, die nicht aus den GUS-Ländern kommen, etwas unsicher. Dennoch sind die Zeiten der Bestechung der Beamten mit Wodka, Zigaretten oder Barem auch in Russland vorbei. Alles läuft dank eines gut Englisch sprechenden Beamten problemlos, korrekt und recht zügig ab. Er begleitet uns durch die verschiedenen Stationen und lotst uns so einer raschen Einreise entgegen.

Wir plaudern mit ihm, er freut sich, dass wir Russland besuchen wollen. Er fragt uns ein wenig aus, und als die Sprache auf das Wetter kommt, werden seine Mine und sein Tonfall plötzlich ernst:

„Winter is coming."

Als wäre es eine Prophezeiung gewesen, fällt das Thermometer in den nächsten Tagen stetig.

Bereits auf kasachischer Seite waren die kurzen Hosen längst nicht mehr das probate Kleidungsstück. Je näher wir der russischen Grenze kamen, desto kälter wurde es.

Und so wundert es eigentlich kaum, dass der Major bei unserem ersten Erwachen auf russischem Boden mit Schnee bedeckt ist. Glücklicherweise kauften wir in Barnaul Filz und Luftpolsterfolie, um die Kältebrücken des alten Militäraufbaus unseres Majors zu überkleben und Spalten damit auszustopfen. Dank der Modifikationen bleibt es nun bei geschlossenem Dach länger wohlig warm, auch wenn die Heizung aus ist.

Es ist der 24. September, die Außentemperatur beträgt zwei Grad – immerhin noch Plus.

Lange wollen wir uns in der Heimat von Väterchen Frost nicht aufhalten, uns zieht es unserem ersten richtig großen Ziel entgegen: der Mongolei. Auf unserer Reise Richtung Australien hätten wir auch eine südlichere und damit klimatisch unabhängigere Route wählen können. Über Iran reisen mittlerweile wieder einige Traveller durch Pakistan nach Indien. Der bewaffnete Geleitschutz in Pakistan soll für die Sicherheit der Reisenden garantieren. Jene, die diese Option wählten, berichteten oft von einer problemlosen, wenn auch stressigen Querung des vom Bürgerkrieg gebeutelten Landes. Dennoch kommt es gelegentlich, wenn auch selten zu Zwischenfällen, deren Ausgang oft alles andere als glimpflich ist. Zum einen finden wir es fragwürdig, wenn jemand eine Waffe in die Hand nehmen muss und im Zweifelsfall sein Leben riskiert, nur damit wir sicher eine Reise fortsetzen können, deren Grund unser Vergnügen ist. Zum anderen aber fasziniert uns das Reich Dschingis Khans seit so langer Zeit, dass es außer Frage stand, unsere Route durch die Mongolei zu legen.

Zwischen uns und diesem wilden Land liegen nicht mehr viele Kilometer, allerdings gilt es, das Altaigebirge zu überqueren. Den kalten Atem des Winters im Nacken sputen wir uns. Während der wenigen Tage, die wir in diesem gigantisch großen Russland umherfahren, gefällt es uns sehr gut. Die Menschen sind zurückhaltend mit einer vorsichtigen Neugierde. Spricht man sie an oder bittet um Hilfe, freuen sie sich und sind unglaublich bemüht, auch ohne eine gemeinsame Sprache zu helfen.

In den kleineren Städten gibt es große Supermärkte mit allem Erdenklichen, und das recht preiswert. Für uns ein Luxus, mussten wir in den kleinen Dörfern in Kasachstan doch teilweise drei oder vier Geschäfte aufsuchen, bis wir nur die nötigsten Dinge wie Gemüse, Wasser und Brot beisammen hatten.

Verlässt man die russischen Städte und fährt über Land, begegnet einem ein anderes, ärmliches Russland: Die Menschen leben in kleinen hölzernen Blockhäusern, geheizt wird ebenfalls mit Holz und das Klo ist oft als schmales Bretterhäuschen im Garten auszumachen. Kühe, Schafe und Hühner laufen umher und sind Teil einer einfachen Landwirtschaft, die hier betrieben wird.

In Gornoaltaisk biegen wir ab und wenden uns endgültig der mongolischen Grenze und damit dem Altaigebirge zu. Die Straßen sind bestens, es geht hinauf in bewaldete Berge, in denen ab und an hinter der nächsten Biegung kleine archaische Blockhaussiedlungen auftauchen. Aus den Schornsteinen quillt dichter Rauch und bildet eine blaugraue Wolke über den Dächern.

Unterdessen empfinden wir den Altai als wunderschön. Seine schroffen Berge, die weiten Hochebenen, die vielen glasklaren Bergflüsse und die finsteren Wälder entlang unseres Weges ergeben ein wildes, ursprüngliches Bild. Die Birken und Lärchen haben ein buntes Blätter- und Nadelkleid aus grünen und gelblichbraunen Farbnuancen angelegt. Wir bedauern sehr, nicht mehr Zeit zu haben, um dieses schöne Stück Erde näher zu erkunden.

Der Grenzübergang zum Nachbarn liegt auf über 2.400 Meter. Da der Wind ganz schön kalt pfeift, entschließen wir uns, die letzte Nacht auf russischer Seite vor dem letzten großen Anstieg auf circa 1.800 Metern zu verbringen. Gemächlich rumpeln wir einen Schotterweg hinunter auf ein großes fichtengesäumtes Plateau direkt an einem Fluss. Ein wunderbar stiller und einsamer Stellplatz inmitten dieser prächtigen Natur.

Gleich morgens, als wir aufwachen, fällt uns auf, dass kaum Licht durch unsere Dachluke dringt. Als wir die Türen öffnen, wissen wir auch warum: In der Nacht sind gute acht Zentimeter Schnee gefallen und es schneit noch immer. Der Weg und auch unsere Spuren sind vollkommen unsichtbar. Die Fahrt hier runter war teilweise steil und schmal. Verunsichert begeben wir uns auf die Suche nach der richtigen Spur zurück zur trassierten Straße. Dank einiger Geländemerkmale und nicht zuletzt mithilfe unseres GPS finden wir den richtigen Weg auf die wenige Kilometer entfernte asphaltierte Fahrbahn. Der Major erklimmt die letzten lang gezogenen Steigungen. Am frühen Nachmittag haben wir bereits die russischen Formalitäten erledigt und sind ausgereist.

Wie unterschiedlich Russland und Mongolei sind, wird sofort bei der Einreise klar. Fuhr man auf russischer Seite über eine ordentliche Straße zur Grenze, betrat man ein ordentliches Zollgelände und trugen alle ordentlich ihre Uniform, so ist das erste, was einem sofort hinter dem russischen Tor auf mongolischer Seite auffällt, ein riesiges Schlagloch, in das man quasi hineinfällt.

Ab hier gibt es keine asphaltierte Straße, sondern nur noch Piste, der Zoll ist in Baracken untergebracht, die Mitarbeiter tragen teils Uniform, teils sind sie betrunken.

Olgi ist eine Kleinstadt an der östlichen Flanke des Altai auf mongolischer Seite. Der Weg dorthin führt uns über eine staubige Piste, vorbei an kargen Bergen durch absolut menschenleeres Terrain. Lediglich Hirten sehen wir ab und an, die ihre Ziegen- oder Yakherden durch diese unwirtliche Gegend treiben.

Olgi steuern wir nicht ohne Grund an. Hier findet jedes Jahr am ersten Oktoberwochenende das Adlerfestival der Berkutschis statt, eines Bergnomadenvolks, das ursprünglich aus Kasachstan stammt. Es war also nicht nur der drohende Winter, der uns unserem Major die Sporen geben ließ.

Früh am Samstag kommen die Berkutschis aus dem ganzen Westen der Mongolei auf ihren Pferden angeritten. Stolz sitzen sie auf verhältnismäßig kleinen mongolischen Pferden im Sattel, die mächtigen Steinadler kauern auf ihren mit langen Lederhandschuhen geschützten Unterarmen. An den folgenden zwei Tagen demonstrieren sie eindrucksvoll ihre Jagdkunst mit dem Greif, die nur funktioniert, wenn Reiter, Pferd und Vogel als Team zusammenspielen. Die Berkutschis und zum Teil auch ihre Pferde sind kunstvoll geschmückt. Bunte Stoffe, Zierbeschläge und Felle erlegter Beute kommen zum Einsatz. All die verschiedenen Elemente werden durch eine Jury bewertet. Wir beziehen etwas abseits Stellung und finden schnell Kontakt zu einigen wenigen anderen Overlandern, die alle in ihren Fahrzeugen angereist sind, um diesem Schauspiel beizuwohnen. Im Gespräch stellt sich heraus: Wir sind die Einzigen, die gerade in die Mongolei hineinfahren, alle anderen schlagen nach dem Fest einen westlichen Kurs ein.

In Etappen wohnen wir dem Spektakel bei, zu schneidend kalt ist der stete Wind, der bei vier Grad Lufttemperatur über die Berge pfeift. Alle zwei bis drei Stunden krabbeln wir in unsere kleine Wohnstube, schalten die Standheizung auf höchster Stufe ein und kochen heißen Kakao mit einem Schuss Rum. Dann wandern wir wieder zwischen Jurten umher, betrachten verschiedene handgefertigte Gegenstände wie Mützen, Mokassins, Teppiche, Artikel aus Kamelwolle, Leder und Horn, aber auch Geweihe, Felle und lebende Tiere, die hier zum Kauf angeboten werden. Es duftet nach gegrilltem Lammfleisch. In Flaschen wird, typisch mongolisch, vergorene Stutenmilch verkauft.

Die eigentliche Veranstaltung ist beeindruckend, oftmals scheint es, als wären Reiter und Pferd miteinander verwachsen. Majestätisch steigt der mächtige Adler von einem kleinen Berg in der Nähe auf, um dann im Sturzflug auf seinen Herren zuzuschießen. In vollem Galopp jagt der Reiter eine Bahn hinunter, ein Stück Fleisch in seiner Hand haltend. Für den Greif gilt es, dieses zu "erbeuten" – und zwar möglichst schnell und im ersten Versuch. Fast genauso beeindruckend wie die Vorführungen ist allerdings die Schar von Hobby- und Profifotografen, vornehmlich aus den USA, mit ihrer martialischen Ausrüstung. Mit neuesten Kameras, gigantischen Teleobjektiven und lafettenartigen Stativen werden die Greifvögel im Dauerfeuer auf den Sensor gebannt. Gleichzeitig sind die Zuschauerränge ein Laufsteg für die neueste und modernste Outdoormode. Es scheint, als wäre es hier vollkommen unmöglich, einfach nur mit einer normalen Jeans bekleidet auch nur eine Minute zu überleben. Insgesamt bestehen geschätzte 80 Prozent der Zuschauer aus Touristen, die restlichen 20 bilden die Familien und Freunde der Reiter.

So schnell wie die Berkutschis aufgetaucht waren, so schnell ist das Gelände am Montagmorgen verlassen und leer. Die Overlander trollen sich und so gibts auch für uns keinen Grund, länger hierzubleiben.

Seit nicht wenigen Wochen quält uns die Frage, wie unsere weitere Route aussehen soll, wenn wir die Mongolei erreicht haben. Um unserem Ziel Australien näher zu kommen, müssen und wollen wir durch Südostasien reisen. Dorthin führt der Weg durch China – oder drum herum.

Alle Recherche vorab hat ergeben, dass eine Durchquerung Chinas zwar möglich ist, allerdings wird dies mit dem eigenen Fahrzeug nur im Konvoi einer Gruppe bezahlbar. Dieser steht ein örtlicher Guide vor, der kontrolliert, ob die Gruppe sich an die zuvor genehmigte Route hält. Nicht nur der Weg, auch die Reisedauer, die Übernachtungsplätze und die Reisekameraden sind vorgegeben, und das Einreisedatum muss Monate vorher definiert werden.

Schafft man es nicht, an diesem Datum an der Grenze zu sein, verfällt nicht nur das Visum, sondern sind natürlich auch alle komplett vorab bezahlten Gebühren futsch! Kostenpunkt für diesen unflexiblen Spaß, ohne Ausgaben für Verpflegung, Treibstoff und Eintrittsgelder zu berücksichtigen: circa 2.000 bis 2.500 Euro für uns beide. Die Vorstellung dieses Unterfangens entspricht nicht unserem Gedanken vom freien Reisen, auch die Unerfahrenheit mit unserem neuen Reisefahrzeug passte nicht zu der Idee eines festen Termins jenseits vieler Ländergrenzen und über 10.000 Kilometer entfernt. Somit verwerfen wir diese Option recht bald, obschon uns bewusst ist, dass eine Verschiffung des Autos sicher nicht günstiger wird.

Unsere Wunschvorstellung ist, dass wir in der Mongolei eine Spedition finden, die den Major Huckepack auf einem Lkw durch China nach Laos transportiert, am besten geschützt in einem Container. Alle bisherigen Bemühungen, das vorab zu organisieren, scheiterten. Nicht eine einzige der an verschiedene Speditionen gesendeten Mails wurde beantwortet. Somit bleibt nur die Chance, vor Ort in der Hauptstadt Ulan Bator nach einem entsprechenden Unternehmen Ausschau zu halten.

Sollte das nicht funktionieren, haben wir noch einen Plan B: Wir fahren nach Wladiwostok an die Pazifikküste Russlands und verschiffen von dort – das hieße, 4.200 Kilometer durch das winterliche Russland zurückzulegen.

Die Strecke von Olgi nach Ulan Bator ist ungefähr 1.800 Kilometer lang, von denen 120 Kilometer Asphaltstraße sind. Die nächsten acht Tage verbringen wir damit, uns und den Major durch ein buntes Gewirr von verschiedenen Pisten zu quälen, manche sind recht gut, andere nervenaufreibend. Man ist gut beraten, die Route stets auf dem GPS zu verfolgen, bevor man sich auf eine der zahlreichen Fahrspuren festlegt. Nicht selten schleicht sich die eine oder andere zunächst kaum merklich in eine ungewollte Richtung davon. Gelegentlich passieren wir einzelne Jurten, in denen Hirten leben, die hier draußen den Sommer über ihre Tiere hüten, meist Ziegen oder Schafe. Manchmal sehen wir Kamele, die uns neugierig hinterherblicken oder Plätze, an denen die Hirten ihre Tiere ausbeinen. Hörner, Knochen und Hufe sind das Einzige, was übrig bleibt.

Die beinahe menschenleere Kulisse aus Prärie und sanften, baumbestandenen Berghängen wird offensichtlich nur bewohnt von einer Vielzahl an

Falken und Springmäusen. Diese Landschaften, Situationen und Stimmungen sind es, die Länder wie Kasachstan oder die Mongolei für uns so besonders machen. In Europa wird man wohl kaum die Erfahrung einer solch leeren Weite machen können. Unverfälscht, wild, pur. Auch die Stille, Einsamkeit und der grandiose Sternenhimmel, der hier mangels Lichtverschmutzung der Zivilisation erst richtig sichtbar wird, sind zu Hause nur schwerlich zu finden.

Dass wir aber für die Distanz so lange brauchen, liegt nicht nur an den üblen Pisten, sondern auch an Montezumas Rache. Wir hatten gerade Olgi verlassen, da spürte ich schon so ein leichtes Unwohlsein in der Magengegend, einen halben Tag später musste ich plötzlich panikartig aus dem Führerhaus springen. Fortan ist unser Spaten mein treuester Begleiter. Der einzige Trost: In der Mongolei gibt es ganz viel Platz und wenig Menschen, da braucht man nur anzuhalten und kann sich genügend Zeit nehmen. Der Spuk währt drei Tage und geht nur durch den Einsatz unserer Medikamente vorüber. Woher er kam, bleibt ungeklärt. Anjas Verdauungstrakt erweist sich als

Mongolei wie im Bilderbuch: unendliche Weiten, die nur spärlichst besiedelt sind.

robuster. Obwohl wir beide das Gleiche aßen, bleibt sie vollkommen verschont.

Am Montag, den 9. Oktober werden wir früh wach und merken sofort: Es ist ungewöhnlich kalt im Auto. Als dichter Nebel steigt unser Atem empor. Das Außenthermometer zeigt minus 17 Grad, ein Temperatursturz im Vergleich zu den vorigen Nächten von mehr als zehn Grad! Das gesamte Auto ist gefrostet, innen wie außen. Unsere Wasserpumpe ist eingefroren, in den Schränken haben wir Eis. Außen am Fahrzeug hängen dicke, 20 Zentimeter lange Zapfen, das komplette Fahrwerk sowie die Radkästen sind von einer zentimeterdicken Eisschicht überzogen. Unsere beiden 20-Liter-Wasserkanister im Außenstaufach sind zu einem einzigen Eiswürfel erstarrt. Wir starten die Standheizung und den Gaskocher, stellen Kochtöpfe mit heißem Wasser in die Schränke und unter die Pumpe. Der Motor startet widerwillig nach dem zweiten Versuch.

Nach über zwei Stunden sind wir abfahrbereit und uns sicher: Das wollen wir nicht wiederholen. Wir wollen in einem Land, in dem man weitestgehend auf sich selbst gestellt ist, weder uns gefährden noch den Major so strapazieren. Daher entscheiden wir schweren Herzens, dass wir auf den südlichen Teil der Mongolei und somit die Wüste Gobi verzichten und unsere Weiterreise beschleunigen wollen. Wir müssen uns eingestehen, dass unser Wettlauf gegen den Winter doch verloren ist. Wir sind schlichtweg zu spät dran.

Zwei Mal werden wir Pässe überqueren, auf denen bereits üppig Schnee liegt. Die Fahrbahn und die Landschaft drum herum verschmelzen zu einem unbefleckten, weißen Teppich. Mühsam und hoch konzentriert gilt es, den Major auf der Straße zu halten, um nicht unbeabsichtigt in einem Graben neben der Fahrbahn zu enden.

Vom bekannten Kloster bei Chachorin bis Ulan Bator ist es nicht mehr weit. Die Strecke ist sehr gut ausgebaut, was die Mongolen in ihren kleinen Transportern gerne nutzen und ordentlich Gas geben. Zum Verhängnis des Viehbestands. Neben der Fahrbahn entdecken wir auf dem Teilstück bis zur Hauptstadt insgesamt 18 Kadaver von Pferden oder Rindern, die offensichtlich in Folge eines Zusammenstoßes verendet sind. Kurz vor der Stadt wird nicht nur der Verkehr dichter, auch die Viehherden, die hierher zu Märkten getrieben werden, werden größer und zahlreicher.

Wohl kaum eine andere Stadt hat eine so zentrale Schlüsselrolle für ein Land wie Ulan Bator für die Mongolei. Hier befindet sich nicht nur der Regierungssitz, sie ist auch der Dreh- und Angelpunkt sämtlichen Handels. Wer eine moderne Stadt erwartet, wird sie nur zum Teil vorfinden. Geschätzt ein Drittel ihrer Bewohner lebt noch immer in Jurten und rudimentären Steinbauten in den Randgebieten. Die rasant wachsende Stadt hat mit immensen Infrastrukturproblemen zu kämpfen. Besonders zur Rushhour sind die Straßen übervoll mit Autos. Die Blechlawine ergießt sich in alle Straßen gleichzeitig. Es gibt kaum ein Vorankommen, für neun Kilometer benötigen wir zweieinhalb Stunden. An wichtigen Knotenpunkten stehen Polizisten und versuchen, dem Ganzen den Schein einer Ordnung zu verpassen. Rote Ampeln werden einfach missachtet und wer einmal fährt, hält so schnell nicht mehr an. Die benachteiligten Autofahrer quittieren dies mit einem lauten Hupkonzert. Abends liegt eine dichte Smogwolke über der Hauptstadt. Die vielen Autoabgase, aber auch die ungezählten Kohle- und Holzfeuer, mit denen in den Jurten und Häusern geheizt und gekocht wird, sorgen für einen beißenden Geruch in unseren Nasen. Aufs Heizen jedoch zu verzichten ist wohl auch keine Lösung: Ulan Bator ist mit einer Durchschnittstemperatur von minus 24 Grad im Winter die kälteste Hauptstadt unserer Erde.

Städtisches Flair findet man im Zentrum rund um den Suchbataar-Platz. Umgeben von modernen Hochhäusern kann man in Cafés oder Restaurants mit indischer und sonstiger asiatischer Küche seine kulinarischen Gelüste befriedigen. Viele der Gebäude jenseits des Platzes werden wohl keinen Preis für besondere architektonische Raffinesse erhalten, was wohl dem sozialistischen Baustil der Russen geschuldet ist, die diesen Ort während ihrer Besatzungsherrschaft maßgeblich prägten. Eine Schönheit ist Ulan Bator also nicht, trotzdem führt für uns kein Weg an ihr vorbei, wollen wir unsere Weiterreise organisieren.

Wir checken im "Oasis Hostel" ein, der Informationszentrale für Reisende in der Mongolei. Tatsächlich treffen wir hier ein paar andere Traveller, und wieder sind alle mit der Planung ihrer Heimreise beschäftigt. Die Hostelleitung stellt sich ebenfalls allmählich auf eine saisonale Schließung ein.

Nach Kontakten zu den ersten Speditionen wird klar, dass ein Transport durch China nach Laos unmöglich ist. Kein Transportunternehmen lässt es zu, dass ihre Container ein „land locked country“ als Endstation haben, also ein Land ohne Zugang zum Meer und somit ohne Hafen als Relaisstation, in der ihr Container Zugang zurück in den gängigen Frachtverkehr finden würde. Als Alternative bieten uns einige Speditionen Thailand via China an. Vom Prinzip her eine super Sache, allerdings wissen wir von anderen Reisenden und aus einschlägigen Foren, dass Thailand seit Kurzem die Einreise für fremde Campingfahrzeuge verbietet.

Mittlerweile haben wir jemanden gefunden, der sein Fahrzeug mit in unseren Container laden möchte, damit wir uns die Kosten teilen. Andi hat mit Thailand ebenfalls Bauchschmerzen. Die Spedition, die sich als unser Favorit entpuppt, stellt Kontakt zu einem thailändischen Agenten her, der für uns die Zollformalitäten vor Ort klären soll. Alle Beteiligten versichern uns: kein Problem! Nachdem wir immer wieder auf die neue Gesetzeslage hinweisen, sicherheitshalber sogar Fotos und Scans unserer Zulassungsdokumente nach Thailand geschickt haben und das Feedback noch immer positiv ist, einigen wir uns nach langen, zähen Verhandlungen auf Bangkok, Thailand, als Zielhafen. Dauer der Verschiffung: knapp vier Wochen! Freitags schließen wir den Vertrag, montags verladen wir den Major und Andis Bus in den Container und bereits am Donnerstag befindet sich die Stahlbox per Zug auf dem Weg zu einem chinesischen Hafen.

Wir hatten Ulan Bator schon einen Tag früher verlassen, nicht per Flugzeug, sondern per Bus. Wenn es mit einem realistischen Aufwand machbar ist, versuchen wir, auf das Flugzeug zu verzichten. Und zwar nicht nur aus ökologischen Gründen, sondern weil ein waschechter Overlander nun mal bodengebunden unterwegs ist.

Die Passage in dem voll besetzten alten russischen Reisebus nach Ulanude läuft inklusive Grenzübertritt absolut problemlos ab. Nach kurzem Aufenthalt besteigen wir die Eisenbahn Richtung Wladiwostok. Ja richtig: Es handelt sich um DIE legendäre Transsibirische Eisenbahn, die alle Russen von St. Petersburg im Westen bis Wladiwostok im Osten verbindet.

Ich weiß nicht, welcher unverbesserliche Eisenbahnromantiker die Fahrt in diesem Vehikel mit einem großen Abenteuer assoziiert hat, unsere Erfahrung auf dieser Route grenzt eher an lähmende Langeweile. Uns jedenfalls werden die 64 Stunden Fahrzeit der halben Distanz reichen.

Der gesamte Zug ist als Schlafzug mit einem Speisewagen ausgelegt. Das heißt, in der ersten Klasse befinden sich Abteile mit zwei Betten, in der zweiten Klasse gibt es zwei Betten und zwei Hochbetten. So sind wir untergebracht. Allerdings war der gesamte Zug ausgebucht, sodass wir nur noch zwei Hochbetten ergattern konnten. So eine Liege ist vielleicht 60 Zentimeter breit und vorne und hinten durch eine Kette abgefangen. Die beiden Ketten haben zueinander einen Abstand von höchstens 1,75 Meter, sodass man seine Füße und Arme durch die Ketten fummeln muss, um irgendwie liegen zu können. Fazit: Besonders gut schlafen kann man so nicht, was aber vielleicht auch an der schnarchenden und wechselnden Gesellschaft unter uns gelegen hat.

Da es keine weiteren Sitzgelegenheiten gibt, verbringt man also weite Teile da oben auf diesem "Regalboden" liegend und schaut schräg nach unten aus dem Fenster – aufs Gleisbett ...

Aber es geht noch schlimmer. Es gibt nämlich auch noch eine dritte Klasse.

Diese Waggons haben gar keine Abteile, sondern hier ist alles mit Doppelstockbetten vollgestopft. Die Atmosphäre ist exotisch, der Geruch eine wilde Mischung aus Schweiß, asiatischen Fertignudelgerichten und russischen Billigdeodorants. Ergänzt wird dies durch 30 Grad Lufttemperatur, 100 Prozent Luftfeuchtigkeit und viel menschliche Nähe.

Zum Glück gibt es da noch den Speisewagen, und der war unerklärlicherweise fast immer leer. Als wir hier ein, zwei Mal unser Frühstück ordern, treffen wir auf ein paar Russen, die sich morgens um halb zehn offensichtlich nicht das erste Bier bestellen.

Ansonsten können wir dort recht ungestört sitzen und aus dem Fenster schauen, wenn wir alle Stunde mal bei der gelangweilten, aber sehr netten Kellnerin einen Tee, Kaffee, Kakao oder ein Bier bestellen.

Obwohl der Zug scheinbar noch aus Stalins Zeiten stammt, ist er tipptop in Schuss und sauber. Nichts ist vollgeschmiert oder kaputtgemacht – alles picobello. Zur Ehrenrettung dieses legendären Zuges muss ich erwähnen, dass wir natürlich nicht an verschiedenen Punkten die Reise unterbrachen, um ein Stück Russland kennenzulernen. Auch können wir uns gut vorstellen, dass gerade der Abschnitt von Ulanude nach Wladiwostok wohl der unspektakulärste ist. Wir fahren bei herbstlich-grauem Wetter die meiste Zeit durch immer gleiche flache Landschaften, die entweder mit dünnen Birken oder Fichten bewachsen sind. Nennenswerte Städte, anders als im Westen dieser riesigen Nation, passiert man hier nicht.

Über Wladiwostok hatte ich schon viel gelesen, insbesondere in älteren Reiseberichten. Ich glaube, hieraus setzte sich in unseren Köpfen das Bild eines dreckigen Industriemolochs am Ende Russlands fest. Somit sind wir mehr als angenehm über das städtische, weltoffene Flair dieser recht großen Stadt überrascht. Es gibt Restaurants mit internationaler Küche, Bäckereien, Kaffees, Pubs und viele kleine hübsche Plätze mit Denkmälern und Statuen.

Von hier aus fährt das Fährschiff „Eastern Dream" jeden Mittwoch über Südkorea nach Japan. Da das Schiff immer rasch ausgebucht ist, haben wir uns schon vorab ein Ticket gesichert. Binnen 24 Stunden transportiert die Fähre Fahrzeuge und Passagiere nach Donghae, dem Zielhafen in Südkorea – und uns raus aus dem Winter.

Die Überfahrt wird bereits kurz nach dem Auslaufen aus dem russischen Hafen recht ruppig, der Seegang lässt das große Schiff erheblich wanken und seitlich über die schräg anlaufende See rollen. Wir besorgen uns noch flott was zu futtern und schauen, dass wir möglichst in der Horizontalen die Nacht überstehen. Vielen Passagieren geht es schlecht, wir haben Glück, sind aber nicht weniger froh, am nächsten Morgen anzukommen. Wie schaut es wohl in Südkorea aus?

Zugegeben: Eine richtige Vorstellung haben wir von diesem Land nicht. Nachdem unsere Pässe bei der Zollabfertigung eingelesen sind, läuft das restliche Prozedere automatisch über einen Computer in unserer Landessprache ab. Abgefahren, so etwas Fortschrittliches haben wir bisher noch nirgends gesehen. Überhaupt ist alles sehr entspannt, freundlich und modern. Draußen vor dem Terminal lacht die Sonne bei wohligen Temperaturen: endlich!

Hatten wir unsere Weiterreise von Ulan Bator bis hier noch komplett im Vorfeld organisiert, so planen wir jetzt nur noch tageweise. Wir tingeln von Hostel zu Hostel, schleppen die schweren Rucksäcke vom Zug zum Bus, manchmal trampen wir sogar, um Geld zu sparen, denn schnell wird klar, dass Südkorea kein günstiges Reiseland ist. Unser durchschnittliches Tagesbudget, das wir benötigen, wenn wir im Major reisen, übersteigen wir rasch um mehr als 50 Prozent. Da soll noch mal einer sagen, mit dem Rucksack zu reisen sei so günstig …

Aber nicht nur die Preise sind absolut westlich, der Lebensstil ist es auch. An den Wochenenden strömen die Koreaner in die Nationalparks und Wälder.

Es gibt ein hohes Bewusstsein für Bewegung und Ausgleich zu dem oft sehr stressigen Alltag der Menschen. Mit schicken Outdoorklamotten ausstaffiert, einem kleinen Tagesrucksack auf dem Rücken und freudig die Hikingstöcke schwingend bevölkern sie scharenweise und fröhlich plaudernd die Wanderpfade. Wir reisen entlang der Küste und kommen somit in den Genuss, die riesige Vielfalt der tollen koreanischen Seafoodküche kennenzulernen. Es gibt Markthallen, die regelrecht überquellen von der Ausbeute, die die Fischer dem Meer abgerungen haben. Zu Haufen geschichtet liegen die verschiedensten Fischarten, in Körben türmen sich Krebse und Muscheln, in Aquarien blicken Tintenfische ihrem baldigen Ende entgegen, säuberlich gestapelt liegen Riesenkrabben, Panzer auf Panzer ... Uns ist absolut unbegreiflich, wer das alles essen soll.

Oftmals gibt es in den kleinen Restaurants in der Mitte des Tischs einen Grill, der entweder mit Kohlen befeuert oder elektrisch betrieben wird. Wir wählen ein Gericht, anschließend bringt das Personal alle frischen Zutaten und brutzelt vor unseren Augen ein frisches leckeres Mahl. Dazu wird immer ein gutes Dutzend kleinere Schalen mit unterschiedlichen Dingen serviert: mit Rührei, Gemüse, Obst, eingelegtem Fisch oder Krebsen. Konnte Anja aufgrund ihrer Russischkenntnisse Fahrpläne und Speisekarten im Zarenreich noch entziffern, so sind wir hier vollkommen auf die Englischkenntnisse der Kellner und Busfahrer angewiesen – denn lesen können wir hier gar nichts mehr.

Nach zehn Tagen haben wir Busan erreicht. In der Zwischenzeit begannen wir, die Zollabfertigung für Thailand vorzubereiten und haben zu diesem Zweck mit dem thailändischen Agenten schon einige E-Mails geschrieben. Als ich eines Abends im Hostel meine Mails abrufe, finde ich eine mit dem Betreff „urgent matter"... Eine düstere Vorahnung wird zur Realität. Zusammengefasster Inhalt der Nachricht: „Don't come to Thailand!!!" Der Agent hatte leider seine Hausaufgaben im Vorfeld nicht richtig gemacht und war nun im Rahmen der Vorbereitung unserer Papiere über eben genau dieses neue Gesetz gestolpert, auf das wir ihn schon in der Mongolei so oft aufmerksam gemacht hatten. Eine legale Einfuhr nach Thailand sei nicht möglich. Kurz schauen Anja und ich uns sprachlos an, immerhin ist unser Major schon unterwegs. Sofort nehmen wir Kontakt zu der Spedition auf, um zu fragen, ob der Zielhafen noch zu ändern sei und natürlich zu Andi, der von der Hiobsbotschaft noch gar nichts weiß.

Wir haben Glück. Unser Container hat China noch nicht verlassen und wartet im Hafen auf das Schiff. Innerhalb von 24 Stunden haben wir alles geregelt. Neuer Zielhafen ist Shinoukville, Kambodscha.

Anfänglich glauben wir noch, dass wir nun ein wenig Zeit sparen, da Kambodscha ja näher liegt als Thailand. Die Wirklichkeit sieht allerdings anders aus. Die Reederei läuft Kambodscha nicht direkt an, sondern unser Container wird erst mal nach Singapur verschifft, dort umgeladen und dann zurück nach Kambodscha transportiert. Das führt nicht nur zu Mehrkosten von 300 US-Dollar für Andi und uns, sondern auch zu einer längeren Transitzeit von nun insgesamt acht Wochen, also doppelt so lang wie ursprünglich angenommen. Aber welche Wahl haben wir? Alle Versuche, den thailändischen Agenten aufgrund seiner falschen Zusicherung haftbar zu machen, bleiben erfolglos. Hier wäre vermutlich juristischer Beistand nötig, ein Aufwand, den wir für 300 US-Dollar geteilt durch zwei Parteien nicht anstreben wollen.

Am 13. November beginnt die Laufzeit unseres Vietnam-Visums, es ist also allerhöchste Zeit aufzubrechen. Von Busan aus haben wir keine andere Möglichkeit als zu fliegen. Wir besteigen die Maschine der Vietjet Airline, eine Fluglinie, bei der außer dem Flug nichts inklusive ist, selbst ein einfaches Wasser kostet zwei Dollar. Zudem haben die Flieger dieser Gesellschaft scheinbar ein paar Sitzreihen mehr oder es gibt aufgrund der durchschnittlichen geringeren Körpergröße der Asiaten eine andere Norm: Zumindest stoßen unsere Knie schon an die Lehne des Vordermanns, ohne dass die nach hinten gekippt ist.

So eingekeilt verbringen wir die vier Stunden Flugzeit und sind froh, als der Pilot den Vogel sicher und sanft auf dem Rollfeld des Hanoi International Airport aufsetzt. Die Gangway wird herangefahren, die Türen öffnen sich und herein strömt 30 Grad warme, feuchte Luft: Welcome to South East Asia – endlich Sommer, der uns wohl für den Rest unserer Reise begleiten wird! Unsere Winterkleidung hatten wir bereits in Ulanude sorgfältig in ein Paket gepackt und zurück in die Heimat geschickt.

Ein Linienbus bringt uns ins pulsierende Herz Hanois. Wir steigen aus und finden uns augenblicklich in einem Szenario wieder, wie wir uns Asien immer vorgestellt haben. Unüberschaubare Menschenmengen wandern durch die Straßen und durch den ebenso unüberschaubaren Straßenverkehr. Alle Sinne sind gefordert, die intensiven Gerüche wechseln genau so schnell wie die vielfältigen interessanten Auslagen kleiner Geschäfte im Vorübergehen. Hier strömt der würzige Geruch nach gebratenem Gemüse und Fleisch aus einem Restaurant, dort lässt uns der Gestank von brackigem Abwasser die Nase rümpfen. Jetzt duften die vielen verschiedenen Sorten tropischen Obstes eines nahen Händlers aromatisch und süß, gleich werden wir wegen des Dunstes von Hundeexkrementen die Luft anhalten.

Wir sitzen an einer Kreuzung in einem kleinen Straßencafé und bemerken nicht, wie die Zeit vergeht, so spannend ist das, was vor unseren Augen auf der Straße geschieht. Der Verkehr besteht fast ausnahmslos aus Rollern und Mopeds. Und ist unglaublich dicht. Mit europäischem Verständnis erwartet man ständig, dass es gleich zum Unfall kommen muss, so schier ungeordnet fahren die Kradpiloten hin und her – und transportieren nebenbei noch allerhand Unmögliches: ein halbes Dutzend Bierkisten, Gasflaschen, Glasscheiben, Reissäcke, Haustüren, ganze Obststände ... Es ist noch nicht allzu lange her, da dominierten Fahrräder das Bild. Die nächste Stufe der mit dem Wohlstand einhergehenden Entwicklung der Mobilität mischt sich jetzt schon hier und da ins Geschehen und sorgt für Störungen im eigentlich homogenen Fluss: das Auto. Wenn all die Tausenden Roller mal durch Autos ersetzt sind, wird der Verkehr komplett stehen. Aber bis dahin wird es sich weiterhin wie ein wütender Schwarm Hummeln anhören, wenn die Ampel auf Grün schaltet und alle Rollerpiloten gleichzeitig den Gashahn aufreißen.

In Hanoi begegnen wir Heerscharen anderer Backpacker und deren Reisephilosophie – eine Mentalität, die so ganz anders ist als die der vorab getroffenen Overlander.

Trifft man in der Weite Kasachstans oder der Mongolei ein anderes Fernreisefahrzeug, wird sofort angehalten. Man tauscht sich aus, manchmal wird noch ein gemeinsamer Kaffee getrunken und gelegentlich campt man gleich eine Nacht zusammen, um bei einem Lagerfeuer das Gespräch zu vertiefen. Nicht wenige der getroffenen Overlander sind Menschen, die die Welt und ihre Probleme analysieren und beobachten, Zusammenhänge hinterfragen und Lösungsansätze suchen. Bei einer Vielzahl der Backpacker, auf die wir treffen, sieht das hingegen ganz anders aus. Erstmals aufgefallen ist uns das bei einer Stadterkundung Hanois. Zugegeben: Da gibt es eine Menge Touristen. Dennoch begegnen wir den anderen Reisenden wie immer, grüßen freundlich, lächeln oder winken. Wir werden gänzlich ignoriert. Man schaut einfach an uns vorbei oder total angestrengt auf den Gehweg. Scheinbar ertragen diese Backpacker es nicht, dass Tausende andere die gleiche „superindividuelle Rucksackreise“ machen – die es in diesem Teil der Erde vielleicht in den 80ern mal gewesen ist.

Im ersten Hostel, in dem wir in Hanoi unterkommen, gibt es jeden Abend zwischen sechs und sieben Uhr eine Stunde lang Freibier – damit die Gäste sich treffen und ins Gespräch kommen. "Socializing" nennt man das. Uns gelingt das nur ein einziges Mal. Meist sitzen diese Leute einfach jeder für sich stumm vor ihrem Umsonst-Bier und sind immens mit ihrem Smartphone beschäftigt. Sie stehen auf und gehen ihrer Wege, wenn nach einer Stunde der Strom des Gratis-Gerstensaftes versiegt. Bloß keine Konversation, kein Austausch.

Auch die Motivation, warum viele junge Leute hier sind, ist vielfach eine ganz andere: Es geht nicht ums Erkunden, Entdecken und Erfahrungen sammeln. Für viele scheint es nur darum zu gehen, ein paar tolle Selfie-Fotos von sich an irgendwelchen angesagten Orten zu schießen. Diese werden dann noch auf dem mitgeschleppten Laptop mittels Fotoprogramm bearbeitet und – natürlich – in der „wirklichen“ Welt des Social Media präsentiert. Wir sahen ein Mädel in einem Restaurant, die ihr Essen fotografierte und die Aufnahme auf ihrem Smartphone optimierte, um sie ins Netz zu stellen. Anschließend stand sie auf und ging, ohne das Gericht überhaupt angerührt zu haben. Vielleicht hatte sie an diesem Tag einfach Lust auf einen unspektakulären Cheeseburger bei McDonalds gehabt, dessen Foto wohl in ihrem Reiseblog keine Likes oder bewundernde Kommentare produziert hätte? Wir trafen sogar Typen, die in ihrem Rucksack eine riesige Drohne mitschleiften, um von sich ein paar „einzigartige“ Aufnahmen zu machen, wie sie über irgendeinen Strand latschen. Was tut man nicht alles fürs Image ... im wahrsten Sinne des Wortes. Und was das Umweltbewusstsein angeht: Nicht wenige dieser Backpacker haben in den letzten drei Monaten mehr Flüge von einem Hotspot in Asien zum nächsten absolviert, als wir in unserem ganzen Leben – ohne mit der Wimper zu zucken.

Unsere Welt ist das nicht, und diese Art zu reisen, nämlich auf öffentliche Verkehrsmittel angewiesen zu sein, die natürlich nur zwischen den Städten und Highlights verkehren, ist es auch nicht. Unser Gefühl sagt uns, dass wir ganz viel Atmosphäre und Authentizität verpassen, wenn wir nur im Touristenstrom mitgespült werden.

Und trotzdem: Vietnam gefällt uns ausgesprochen gut. Das Essen ist der Hammer, immer frisch und lecker, auch wenn wir allerlei Skurriles auf der Speisekarte entdecken. Da kann man Hund, Ratte, Frosch, Schlange, Heuschrecke und sogar Schildkröten bestellen. Ein Frosch wird später auch auf unserem Teller landen.

Die Menschen empfinden wir als ausgesprochen freundlich, einfach immer gut gelaunt, obwohl eine Vielzahl von ihnen sehr arm und bescheiden lebt. Wer in der Stadt wohnt und einen besseren Job hat, verdient um die 250 Dollar pro Monat, eine einfache Wohnung kostet monatlich etwa 50 Dollar. Wie fühlt es sich wohl für die Bediensteten an, wenn wir oder andere Touristen bei ihnen für die nächsten vier Tage Ausflüge im Wert ihres Monatslohns ordern und diese nebenbei flott mit unserer Karte bezahlen? Uns wird erneut bewusst, wie privilegiert wir sind, einfach Kraft unserer Herkunft. Nicht nur, dass wir aus einem freien und liberalen Land kommen – wir kommen insbesondere aus einem sehr wohlhabenden, dessen wertige Währung uns das Leben hier sehr einfach macht. Was würde wohl ein Vietnamese in Europa für seinen in Euro getauschten Dong kaufen können? Der Vorteil, den uns der Wechselkurs beschert, wird andersherum betrachtet zum Nachteil. Ein reichlich belegtes Baguette mit frisch gegrilltem Fleisch, Rührei, Kräutern, Salat und üppig Soße kostet etwa 30 Cent. Geht man abends zu zweit etwas Ordentliches essen und hat dabei ein paar Bier, dann wird man auch nie mehr bezahlen als sieben bis acht Dollar. Auch die Unterkünfte sind recht günstig und die meisten sehr ordentlich. Allerdings versuchen wir, an dieser Stelle immer Kosten zu sparen und schlafen in der Regel in Mehrbettzimmern, die in Hostels auch einfacher zu finden sind. Nach einer Weile geht man abends ganz automatisch mit Stöpseln in den Ohren ins Bett. Am Ende unserer achtwöchigen Backpacker-Geschichte werden wir von den unterschiedlichsten Übernachtungsmöglichkeiten berichten können, vom einfachen, hellhörigen und schmuddelig-schimmeligen Doppelzimmer für fünf Dollar über die breite Masse der oft recht neuen Hostels und deren voll belegten Zehner-Schlafsälen, bis hin zu ungepflegten und überteuerten Zimmern, in denen man abends sein Bett gegen große Kakerlaken verteidigen

Endlich frei: einsamer Stellplatz an der türkischen Mittelmeerküste.

Romantik pur: traumhafter Ausblick von der Terrasse des "Harmony".

Fernab des Tourismus: traditionelles türkisches Dorf im Hochland Anatoliens.

Jahrtausende alt: Wehrtürme im georgischen Ushguli.

Schön und tückisch zugleich: der Zagari Pass.

Alles Handarbeit: Heuernte im georgischen Hochland.

Symbol für Fortschritt und Moderne: die Flame Towers in Baku.

Karger Lebensraum: Wildpferdherde in der kasachischen Steppe.

Unerwarteter Besuch: Neugierige Kamele inspizieren unseren Major.

Mühsames Unterfangen: Anja vergrößert das Herzbolzenloch unserer zusätzlichen Blattfeder.

Ausgewalzt: "Teigrollenartige" Straßenbeläge gehören auf den Straßen Kasachstans zur Tagesordnung.

Stolzes Team: Berkutschi beim Adlerfest in Olgi.

Standardunterkunft: In der Mongolei sind traditionelle Jurten auch heute noch weit verbreitet.

Die Straße fest im Blick: Whiteout auf dem Weg nach Ulan Bator.

Wie dafür gemacht: Der Major ist nur wenige Zentimeter kleiner als der Container.

Zähes Bergvolk: Tourführerinnen vom Stamm der Mong in den Bergen Sapas.

muss oder wo auch schon mal eine Eidechse aus der Gardine plumpst.

In Vietnam halten wir es ähnlich wie in Korea: Wir tingeln zumeist mit dem Zug entlang der Küste von Hanoi nach Saigon und legen an verschiedenen Stationen Zwischenstopps ein, um Land und Leute näher kennenzulernen. Dazu eigenen sich aber auch die Züge selbst. Beim Kauf der Tickets kann man zwischen „Hard- und Softseats" wählen. Ahnungslos buchen wir den günstigeren Hardseat und lernen sehr bald, woher der Begriff „Holzklasse" stammt. Tatsächlich ähneln die Sitzgelegenheiten dieser preiswerten Klasse mehr hölzernen Park- oder Gartenbänken als Zugsitzen, wie wir sie gewohnt sind. Dafür fährt aber kaum ein Touri auf den Strecken mit, sondern nur Einheimische, die wir somit „für uns alleine" haben. Sie bieten uns während der oft vielstündigen Fahrten genügend Unterhaltung, indem wir ihre Lebensgewohnheiten und ihr Miteinander beobachten.

Bevor es für uns in den Süden geht, wollen wir in die hinterste Ecke des Nordostens, in die Region um Sapa, um uns anzuschauen, wie dort die Bergvölker leben – sie führen ein entbehrungsreiches und hartes Leben, wie sich herausstellen wird. Mit dem Nachtbus geht es am späten Abend in Hanoi los. An mehreren Punkten der Stadt werden an verschiedenen Hostels und Hotels Touristen zu dieser Tour aufgenommen. Im Morgengrauen und nach einer unbequemen Nacht kommen wir hoch oben in den Bergen in Sapa an. Ausschließlich Frauen vom Stamm der Mong übernehmen die Tourführung. Auch wir werden mit circa 20 anderen Interessierten einer jungen Führerin zugewiesen. Söe spricht sehr gut Englisch, ist höchstens eins sechzig groß, 24 Jahre alt, von schlanker, aber muskulöser Statur, und sie hat bereits drei Kinder. Sie führt uns über schmale Pfade in die Bergwelt ihrer Heimat, vorbei an Wasserbüffeln und terrassenförmig angelegten Reisfeldern. Sie erklärt, wie in Handarbeit der Reis gepflanzt, gepflegt und schließlich geerntet wird, wie die Menschen, die diesem traditionellen Leben nachgehen, beinahe alles selber herstellen. Neben Reis gibt es Gemüse, Salat, Ingwer, Tabak und Zuckerrohr. Der Speiseplan wird durch das Fleisch von Hühnern, Gänsen, Schweinen, Ziegen und Büffeln bereichert, manche machen auch vor streunenden Hunden nicht Halt, wie Söe berichtet. Sogar die Kleidung stellen die Leute aus gewonnenen Hanffasern selbst her und färben in mühevollen Prozessen die Textilien mit natürlichen Farbstoffen ein. Das Essbare, das übrig bleibt und fast alle anderen Abfälle werden den Schweinen und Hühnern als Futter gegeben oder in den Feldern untergegraben. Die Menschen, die uns entlang des Weges begegnen, sind durchweg von kleiner drahtiger Statur, ihre Haut ist braun und vom Wetter gegerbt. Sie tragen eine Art bunte Tracht, viele haben eine geflochtene Kiepe auf dem Rücken, in der sie Gräser, Früchte oder auch Holz transportieren. Selbst im hohen Alter balancieren die Menschen hier teils barfuß oder auf Flip Flops behände und scheinbar mühelos auf dem Grat zwischen zwei Reisfeldern entlang und tragen dabei eben jene beladenen Kiepen oder ein Baby auf dem Rücken. Dagegen komme ich mir mit meinen Wanderschuhen fast schon lächerlich, regelrecht degeneriert vor: Stöhnend und schwitzend versuche ich mitzuhalten und bin hochkonzentriert, um nicht links oder rechts ins Reisfeld abzustürzen.

Wir haben eine Tour mit „homestay"-Übernachtung gebucht. Wie der Name schon vermuten lässt, verbringt man die Nacht bei Einheimischen zu Hause. Die Idee dahinter ist, dass die Gäste einen tieferen Einblick in den Alltag der Menschen erhaschen können und die Familien ein zusätzliches Einkommen generieren. Leider ist zu offensichtlich, dass der in Kauf genommene Verzicht der Besucher auf Komfort und Annehmlichkeiten von den Touranbietern ausgenutzt wird. Die erste Nacht verbringen wir mit einer Familie in einem Haus, das ausschließlich zu diesem Zweck gebaut wurde – und zwar alle 24 Teilnehmer dieser Tour. Am späten Abend liegen wir alle gemeinsam im ersten Obergeschoss des hölzernen Gebäudes auf Isomatten. Das Ganze hat den Charme einer Jugendherberge. Um dem Authentizitätsgedanken dennoch Genüge zu tun und zumindest einen kleinen Einblick zu gewähren, kochen wir abends unter Anleitung ein typisches Gericht – mit 20 Mann. Danach geht die Familie nach Hause, also eigentlich dorthin, wo ihr alltägliches Leben stattfindet. Unsere einsetzende Enttäuschung über diese Art der Abfertigung wird am nächsten Tag wieder gut gemacht, als sich herausstellt, dass Anja und ich die Einzigen der Gruppe sind, die eine Dreitagestour gebucht haben. Somit haben wir Söe für die verbleibende Zeit ganz für uns und können sie mit Fragen löchern. Sie erzählt, wie wichtig es in ihrer Gesellschaft sei, einen männlichen Nachkommen zu haben. Nur Männer können Haus und Land erben, die Frauen werden im jugendlichen Alter zur Frau genommen, um eine Familie zu gründen, allerdings erst nach Einwilligung ihrer Eltern. Auch die Braut kann der Hochzeit widersprechen. Hat ein Paar keine Söhne, kann es von einer anderen Familie mit vielen Jungs ein männliches Baby "kaufen". Kostenpunkt: ungefähr 150 US-Dollar. Wir trauen unseren Ohren nicht und fragen dreimal nach. Doch für Söe ist das ganz normal. Wir sind sprachlos über die pragmatische Denkweise der Menschen hier oben.

Am Abend bringt sie uns bei ihren Eltern unter. Nun erleben wir ein richtiges "homestay". Die Nacht werden wir in einem winzigen Zimmer mit zwei Betten verbringen. Auch das restliche, aus Bambus gezimmerte Haus bietet nicht viel Mobiliar. Im Wohnzimmer steht ein kleiner runder Tisch mit vier Hockern und ein Schrank. In der Küche befindet sich ein riesiges gemauertes Wasserbecken, das von außen über ein Bambusrohr mit Regenwasser oder von einem kleinen Bach gespeist wird. Ansonsten finden sich dort ein Regal mit Kochutensilien und Besteck sowie ein Hauklotz, auf dem das Essen zubereitet wird. Nach der Mahlzeit will Söe mit uns ein Spiel spielen: das "chicken beak game"! Fragend blicken wir sie an, als sie den Schnabel eines Huhns auf den Tisch legt und drei Gläser dazustellt. Dann holt sie eine PET-Flasche mit einer klaren Flüssigkeit hervor. Der Inhalt: selbst gemachter Reisschnaps. Die Regeln des Spiels sind denkbar einfach. Jemand lässt den Schnabel aus ungefähr einem halben Meter Höhe auf den Tisch fallen. Landet das Stück Knochen richtig herum und weist auf jemanden in der Runde, muss der sein Glas mit einem Schluck austrinken. Fertig! Dafür darf er das nächste Mal den Schnabel fallen lassen. Uns schwant, dass es bei dem Spiel nur Verlierer geben kann, denn es ist erst vorbei, wenn die Flasche leer ist. Jedenfalls schlafen wir an jenem Abend ausgezeichnet und tief in den schmalen, dunklen Holzbetten ...

Woran denkt man unweigerlich, wenn man „Vietnam“ hört? An den Krieg, an den „amerikanischen Krieg“, wie ihn die Vietnamesen nennen. Vor der Einreise fragten wir uns, ob wir noch Überbleibsel dieser schrecklichen Zeit sehen würden und wie die Menschen mit diesem Ereignis heute umgehen.

Man muss wissen, dass kein Land zuvor in der Geschichte der Menschheit so flächendeckend und mit so großen Mengen an Bomben bepflastert wurde wie Vietnam, selbst im Zweiten Weltkrieg nicht. Hinzu kommen die zahllosen Einsätze von Dioxinen und Entlaubungsmitteln wie „Agent Orange“ und die totale Verbrennung vieler Flächen durch Napalm. Manche Gebiete wurden durch die US-Amerikaner und ihre Verbündeten aus der Luft bis zu zehn Mal mit „Agent Orange“ und Napalm behandelt. Über drei Millionen Vietnamesen starben, darunter eine immense Zahl Zivilisten, da die Amerikaner im Verlauf des sinnlosen Krieges den Überblick verloren. Die Feindunterscheidung zwischen den verschiedenen Lagern der Vietnamesen wurde immer schwieriger.

Die Namen der aggressiven Militäroperationen wie zum Beispiel „Bodycount“ machen klar, wie die GIs vorgingen: Jeder, der nicht eindeutig zuzuordnen war, wurde rücksichtslos eliminiert.

Wir sind absolut überrascht, wie sich das Land 40 Jahre nach dieser beinahen Totalvernichtung regeneriert hat. Nicht nur die Städte sind vollkommen wiederhergestellt und oft hübsch rausgeputzt mit restaurierten Gebäuden und schönen Parks, auch der Infrastruktur der Straßen und der Landwirtschaft ist das Erbe nicht anzumerken. Wir sprechen mit einigen Menschen, darunter zahlreichen Amerikanern, die teilweise Touristen sind, teilweise aber auch in Vietnam leben. Die Amerikaner staunen selbst, mit welcher Offenheit und Freundlichkeit sie im Land empfangen werden. Nie würden sie wegen ihrer Nationalität angefeindet. Für uns absolut bewundernswert, schließlich werden noch heute, in der dritten Nachkriegsgeneration, Menschen mit brutalen körperlichen und geistigen Beeinträchtigungen aufgrund der damals eingesetzten Entlaubungsmittel und Gifte geboren. Auch die Zahl der Überlebenden des Krieges, die Verstümmelungen, Verbrennungen oder Verätzungen erlitten, ist nicht gering. Im Kriegsmuseum in Saigon gibt es eine sehr eindrückliche, wenn auch erschauernde Ausstellung zu diesem Ereignis. Ein großer Raum ist eben diesen Menschen gewidmet. Was man hier sieht, ist unfassbar. Da gibt es Bilder von Menschen mit riesigen deformierten Köpfen, von Babys, die am Unterleib zusammengewachsen sind, von Leuten, deren Körper durch Blasen und Pusteln vollkommen entstellt sind, von Menschen mit mehreren Gesichtern und Menschen mit vollkommen deformierten Körpern und Gliedmaßen – oder ohne Gliedmaßen …

Die Antwort auf die Frage des Vergebens heißt: Vergessen. Junge Vietnamesen erzählen uns, dass insbesondere ihre Generation sich nicht für diese Ereignisse interessiere und der Krieg in der Schulbildung keinen hohen Stellenwert habe. Die Erklärung ist simpel: Würden sie zu allen Nationen und Völkern ein gespanntes Verhältnis schüren, gegen die sie im letzten Jahrhundert Krieg führten oder führen mussten, dann würden sie Chinesen, Amerikaner, Australier, Khmer und Franzosen hassen und nie weiter kommen.

Und weit gekommen sind sie bereits – und tun es immer noch. Überall ist geschäftiges, wuseliges Treiben zu beobachten, jeder verkauft irgendetwas oder bietet seine Dienstleistungen feil – und das von fünf Uhr dreißig in der Frühe bis spät abends.

Unser Visum ist 30 Tage gültig, und es fällt uns nicht schwer, diese Zeit voll auszuschöpfen. Trotzdem müssen wir weiter, denn man glaubt es kaum: In einer Woche soll unser Container ankommen. Andi reist mit seinen zwei- und vierjährigen Kids ebenfalls nach Saigon, seine Frau wird später nachkommen. Gemeinsam nehmen wir einen Überlandbus nach Phnom Penh, der Hauptstadt Kambodschas. Hier gilt es, einigen Papierkram persönlich zu erledigen, den der Agent im Hafen nicht für uns übernehmen konnte. Nach drei Tagen können wir weiter. Das Ziel unserer letzten Etappe ohne Auto, dafür aber mit Rucksack, heißt Shinoukville. Noch einmal durchatmen und uns durch den Bürokratieakt beißen, dann ist es soweit: Wir fahren mit einem Tuktuk zum Hafen und stehen vor "unserem" Container. Auf einem großen betonierten Platz ist er zur Entladung bereit. Die Zollplombe ist noch unversehrt, der Container verschlossen. Mit Spannung lösen wir die Verschlüsse. Ist alles heil geblieben? Ist noch Saft auf der Batterie? Gibt es Schimmel? Die Türen gehen auf, alles ist in Ordnung. Die Motoren beider Autos springen sofort und einwandfrei an, und zwei Stunden später sind wir auf der Straße.

Nachdem wir Diesel, Gas und Wasser aufgetankt haben, geht es daran, einen schönen Stellplatz zu finden. Die Weihnachtsfeiertage stehen vor der Türe, wir wollen sie gemeinsam mit Andi und seinen Jungs verbringen. Etwa eine gute Stunde östlich der Hafenstadt finden wir einen tollen, menschenleeren Strand. Auf der einen Seite der Mangrovendschungel, auf der anderen Seite der Pazifik, Temperatur: 28 Grad. Im Geiste sind wir zu Hause bei unseren Familien und stellen uns vor, wie sie uns beneiden, dass wir nun bei warmen Temperaturen in Badehose auf dem weißen Sandstrand sitzen und die Füße in das kühle, klare Wasser strecken.

Aber in Wirklichkeit sind wir es, die melancholisch gen Heimat blicken. Trotz aller Bemühungen, die Weihnachtstage festlich zu gestalten, bleibt sämtliche Weihnachtsstimmung aus. Ohne kalte Temperaturen und vielleicht Schnee, ohne Weihnachtsbaum, ohne Weihnachtsmann, Weihnachtsmarkt,

Glühwein, Lebkuchen, ohne "Stille Nacht, Heilige Nacht" und natürlich ohne das zeremonielle Zusammensein mit der Familie ist Weihnachten für uns schlichtweg nicht Weihnachten. Auch der von Anja mit Muscheln und Korallen geschmückte "Weihnachtsstrauch", die provisorische Bescherung für Andis Kinder und all die Leckereien, die wir uns zu diesem Anlass zubereitet haben, können die Stimmung nicht retten.

Was bleibt, sind Telefonate mit den Lieben in der Ferne und das Bewusstsein, dass alles im Leben seinen Preis hat.

Zuversicht:

"... das Vertrauen darauf,
dass eine eigentlich ungewisse Situation
ein gutes Ende nimmt ..."

Ausverkauf auf verbrannter Erde

Unterwegs in Indochina

Langsam und gleichmäßig rollt die leichte Brandung auf den feinen, weißen Sandstrand, der sich mehrere Kilometer durch die flache Bucht zieht.

An manchen Stellen reicht der dichte, undurchdringliche Mangrovendschungel fast bis ans Wasser, das gleißend das grelle Sonnenlicht der frühen Mittagsstunden spiegelt. Das Thermometer zeigt 32 Grad im Schatten. Es ist der 24. Dezember 2017 – es ist Weihnachten.

Erst seit wenigen Tagen sind wir wieder mit unserem Landy unterwegs und freuen uns, nun endlich wieder frei und ungebunden zu sein, wieder in unseren eigenen Betten zu schlafen, selbst zu kochen und unseren Alltag und unsere Reisegeschwindigkeit von nun an wie gewohnt vollkommen frei gestalten zu können.

Weihnachten zu feiern macht hier keinen Sinn. Kurzerhand beschließen wir, den Rest der Feiertage ausfallen zu lassen und uns auf den Weg zu machen, dieses uns unbekannte Land zu erkunden. Dabei können wir es ruhig angehen: Zwei Monate haben wir für Kambodscha eingeplant. In dieser Zeit möchte uns unsere Freundin Judith aus Köln besuchen kommen und drei Wochen gemeinsam mit uns das Land bereisen. Wir möchten ihre Ankunft abwarten, bevor wir uns einigen Highlights der Umgebung widmen.

So folgen wir der Küste in östliche Richtung, machen landeinwärts einen Abstecher zum Städtchen Kampot bevor wir weiter fahren nach Kep, wo es einen kleinen Badestrand gibt und einen berühmten Fisch- und Krabbenmarkt. Für die Kambodschaner ist Kep ein beliebtes Wochenend- und Urlaubsziel, insbesondere zum bevorstehenden Neujahrsfest.

Auf einem Parkplatz gleich am Meer campieren wir unter einem großen, dicht belaubten Baum und beobachten das Treiben der eintreffenden Khmer. Für kleines Geld werden von ein paar findigen, einheimischen Frauen Kunstfasermatten vermietet, auf denen die Ausflügler gerne Platz nehmen, um ein Picknick zu machen. Etliche Plastiktüten werden mitgebracht, darin befinden sich weitere Kunststoff- oder Styroporverpackungen, in denen die Speisen warm gehalten werden. Genüsslich verspeist man Reis, Fisch und Gemüse, genießt Cola oder Bier und steht satt und müde auf um fortzugehen, ohne auch nur ein einziges Teil dieses unübersehbaren Müllberges wegzuräumen. Entsprechende Mülleimer stehen eigentlich auf dem Platz bereit. Es braucht kein McDonalds in der Nähe, um für Verpackungsmüll in der Landschaft zu sorgen. Die Gerichte stammen allesamt vom hiesigen Fischmarkt und seinen Grill- und Garküchen. Früher wurde der gebratene Fisch in ein Bananenblatt eingewickelt, das als "Bioverpackung" nach dem Verzehr des Inhalts einfach fallen gelassen und somit wieder dem Stoffkreislauf zugeführt wurde. Heute ist der Fisch immer noch in jenes Blatt eingewickelt. Vermutlich gilt es aber als schick oder westlich oder hygienisch oder fortschrittlich, den toten Meeresbewohner samt Bananenblatt in eine Styroporbox zu stecken, die dann in eine dieser dünnen, milchig-transparenten Plastiktüten gepackt wird. Der Habitus des einfach Fallenlassens ist geblieben – nur dass die moderne, westliche Verpackung so schnell nicht vergehen wird. Auch hier nicht, trotz des schwülwarmen Klimas. Nur wenige Minuten später kommt ein anderes Pärchen, kickt den Unrat der Vorgänger mit den Füßen ein wenig zur Seite, um sich dort nieder zu lassen und das Spiel zu wiederholen. Sind die Menschen weg, kommen die Affen aus den nahen Bäumen und durchstöbern den Plastikberg nach Essbarem. Die kleinen Kerle sind äußerst geschickt und verstehen es, die Drehverschlüsse der Getränkeflaschen zu öffnen, um die letzten Tropfen der begehrten süßen Softdrinks einzusaugen oder zugeknotete Tüten zu zerreißen.

Ich sitze draußen einige Meter hinter dem Major und fotografiere diese Tiere, als mich ein deutsches Pärchen anspricht. Der ältere Herr fragt: „Gehört der Affe zu Ihnen?“

„Nein“, sage ich. „Der kam mit den anderen von dort drüben aus den Bäumen“, und deute auf eine Gruppe, in deren Mitte ein stattliches Männchen sitzt.

„Den meine ich nicht“, entgegnet mein Gegenüber. “Ich meine den bei Ihnen im Auto.“ Verwundert drehe ich mich um und blicke zu Anja hinüber, die in der Türe sitzt und im Reiseführer liest. Auch sie hat nicht bemerkt, dass hinter ihr einer der Affen durch das offene Seitenfenster hineingeklettert war und gerade dabei ist, einige unserer Gewürzdosen aus dem Regal zu stehlen. Als sie aufsteht und versucht, ihn hinaus zu scheuchen, fletscht er seine gelblich-weißen Zähne und zeigt sich unbeeindruckt. Erst als wir gemeinsam entschlossen und laut rufend auf ihn zugehen und dabei mit dem Küchenhandtuch drohen, sucht er das Weite und lässt erschrocken von unserem Gewürzvorrat ab.

Am Abend kommt eine leichte Brise auf. Spielerisch wirbeln die Plastiktüten in kleinen Strudeln über den Schotter, bevor ein nicht unerheblicher Teil von ihnen über die flache Brüstung für immer ins Meer geweht wird.

Bald werden wir erfahren, dass das Umweltbewusstsein der Khmer kaum ausgeprägt ist und sie sich auch nicht an den immensen Müllbergen und wilden Müllkippen stören. Ganz langsam – ausgelöst durch die Tourismusindustrie – wird begonnen, die Einheimischen für das Müllproblem und insbesondere für die Unvergänglichkeit von Plastik zu sensibilisieren. Wer um alles in der Welt hatte überhaupt diese hirnverbrannte Idee, einen der robustesten und beständigsten Stoffe als Einwegverpackung zu wählen?

Der Erfolg dieser Kampagnen ist noch äußerst gering und regional sehr unterschiedlich zu beobachten. Gerade bei den folgenden langen Überlandetappen wird uns das deutlich. Oft liegen am Straßenrand und in den Gräben dichte Müllteppiche aus Plastikabfällen und Lebensmittelverpackungen. Selbst in größeren Städten gibt es keine funktionierende Müllabfuhr. Nicht selten wird der mit Lieferwagen eingesammelte Abfall entweder in irgendeinen Randbezirk gefahren und dort unkontrolliert verbrannt oder in den Dschungel gekarrt, wo er wild verklappt wird.

Generell macht Kambodscha auf uns den Eindruck, dass vieles nicht geregelt ist und scheinbar nur irgendwie funktioniert. Das wohl beste Beispiel ist der Straßenverkehr. Die Regeln, nach denen er fließt, gleichen weniger einer Straßenverkehrsordnung als vielmehr einer Hackordnung. Ganz oben stehen die Lkw, gefolgt von den Bussen und Kleinlastern, dann kommen die

Pkw. Das Schlusslicht bilden die ungezählten Mopeds und Roller. Obwohl dieses System auf uns archaisch wirkt – es funktioniert einwandfrei. Vermutlich weil es keine klaren Regeln gibt, akzeptieren alle das Recht des Stärkeren, passen darüber hinaus gut aufeinander auf und sind eher defensiv unterwegs. Gleich am Fahrbahnrand neben dem dahinbrausenden Verkehr spielen Kinder und zahllose Straßenhändler verkaufen Obst, Gemüse, gebratenes Fleisch oder andere Leckereien der kambodschanischen Küche. Auf dem Land beteiligt sich auch häufig das Vieh am Straßenverkehr, genau wie streunende Hunde. Jedoch haben wir uns an die Präsenz von Kühen, Schweinen, Ziegen, Geflügel und allem möglichen anderen Getier schon lange gewöhnt – in keinem Land seit der Türkei war das anders. Die Könige der Straße, also die Lkw, sind stets bis zum Bersten überladen. Egal ob Kies, Holz oder Reis – immer schnaufen die beinahe mickrig wirkenden und schwarz qualmenden Laster unter der ihnen aufgebrummten Bürde, während sie in Schrittgeschwindigkeit eine leichte Steigung erklimmen. Dabei sitzen die Arbeiter auf den blanken Dächern der Führerhäuser und winken, während sie die Aussicht genießen. Auch die Kapazitäten der Überlandbusse werden bis ans Maximum genutzt: Voll besetzt kann man auf ihren Dachgepäckträgern Kisten, Kartons, Säcke und nicht selten Mopeds sehen. Dabei ist der Zustand der Straßen sehr unterschiedlich – er reicht von gut ausgebaut bis hin zu löchrigen Asphaltflickenteppichen. Ist man auf einem solchen unterwegs, sollte man immer mit Überraschungen rechnen und eher gemächlich dahinrollen, als zu versuchen, das für diesen Tag anvisierte Etappenziel zu erreichen.

Ganz klar ist es nicht, wann Judith an der Grenze eintreffen wird. Aufgrund unserer ursprünglichen Pläne, nach Thailand zu verschiffen, hatte sie sich ein Flugticket dorthin gekauft – bevor wir unseren Zielhafen ändern mussten. Deshalb wird sie nach einer kurzen Akklimatisierung in Thailand mit einem Überlandbus aus dem Nachbarland anreisen. Bis dahin tingeln Anja und ich gemächlich entlang des Tonle Sap, einer der Hauptströme des Landes, gen Norden.

Das Leben hier ist sehr einfach und insbesondere vom Fischfang geprägt. Die Menschen leben in kleinen Holz- und Bambushäusern, die oft auf Pfählen ruhen. Die Dächer sind mit Wellblech oder Stroh gedeckt. Die Straßen der kleinen Fischerdörfer, die sich wie die Perlen einer Kette am Ufer des Flusses aufreihen, sind nicht asphaltiert und äußerst schmal. Hauptfortbewegungsmittel ist auch hier das Moped. Mit entsprechenden Anhängern ausgestattet, die wie kleine Auflieger ungebremst durch einem Drehschemel über dem Hinterrad des Zweirades mit diesem verbunden sind, wird wirklich alles transportiert. Fliegende Händler fahren von Dorf zu Dorf und verkaufen Küchenutensilien, Lebensmittel, Korbwaren und sogar haushoch gestapelte Matratzen. Zentnerweise Brennholz kann man in diesen Anhängern genauso sehen wie alle Sorten von Vieh und Geflügel. Unseren persönlichen Rekord hält ein Bauer, der zwei ausgewachsene Kühe auf dem Anhänger hinter seinem Roller in die nächste Siedlung befördert. In den Städten dienen diese Gefährte scharenweise als Taxi. In kleinen, kunstvoll gefertigten und bunt verzierten Gondeln sitzen nicht selten vier bis sechs Erwachsene. Da die kleinen 90- bis 120-ccm-Motörchen der Roller ohnehin arg überlastet sind – von den Bremsen ganz zu schweigen –, ist ein kleiner Wasserkanister seitlich des Gefährts fast schon Serienausstattung. Daraus läuft unablässig und durch einen Schlauch reguliert eine kleine Menge Wasser über den eigentlich luftgekühlten Motorblock und sorgt zumindest thermisch für etwas Entspannung. Wasserkühlung made in Cambodia ... Die Fischer fahren mit hölzernen, schmalen Longtailbooten auf dem Fluss auf und ab, um mithilfe ihrer Netze den Lebensunterhalt aus dem erdbraunen Wasser zu ziehen.

Plötzlich ist sie da, die Judith. Nicht nur das: Dummerweise hat sie sich beim Verlassen des Reisebusses so arg den Fuß umgeknickt, dass sie nicht mehr auftreten kann. Wir sind noch ein gutes Stück von der Grenze entfernt, also geben wir Gas, um sie bei Poipet einzusammeln. Der Major gibt sein Bestes, wir sind uns sicher, er schwelgt in Erinnerungen und fühlt sich an seine Zeit als Rettungsfahrzeug zurückerinnert. Einmal meine ich ihn flüstern zu hören: „Ohhhh, like back in the days ...!“

Gestützt von einem freundlichen Taxifahrer, der auch ihren schweren Rucksack trägt, versucht Judith winkend im unübersichtlichen Treiben des Grenzverkehrs unsere Aufmerksamkeit zu gewinnen. Die Wiedersehensfreude ist groß, aber ihr Fuß macht keinen guten Eindruck. Dick geschwollen und bunt verfärbt wird schnell klar, dass er erst mal Ruhe braucht.

Wir sind aber nicht nur wegen Judith an der Grenze. Mittlerweile sind wir schon so lange in Kambodscha, dass unser 30-Tage-Visum nur noch eine Woche gültig ist. Zwar kann man es aufwendig und mit undurchsichtigen Kosten behaftet in der Hauptstadt Phnom Penh verlängern, einfacher geht es aber, wenn man kurz aus- und wieder einreist. Da außerdem das thailändische Visum für deutsche Touristen kostenfrei ist, wollen wir diesen Weg wählen, um so ein neues Visum für Kambodscha zu erlangen.

Der Grenzübergang Poipet ist der größte zum Nachbarn Thailand. Dementsprechend trubelig geht es hier zu. Riesige, hoch beladene Handkarren werden in großer Stückzahl von mehreren Männern über den schmalen Grenzfluss geschoben. Überall herrscht Hektik. Busse spucken ihre Reisegruppen zur Zollabfertigung aus, Menschen laufen hin und her, es gibt dichtes Gedränge. Wir versuchen unseren Weg in diesem Gewusel zu finden, während Judith mit hochgelegtem Fuß im Major auf uns wartet. Auf den Gehwegen der Grenzbrücke sitzen zahlreiche Bettler, ebenso Händler, die Gebäck, Obst und frittierte Insekten verkaufen, im Mief des darunter verlaufenden Flusses. Der ist unnatürlich graublau verfärbt, seine Ufer von Müll gesäumt. Eine skurrile Szenerie.

Innerhalb von zweieinhalb Stunden haben wir unseren "border run" erfolgreich hinter uns gebracht, ein neues 30-Tage-Visum klebt in unseren Pässen. Dieses soll eigentlich 30 Dollar kosten. Die Zöllner an dem entsprechenden Schalter haben einfach ein handgeschriebenes Preisschild über das offizielle gehängt, um ein paar Dollar extra zu verdienen. Jetzt kostet der Sichtvermerk 34 Dollar, was uns leider erst später auffällt.

Auch den noch nötigen Einreisestempel kann man vor der entsprechenden Station "auf dem kleinen Dienstweg" bekommen. Einer der Zöllner wartet draußen, fast schon offiziell wirkend und in Uniform, mit dem richtigen Stempel und spricht uns direkt an. Wir können rein gehen und uns ein bis zwei Stunden in der Schlange anstellen oder hier und jetzt für fünf Dollar extra den Einreisevermerk sofort bekommen – pro Person, versteht sich. „Up to you“, sagt er, als wäre es tatsächlich ein ganz normaler Service.

Wir lehnen Korruption und Schmiergelder ab, daher entscheiden wir uns für die Schlange – und sind nach 20 Minuten fertig.

Bestechlichkeit ist insbesondere in Behördenkreisen bis hoch in die obersten Ebenen ein riesiges Problem in diesem Land. Viele Aussteiger, die wir während unserer Zeit in Kambodscha kennenlernen, berichten uns, wie sie mit diesen unlauteren Praktiken in Berührung kämen und dass es kein Geheimnis sei, dass hier durch Schmiergeld fast alles möglich wird – auch im großen Stil. So wundern wir uns nun nicht mehr, wie im zu Weihnachten besuchten Ream-Nationalpark mitten in den Mangrovenwäldern riesige Hotelkomplexe an den unberührten Stränden entstehen und der Regenwald Stück für Stück weichen muss.

Unsere Frage, wie dies mit den Schutzzielen eines Nationalparks vereinbar sei, ist somit beantwortet: Es gibt einfach Interessen, die wichtiger sind, und das sind Devisen ausländischer Investoren, insbesondere chinesischer.

Zu dritt wollen wir nochmals ans Meer, aber diesmal auf anderen Wegen. Wir entscheiden uns für eine Offroadroute durch das Kardamom-Gebirge, eine Region, die noch wild und ursprünglich ist und in deren dichten Wäldern noch wilde Elefanten leben sollen. Gespannt biegen wir von der Teerstraße ab und folgen einer Piste, die nach kurzer Zeit anstrengend wird und volle Konzentration verlangt. Der rote Lehmboden ist durchzogen von tiefen Rillen und Riefen, die durch die enormen Wassermassen während der Regenzeit geformt wurden. Wir kommen nur sehr langsam voran. Oft drängen sich Büsche und Bäume so dicht an unseren Weg, dass Äste ihre Spuren hinterlassen, wenn sich der Major an ihnen vorbei schiebt. Es gilt kleinere Flüsse zu furten, Matschlöcher zu überwinden und sein Nervenkostüm beim Überqueren desolater Holzbrücken zu testen. Die Landschaft ist dabei wunderschön. Die sanften Hänge des Gebirgszuges sind mit dichtem Dschungel bewachsen, am Morgen schwebt ein leichter Nebel über den Wipfeln.

Entlang des Pfades gibt es sehr einfache, kleine landwirtschaftliche Gehöfte. Die Menschen bauen Mais, Apfelsinen, Ananas, Bananen, Pfeffer und sogar Kautschuk an. Dafür muss der Regenwald weichen: Die Bäume werden gefällt, das Holz als Energieträger genutzt, zu Holzkohle verarbeitet oder verkauft und der Rest niedergebrannt. Oft sieht man zwischen den ordentlichen Reihen der Plantagen die verkohlten Überreste einstiger Urwaldriesen stehen. Die Nachfrage nach edlen tropischen Hölzern aus Übersee, aber auch nach Energieholz für Vietnam lässt den riesigen kommerziellen und größtenteils illegalen Holzeinschlag gnadenlos voranschreiten. So werden immer größere Löcher in den einst unberührten und scheinbar unendlichen grünen Teppich gerissen.

Aber auch andere Projekte bedrohen hier den Lebensraum Regenwald: Staudämme zur Elektrizitätsgewinnung. Auf der Strecke durch das Kardamom-Gebirge passieren wir gleich mehrere. Teils riesige Seen, deren Bau durch die Regierung vorangetrieben und durch chinesische Investoren finanziert wird, die als Gegenleistung die Vermarktungsrechte des Stroms erhalten.

Am Abend des zweiten Tages in den Bergen haben wir uns als Stellplatz einen Wasserfall auf der Karte ausgeguckt, der den verheißungsvollen Namen "dangerous waterfall" trägt. Bei der Abzweigung zu diesem Naturschauspiel gibt es einige zerfallene Verkaufsstände, die allesamt verlassen sind. Warum sich hierhin keine Touristen mehr verirren, wird bald klar: Einer der vorgenannten Stauseen hat den ehemaligen Wasserfall seiner Kraft beraubt, ihm sprichwörtlich das Wasser abgegraben. Nun plätschert ein kleines Flüsschen durch eine tief in den Fels eingeschnittene Schlucht, die noch erahnen lässt, was für ein imposantes, energiegeladenes Spektakel hier einmal zu bestaunen war.

Nach drei Tagen liegt das Kardamom-Abenteuer hinter uns. Direkt an der thailändischen Grenze erreichen wir den Golf von Thailand beim Städtchen Koh Kong. Unser Weg Richtung Osten führt uns an einer großen Halbinsel vorbei, die in unserem Reiseführer überhaupt nicht beschrieben ist. Grund genug für uns, hier einmal abzubiegen. Das Gebiet ist in der Tat sehr ursprünglich. Es gibt nur sehr kleine, einfache Siedlungen in der hügeligen, teils sumpfigen Landschaft, die in großen Teilen von Bäumen bewachsen ist. Jedoch ist auch an diesem Ort der Vormarsch der Chinesen unübersehbar: Auf unserem Weg ans Meer fahren wir auf neu ausgebauten Autobahnen, die durchaus deutschem Standard entsprechen. Theoretisch können wir uns eine der vier Fahrspuren aussuchen, denn wir sind hier vollkommen alleine unterwegs. Sanft geschwungene Buchten, von feinem weißen Sand gesäumt, darüber Palmen, die ihre Wipfel in die Sonne strecken und das seichte, klare Wasser des Meeres: So sehen die absolut menschenleeren Strände dieser Halbinsel aus. Dazu gibt es so gut wie keine Hotels. Lediglich ein einziges großes Resort, ebenfalls noch im Bau befindlich, lässt erahnen, wozu die Autobahn bestimmt ist. Später erfahren wir, dass der gesamte Küstenstreifen von hier bis nach Shianoukville mit Hotels, Casinos und Restaurants besiedelt werden soll. Dazu sind bereits riesige Grundstücke verkauft oder reserviert – wieder an chinesische Investoren.

Otres liegt von hier circa eineinhalb Fahrstunden entfernt. Der winzige Ort besteht im Grunde nur aus kleinen Pensionen, Restaurants und Bars. Alles ist recht alternativ gehalten, die meisten der Pubs und Kneipen sind sehr kreativ eingerichtet. Viele Europäer kommen her, um kräftig zu feiern oder einfach nur am Strand zu "chillen". Es gibt einen regelrechten inoffiziellen Dresscode. Dazu gehören üppige Tattoos, Piercings, enorm geweitete Ohrlöcher, auffällige Haarschnitte wie Dreadlocks, Undercut oder Glatzen. Viele der Gäste sind stets barfuß unterwegs, tragen entweder nur Badeshorts oder lässig weite Batikhosen, manchmal gepaart mit exotischen Umhängen. Stürzt man sich hier ins Nachtleben, gibt es eine bunte Komposition von Ganzkörperkunstwerken zu bestaunen. Eine gelungene Musikmischung von Klassikern von Janis Joplin, Bob Marley, Jimi Hendriks bis hin zu Guns N´Roses und anderen Rocklegenden lässt das Gefühl entstehen, dass die 60er doch noch nicht vorbei sind. Überall werden Joints geraucht oder gedreht, und wer es handwerklich nicht drauf hat, kann an der Bar neben seinem Bier auch gleich eine fertig gedrehte Tüte für drei Dollar oder einen "happy cookie" für sechs Dollar kaufen. Die Stimmung ist sehr entspannt, alle wippen leicht zum Beat, während sie an ihrem Bier nippen oder an der trichterförmigen Zigarette ziehen.

Wer mehr die Einsamkeit liebt, kann sich von einem der unzähligen Touranbietern hinausfahren lassen zu den vorgelagerten Inseln. Für wenig Geld und in kleinen Gruppen werden Hotspots zum Schnorcheln und Baden angesteuert, genauso wie regelrechte Robinson-Crusoe-Inseln. Hier kann man in primitiven Bambushütten übernachten, alleine am Strand dem Rhythmus des Meeres lauschen, mit Regenwasser das Klo spülen und zwischendrin an einer offenen palmwedelgedeckten Bar einen Cocktail trinken oder eine Kleinigkeit essen – zum Beispiel einen "happy cookie".

Wir sind aber nicht nur zum Entspannen nach Otres gefahren. Judiths Fuß ist immer noch nicht besser. Die Schwellung hat kaum abgenommen und Auftreten ist nur unter Schmerzen möglich. Daher wollen die beiden Mädels eine Privatklinik in Shianoukville aufsuchen, während ich den Major einem umfangreichen Service unterziehen werde.

Das mache ich bei Phil. Er ist Schweizer, kam vor zwei Jahren mit dem Motorrad als Reisender hierher und ist, wie nicht wenige andere, in Kambodscha hängen geblieben. Es ist nicht nur das immer schöne Wetter, das die vielen Europäer anlockt. Vor allem die Tatsache, dass es wenige Regeln gibt, gefällt den meisten sehr gut, was für sie in vielerlei Hinsicht eine aus Deutschland und Co ungekannte Freiheit bietet. Wer ein kleines Geschäft eröffnen möchte, gleich ob Werkstatt, Restaurant oder Pension, kann das recht einfach und ohne hinderliche Auflagen tun. Es gibt keine Gewerbeaufsicht, keinen Meisterzwang, keine Berufsgenossenschaft und auch keine Kontrollen des Gesundheitsamts. Der Staat mischt sich viel weniger ein, hier kann man völlig eigenverantwortlich seine Geschäftsidee ausprobieren. Zudem ist die Mentalität der Menschen entspannter und das Leben insgesamt deutlich günstiger – insbesondere, wenn man zum Start noch ein paar starke Euro in der Tasche hat. Für die Aussteiger macht diese Entfaltungsfreiheit den Mangel an Rechtssicherheit wett.

Ich bin gerade dabei, das Motoröl einzufüllen, als das Handy klingelt. Unerwartet änderte sich die Diagnose bei Judiths Fuß: Er ist gebrochen. Zwar war die Durchführung der Röntgenaufnahme schnell und professionell, jedoch gibt es keine anschließende Weiterbehandlung. Es gibt keinen Gips oder Ähnliches. Da beide Frauen vom Fach sind, drängen sie auf Gehstützen und Ruhigstellung des Fußes. Entlassen werden sie mit Krücken, die nur für asiatische Größen bestimmt sind und nicht zu einer 1,83 Meter großen Mitteleuropäerin passen. Außerdem bekommen sie eine provisorische Selbstbastel-Schiene, die den Fuß mit einigen Utensilien aus unserer Bordverbandskiste hinreichend stützt.

Allmählich windet sich unser Kurs in nördlichere Regionen. Erneut passieren wir die Gegend um Kampot. In den Hängen rund um die mittelgroße Stadt gedeiht der weltberühmte Kampot-Pfeffer. Dutzende Plantagen züchten hier, meist unter einem biologischen Siegel, das beliebte Gewürz und laden zum Besuch ein. Wir entscheiden uns für „La Plantation“, eine der größten und noch recht jungen Plantagen, welche auf ökologischen Anbau setzt und von einem französischen Pärchen erst vor wenigen Jahren gegründet wurde. Ein Teil ihrer Philosophie ist dabei, die Menschen vor Ort durch Ausbildung und Arbeitsplätze mit einzubeziehen und ein Gefühl für die Umwelt und Ökologie zu entwickeln. Die englischsprachige Führung eines jungen Khmer über das Areal und zu den Pfefferpflanzen ist sehr aufschlussreich und informiert nicht nur über Wuchs und Zucht der verschiedenen Sorten, sondern auch über deren Veredelung und die verschiedenen Verwendungsbereiche. Natürlich werden die in unserer Bordküche gezauberten Gerichte fortan nur noch mit Kampot-Pfeffer gewürzt.

Die Hauptstadt Kambodschas heißt Phnom Penh und liegt am Ufer von Asiens wichtigstem Fluss, dem Mekong. Auch wenn es schwierig ist, in so großen Städten einen geeigneten Stellplatz für die Nacht zu finden, müssen und wollen wir dort hin. Zum einen haben wir noch einige Formalitäten für eine mögliche Wiedereinreise zu klären, zum anderen gibt es hier Sehenswürdigkeiten, die von einem sehr bedeutenden, wenn auch kurzem und düsteren Kapitel der kambodschanischen Geschichte zeugen. Die Rede ist von den Roten Khmer oder auch Khmer Rouge genannt. Dieses extrem kommunistische Regime erlangte unter der Führung von Pol Pot im April 1975 die Macht. Die Schreckensherrschaft, die von grenzenloser Gewalt gegen das eigene Volk gekennzeichnet war, endet im Juli 1979. Die Idee der Roten Khmer war, einen archaischen Agrarstaat zu gründen, in dem alle einer bedürfnislosen Gleichheit unterliegen und wo jegliche Technologie und jedes wissenschaftliche, intellektuelle Denken und Streben verboten war. Die Feldarbeit sollte nur mit einfachen Handwerkzeugen, allenfalls mithilfe von Tieren erfolgen. Ärzte, Wissenschaftler und Geistliche wurden deportiert und hingerichtet, Maschinen, Fahrzeuge, Krankenhäuser, Schulen und Bibliotheken zerstört, Bücher verbrannt, Geld und Postwesen abgeschafft. Das Tragen einer Brille reichte aus, um als intellektuell zu gelten und somit dem Tode geweiht zu sein. In unzähligen Foltergefängnissen wurden den unter fadenscheinigen Vorwürfen Inhaftierten Geständnisse abgepresst, bevor sie auf die sogenannten „Killing Fields“ transportiert wurden, wo sie ihrem Ende entgegensahen. Die Exekution geschah nicht durch ein Erschießungskommando oder Ähnliches. Die Menschen wurden meist mit Feldwerkzeugen wie Hacken und Spaten brutal erschlagen, um wertvolle Munition zu sparen. Unzählige Menschen starben an Hunger und den Folgen von Unterernährung oder fehlender medizinischer Versorgung. Eines dieser ehemaligen Gefängnisse ist heute ein Museum. Im S-21 Tuol Sleng Genocide Museum wird man auf erschütternde Weise mit dem Schicksal der alleine hier 12.000 bis 20.000

eingekerkerten Gefangenen konfrontiert, von denen nur zwölf überlebten.

Das Regime war dermaßen paranoid und fürchtete so sehr eine Unterwanderung, dass insbesondere gegen Ende immer mehr Mitglieder aus den eigenen Reihen zu Opfern jener Ideologie wurden, der sie einst folgten. Insgesamt wurden in den knapp drei Jahren als direkte oder indirekte Folge der Herrschaft der Roten Khmer geschätzte 20 bis 30 Prozent der Gesamtbevölkerung getötet. Beinahe die gesamte intellektuelle Schicht wurde ausgelöscht oder floh, was heute noch spürbar den Aufschwung des Landes zusätzlich bremst.

Während wir stumm durch die Gänge und Zellen des Gebäudes wandeln, uns die Fotos und Zeugnisse dieser Zeit ansehen und den erschauernden Worten des Audioguides folgen, fragen wir uns immer wieder: Wo war die Menschlichkeit? Was muss passieren, um so abzustumpfen? Wie kann man so machtbesessen sein, dass man offenbar Freude am unsäglichen Leiden anderer empfindet?

Abends sitzen wir noch lange in einem kleinen Restaurant, um über diese perversen Auswüchse der Menschheit hier und eigentlich an so vielen Orten unserer Welt zu reden. Als wir zum Major zurückkehren, der mitten in der Innenstadt gleich neben dem Königspalast auf uns wartet, ist es bereits nach Mitternacht. Die Nebenstraßen sind leer. Gelegentlich sehen wir Ratten und Katzen, die umherhuschen, um etwas Fressbares aufzutreiben. Die geschäftigen Tuktuk-Fahrer haben derweil eine Hängematte in ihr Gefährt gespannt und versuchen zu Dutzenden, ein paar Stunden Schlaf zu ergattern, bevor der nächste von Hektik geprägte Tag um sechs Uhr beginnt.

Langsam und schleppend schieben wir uns am nächsten Morgen im Major durch das dichte und unüberschaubare Meer von Mopeds und Tuktuks raus aus der Stadt. Anders als draußen auf dem Land ist in der Hauptstadt der krasse Unterschied zwischen Arm und Reich deutlich zu erkennen.

Leben die Menschen außerhalb der Stadt zum allergrößten Teil in Armut und in sehr einfachen Verhältnissen, kann man hier nicht selten unter den wenigen Autos teure Hummer und dicke Luxuslimousinen der verschiedensten europäischen Fahrzeughersteller beobachten. An der gleichen Kreuzung sieht man, wie die Straßenarbeiter direkt neben ihrer Baustelle und dem dichten, lärmenden Verkehr unter einer schützenden Plastikplane hausen und ihren Feierabend verbringen. Trotz der Armut der Landbevölkerung fühlen wir uns hier willkommen. Die Menschen begegnen uns mit freundlicher Neugierde, winken und lachen im Vorüberfahren und versuchen uns immer weiterzuhelfen, obwohl wir keine gemeinsame Sprache haben. Englisch sprechen nur sehr wenige.

Am späten Vormittag haben wir es geschafft, erleichtert rollen wir mit 80 km/h Richtung Westen auf einem Highway aus der Stadt.

Wenn man „Kambodscha“ als Suchbegriff bei Google eingibt, so erscheinen zunächst etliche Bilder und Reisehinweise zu Angkor Wat als Treffer. Die viele Hundert Jahre alte Tempelanlage und Hauptstadt des antiken Khmer-Reichs ist die Hauptattraktion und das Wahrzeichen des Landes. Zigtausend Touristen strömen jedes Jahr nach Angkor Wat, um die monumentalen Bauwerke zu bestaunen. Obwohl uns genau diese Touristenströme abschrecken, wollen wir uns ein solches Highlight nicht entgehen lassen. Wir haben uns einen Weg ausgedacht, der uns ermöglichen soll, in aller Ruhe das Flair und den Charme dieser historischen Bauwerke einzusaugen und gleichzeitig auch die überlaufenden Haupttempel sehen zu können. Wir starten mit den teils 120 Kilometer von der Hauptanlage entfernten kleineren Nebentempeln. Dieses Vorgehen erweist sich als goldrichtig. Wir besuchen Tempel in Preah Khan, Kokher und Beng Malea. Zum Teil sind wir die einzigen Besucher der Anlagen, die sich den strapaziösen, schlechten Pisten durch den Dschungel gestellt haben, und das bei 36 Grad im Schatten. In Ruhe erkunden und fotografieren wir zu dritt die oft erheblich beschädigten Gebäude.

Siem Reap ist jene Stadt, in der für fast alle Touristen das Angkor-Abenteuer beginnt. Je mehr wir uns ihr nähern, desto offensichtlicher wird, dass wir der Hauptattraktion nicht mehr fern sind. Ungezählte Reisebusse halten auf dem großen Parkplatz des noch größeren Besucherzentrums. Zentral organisiert kann man ausschließlich und nur hier eines der verschiedenen Tickets erwerben. Da die Eintrittskarten nicht ganz billig sind, entscheiden wir uns für eine Tageskarte und wählen mithilfe unseres Reiseführers vorab drei Tempel aus, die wir uns genauer ansehen möchten.

Wer glaubt, Angkor Wat sei ein Gebäude oder eine Tempelgruppe, die man bequem an einem Tag besichtigen kann, der irrt. In Wahrheit umfasst das Areal des Kerngebiets mehrere Dutzend Quadratkilometer und besteht aus einigen Hundert Tempeln. Dieses historische Zeugnis ist nicht nur extrem weitläufig in den Dschungel eingebettet, sondern zudem verflochten mit

Siedlungen der Menschen, die seit jeher und bis heute hier leben. An den markantesten und berühmtesten Stellen jedoch verdichten sich die Menschenmassen so stark, dass uns schnell die Lust vergeht und wir uns lieber eine Miethängematte gönnen mit einem erfrischenden Getränk dazu, um die überhitzten Füße etwas hochzulegen.

Seam Reap ist auch der Ort, wo sich Judiths und unsere Wege wieder trennen. Judith fährt zurück nach Thailand, wir hingegen machen uns allmählich auf den Weg zur Grenze mit Laos. Trotz Judiths lädiertem Fuß hatten wir eine tolle und entspannte Zeit zusammen und sind traurig, als der alte Reisebus, in dem sie winkend sitzt, schwarzrußend das Busterminal verlässt.

Wir wählen wie so oft Nebenstrecken, um uns dem nördlichen Ende Kambodschas zu nähern. Kaum haben wir die Gegend verlassen, wird wieder die Umweltzerstörung durch Abholzung der Regenwälder deutlich. Überall qualmt und brennt es, nicht zum ersten Mal sehen wir die Sonne nur als kleinen, hellen Punkt an einem von dichtem Rauch verschleierten Himmel. Auf den Straßen überholen wir langsame Lkw, die haushoch mit Holz beladen sind. Selbst mit Mopeds und Anhängern werden die letzten Knüppel abtransportiert oder die Säcke mit frisch erzeugter Holzkohle zum Verkaufsstand gefahren.

Schon im Biologieunterricht in der Schule begegnete uns die Bedrohung der Wälder durch Abholzung im Amazonasgebiet und in Asien. Auch in den Medien ist das Thema immer wieder präsent. Jetzt aber, wo wir unmittelbar davor stehen, die Flächen sehen, die Sägen hören und den Rauch riechen, sind wir regelrecht schockiert.

Fern jeder Nachhaltigkeit und ohne jede Kontrolle und Regulierung wird hier einmaliger Lebensraum für viele ohnehin bedrohter Arten für immer und unwiederbringlich zerstört. Aber nicht nur den Tieren und Pflanzen geht ihre Lebensgrundlage verloren: Gleichzeitig werden die Funktionen der Sauerstoffproduktion und CO2-Bindung genauso zerstört wie die des Wasserspeichers und die der Filtration von Luft und Wasser. Der Boden erodiert, zurück bleibt eine kahle Buschlandschaft. Und wozu? Für schnelles Geld durch den Verkauf von tropischen Hölzern nach Europa oder Energieholz und Holzkohle in andere asiatische Märkte wie China und Vietnam. Teilweise werden die Flächen umgewandelt in Palmöl- oder Kautschukmonokulturen, um den

Bedarf, wieder größtenteils des Westens, zu bedienen. Wie kann man Biokraftstoff in Deutschland unter einem Biosiegel vermarkten, wenn für die Einsparung von Erdöl der Regenwald abgeholzt wird, um an dessen Stelle Palmölplantagen anzulegen?

Nachdenklich insbesondere über das westliche, immer weiter beschleunigte und unbegrenzte Konsumverhalten und das mangelhafte Begreifen der Gesamtzusammenhänge auf unserem ausgebeuteten Planeten steuern wir am zweihundertsten Tag unserer Reise den einzigen Grenzübergang nach Laos an. Hier ist nur sehr wenig los. Noch einmal lässt uns das Land seine Korruptionsprobleme spüren. Bei der Ausreise verlangt der Zöllner pro Pass einen Dollar extra für den Ausreisestempel. Als wir uns weigern oder alternativ eine Quittung verlangen, wirft er unsere Pässe entnervt vor uns auf den Schalter und deutet mit einer abfälligen Handbewegung und dem Wort „Go“ zum Ausgang.

An der letzten Schranke lässt man uns, vielleicht aus Rache, in der brütenden Hitze warten. Niemand kommt, um den Schlagbaum zu heben. Als uns der Schweiß schon in den Augen brennt, steigt Anja aus, geht hinüber zur Zöllnerbude, löst den Knoten, der die Schranke unten hält und schwupps – schon sind wir im Niemandsland zwischen Kambodscha und Laos entschwunden.

Laos unterscheidet sich auf den ersten Blick kaum von seinem Nachbarn. Das Einzige, was mir als Detail ins Auge fällt, ist, dass die Mopeds nun keine Anhänger mehr haben, um diverse Lasten zu transportieren, sondern Beiwagen. Der Süden des Landes ist eher unspektakulär. Wir besuchen die Inselgruppe der sogenannten „4.000 islands“. Im Mekong gelegen sind sie eine typische Touristenattraktion mit vielen kleinen Hostels, Bars, Restaurants und Fahrradvermietungen. Auch hier sollen "happy pizzas", "rolled joints" und "happy mushroom shakes" ein bestimmtes Klientel ansprechen und zu einer entspannten Stimmung verhelfen.

Nordöstlich erhebt sich das Bolaven-Plateau, eine beachtliche Bergkette in der ansonsten flachen Ebene von Südlaos. Hier wollen wir hin und biegen ab von der asphaltierten Hauptstraße auf eine breite Schotterpiste. Der Weg führt uns direkt ins laotische Hinterland. Die Strecke ist äußerst staubig, eine dichte rot-orange Staubwolke folgt dem Major. Kommt uns eines der wenigen Autos entgegen, liegt die Sicht für etliche Sekunden bei null. Nach nur wenigen Stunden in dieser Umgebung ist das Auto von innen wie außen mit einer rötlichen Staubschicht überzogen, genau wie die Dächer der kleinen Häuser und Gehöfte, die ab und an am Wegesrand stehen. Der wenige Verkehr, dem wir begegnen, besteht meist aus Mopeds und Einachsschleppern, die oft recht massive Holzanhänger langsam hinter sich her ziehen. Darauf werden Arbeiter zu den Plantagen und Feldern gebracht, die Ernte eingefahren und natürlich auch wieder das Holz des Dschungels ordentlich zurechtgesägt abtransportiert. Diese Art von Minitraktoren sind nicht nur Zugmaschinen, sondern eine Art Universalgerät. Mit verschiedenen Anbaumöglichkeiten werden sie zum Pflügen der Äcker genauso genutzt wie als Pumpe, um die Plantagen zu bewässern.

Der Dschungel ist größtenteils sehr dicht, aber auch hier sieht man schneisenartige Rodungen und brennende Hänge. Es ist kein Geheimnis, dass auch in Laos der Regenwald stetig schwindet. Waren in den 40er-Jahren circa 70 Prozent der Landesfläche mit Dschungel bedeckt, so schätzt man, dass bis 2025 davon nur noch 30 Prozent übrig sein werden. Zum Vergleich: Die deutschen Bundesländer verfügen im Durchschnitt über 26 Prozent Waldfläche.

Auf den Plantagen wachsen die verschiedensten Früchte, auch Maniok, dessen Wurzeln von Frauen am Straßenrand mit großen Messern von Hand zur Weiterverarbeitung vorbereitet und zum Trocknen in der Sonne ausgebreitet werden. Dabei sind die Körper der Arbeiterinnen von Kopf bis Fuß zum Schutz vor der sengenden Sonne mit Kleidungsstücken und Hüten bedeckt. Unser Weg kreuzt immer wieder Flüsse und mehrere Meter tief in den Lehmboden eingeschnittene Gräben. Die Brücken, die darüber führen, sehen abenteuerlich und verrostet aus, wenn sie denn überhaupt aus Stahl gefertigt sind. Oft stehen Schilder an ihrer Zufahrt, auf denen die zulässige Tonnage angegeben ist. Nicht selten ist der Wert handschriftlich nach unten korrigiert oder durchgestrichen. Wo immer es geht, nutzen wir eine Umfahrung. Dies ist zwar mühseliger, bedeutet rumpelige, steile Pisten und matschige Furten, ist uns aber allemal lieber, als unser Leben diesen fragwürdigen Konstruktionen anzuvertrauen. Je weiter wir uns am Plateau entlang nach oben arbeiten, desto öfter sehen wir auch Kaffeeplantagen. Neugierig beobachten wir während der Fahrt die Verarbeitung der braunen und teilweise noch grünen oder roten Kaffeebohnen, bis wir bei Mr. Viengs Coffee-Farm stoppen.

Mr. Vieng ist ein witziger wie winziger Kerl meines Alters und bearbeitet in zweiter Generation eine zwei Hektar große Kaffeeplantage. Vor wenigen Jahren hat er den Betrieb seiner Eltern von der konventionellen Verarbeitung auf ökologischen Anbau umgestellt und verkauft nun seinen Kaffee ausschließlich an Touristen und keine Bohne mehr an die Industrie. Innerhalb kurzer Zeit lernen wir alles über Zucht, Ernte und die Verarbeitung der Kaffeebohnen der verschiedenen Kaffeesorten kennen, selbstverständlich inklusive einiger Probetässchen unseres liebsten Heißgetränks. Uns gefällt die Gegend ausgesprochen gut, nicht zuletzt wegen des angenehmen Klimas. Ist es in den Niederungen durchweg sehr heiß mit Temperaturen um die 34 Grad am Tag und nur knapp unter 30 Grad nachts, klettert das Quecksilber hier selten über die 30-Grad-Marke. In der Nacht, wenn wir schlafen gehen, fallen die Temperaturen hingegen oft deutlich unter 20 Grad.

Eine stramme Tagesetappe trennt uns von einer unter Travellern beliebten Schleife durch den undurchdringlichen Dschungel. Für die Absolvierung des Rundkurses, der unter Insidern nur kurz „the loop“ genannt wird, sollte man gut drei Tage einplanen. Der Weg soll über Schotterpisten durch dicht bewaldete Karstberge verlaufen und bedarf wegen des Geländes somit etwas mehr Zeit. Wir erreichen den Einstiegspunkt zu dieser Schleife nicht mehr und suchen abends recht spät nach einem geeigneten Campplatz. Als es fast dunkel ist, biegen wir in einem kleinen Ort zwischen zwei Häusern von der Hauptstraße ab, da wir auf unserem GPS gesehen haben, dass sich hinter der Siedlung nur Felder und Busch befinden. Tatsächlich folgen wir einem schmalen, kurvigen Feldweg, der uns nach kurzer Fahrt zu einem kleinen Wäldchen bringt, an dessen Rand wir unser Nachtlager aufschlagen. Wir freuen uns über eine unvermutet gute Internetverbindung und beginnen gedankenverloren einige E-Mails zu schreiben.

Plötzlich sagt Anja: “Da kommen zwei mit Taschenlampen!“

Da es nicht besonders ungewöhnlich ist, dass die Dorfbewohner schon mal neugierig vorbeischauen und in der Regel rasch wieder gehen, schenke ich ihrer Bemerkung nicht allzu viel Beachtung. Wenig später öffnet sie ein Fenster. Auf den ortsüblichen Gruß „Sabaidee!“ folgt unmittelbar „Chris, die haben Gewehre …!“ Erschrocken blicke ich auf und eile hinüber zu ihrer Seite ans offene Fenster. Draußen vor unserem Gefährt stehen acht Männer.

Jeder von ihnen hat ein Schießeisen geschultert. Ich erinnere mich an einen Bericht anderer Reisender, die in Südamerika unterwegs waren. Dort stand eine Horde von Dorfbewohnern mit Mistgabeln und Macheten bewaffnet vor deren Lkw. Die Einheimischen fürchteten das riesige Auto, konnten nichts mit dem Gefährt mit den großen Stollenreifen anfangen und empfanden es als bedrohlich. Erst als die beiden Deutschen die Hecktüre öffneten und die Leute ansprachen, ihnen das Innere ihres Lkw zeigten, wurden die Ängste zerstreut und die Menschen zogen ab.

Sofort schalte ich die Lichter im Auto an, damit unsere Gegenüber sehen können, wer wir sind und öffne einen Flügel unserer Hecktüren. Ich gebe dem offensichtlichen Anführer der Gruppe mit einem herzlichen „Sabaidee" die Hand, auch ein anderer der Gruppe möchte jetzt meine Hand schütteln. Neugierig äugen sie ins Innere, tuscheln, zwei der Männer kichern. Leider spricht niemand Englisch und wir kein Laotisch. So bleibt es bei Zeichensprache, die jedoch unmissverständlich ist: Wir sollen hier verschwinden. Obwohl wir wissen, dass es nicht leicht werden wird, im Dunkeln einen neuen Platz zu finden, halten wir es für das Klügste, weiterzufahren.

Schade ist, dass wir in den knapp vier Wochen, die wir in Laos verbringen werden, insgesamt sechsmal von unserem Stellplatz verscheucht werden, zweimal waren dabei Waffen präsent. Auf dem gesamten Weg bis hierhin war das nicht ein einziges Mal vorgekommen. Wir ändern unser Vorgehen bei der Stellplatzsuche. Normalerweise halten wir ab 17 Uhr Ausschau nach einem geeigneten Platz, um noch genügend Zeit zu haben, bei Tageslicht die Gegend zu erkunden und später das Abendessen zu bereiten. Jetzt, wo wir befürchten müssen, von einem Platz vertrieben zu werden, spähen wir einen ruhigen Stellplatz aus, verbringen aber den restlichen Abend woanders. Erst spät und im Schutz der Dunkelheit kehren wir zurück, um möglichst unbehelligt zu bleiben und eine ruhige Nacht verbringen zu können. Überhaupt empfinden wir die Laoten als nicht so locker wie die Kambodschaner. Wir beobachten vielfach eine gewisse Skepsis und Misstrauen. Kommen wir in Kontakt oder winken im Vorüberfahren, ist das Eis gebrochen. Vielleicht ist die doch militärische Erscheinung unseres Majors nicht zu unterschätzen.

Ansonsten lassen es die Laoten recht gemächlich angehen. Oft sieht man kleine offene Gebäude, deren einziger Zweck es ist, zwischen seinen Pfeilern eine Hängematte sonnengeschützt aufzuhängen. Ein thailändisches Sprichwort beschreibt die Eigenarten der nördlich angrenzenden Nationalitäten in Asien so: „Die Thails lehren, den Reis zu züchten, die Vietnamesen pflanzen und pflegen ihn – und die Laoten beobachten, wie er wächst!" Nicht ganz nett von den Nachbarn, wenn man aber hier unterwegs ist versteht man, was gemeint ist.

Wir biegen ab und beginnen „the loop". Anfänglich sehen wir grün bestandene Karstberge, die wie einzelne riesige Steine in der Landschaft liegen und uns an Vietnam erinnern. Dann gehts hinauf und bald müssen wir feststellen, dass unsere Informationen zu dieser – leider ehemals abenteuerlichen – Strecke veraltet sind. Der dichte Dschungel ist vielerorts auch hier der Motorsäge zum Opfer gefallen. Viel schwerwiegender ist jedoch, dass man einen der Hauptflüsse aufgestaut hat und nun das gespeicherte Wasser eines riesigen Staudamms die Täler überflutet. Diese Katastrophe wird in seinem Flächenausmaß deutlich, wenn man das aktuelle Google-Earth-Bild mit dem von vor einigen Jahren vergleicht. Was einst ein dichtes Grün und Heimat vieler Tierarten war, ist nun zur Hälfte überschwemmt. Nicht nur die alte Piste, auch Siedlungen und kleine Orte entlang der ehemaligen Strecke mussten weichen. Viele Bäume, die in den Tälern nicht gefällt wurden, ragen nun abgestorben wie traurige, gespenstische Totempfähle aus den Seen. Unterdessen ist eine neue Strecke zur Errichtung des Damms und dessen Bewirtschaftung ausgebaut worden. Auf immer gleichem Niveau düsen wir mühelos über diese trassierte Straße und erreichen betroffen den Endpunkt der Schleife nach nur einem Tag.

Wir verstehen vollkommen, dass die Menschen in beispielsweise Laos genauso nach Wohlstand und höherer Lebensqualität streben wie überall auf der Welt. Auch hier ist das Internet, sind Smartphones omnipräsent und somit der Blick über den Tellerrand alltäglich, einhergehend mit der Entstehung von Bedürfnissen und der Sehnsucht nach Dingen, die Glück und Zufriedenheit versprechen. Warum aber versuchen diese Länder nicht, mit nur ein wenig Voraussicht den Wandel für alle nachhaltiger zu gestalten? Die Regierungen unterliegen leider und sehr offenkundig ebenso der Gier nach dem schnellen Geld wie vielerorts auf unserem Planeten. Sie erkennen die Verantwortung für diese einmaligen und vielfältigen Ökosysteme genauso wenig wie jene für ihr Volk, sondern verprassen die Rohstoffe, die die Natur bietet. Mitarbeiter ausländischer NGOs, die sich hier engagieren, haben einen schweren Stand und landen nicht selten im Gefängnis oder werden ausgewiesen. Das gleiche Schicksal ereilt auch inländische Staatsbürger, die sich für die Natur und die Durchsetzung der Schutzziele von Nationalparks starkmachen.

Ein tröstendes Highlight gibts am Ende des "loops" aber doch: die Konglor Caves, ein Höhlensystem, das man nur mit einem Boot besuchen kann. Bei absoluter Dunkelheit sitzen Anja und ich in einem Longtailboot und werden von unserem Guide durch dieses siebeneinhalb Kilometer lange Höhlenlabyrinth gefahren. Die Fähigkeiten des jungen Mannes sind beeindruckend. Er scheint trotz der Finsternis das Sehvermögen einer Eule zu haben. Nur seine Stirnlampe und unsere Taschenlampe spenden ein wenig funzeliges Licht in den oft mächtigen und weiten Kuppeln der Höhle. An mehreren Stellen müssen wir aussteigen und zu Fuß am Rand Stromschnellen passieren, während unser Bootsführer das Boot vor sich her schiebend durchs flache Wasser watet. Wir kommen uns vor wie in der Kinderzeichentrickserie „Wunder des Lebens“, in der der Kreislauf und Stoffwechsel des Menschen erklärt wird. Es fühlt sich an, als würden wir gerade durch die Eingeweide eines riesigen, schlafenden Ungeheuers treiben, die von der Decke hängenden Stalaktiten sind die Darmzotten des Monsters, das herabtropfende Kondenswasser ist sein Verdauungssaft ...

Die Kolonialzeit hat zusammengefasst nicht viel Gutes für die betroffenen Länder gebracht. Für uns Overlander hingegen hinterließ sie schon so manche Annehmlichkeiten. Wir sitzen in einem französischen Café und genießen einen erstklassigen milchschaumgekrönten Cappuccino zusammen mit verschiedenen warmen, gefüllten Croissants, die auf der Zunge zergehen. Auch Laos war wie Vietnam und Kambodscha einst eine französische Kolonie. Genau genommen waren es auch die Franzosen, die den Namen „Indochina“ für diese Gegend Asiens kreierten und damit Länder zusammenfassten, die außer der geografischen Lage und der Kolonialmacht Frankreich nur wenig gemein hatten.

Wir sind in Vientiane, der Hauptstadt von Laos. Genau wie Phnom Penh liegt auch diese Stadt am Mekong. Gleich auf der anderen Seite dieser Lebensader kann man Thailand sehen. Die restliche Erscheinung der Stadt lässt sich nicht mit der Hauptstadt seines Nachbarn vergleichen. Vientiane ist deutlich sauberer, weniger überlaufen und hat viel weniger Verkehr. Hier gibt es weniger Mopeds, vielmehr Autos und insgesamt ein nettes städtisches Ambiente, besonders entlang des überschaubaren Stadtkerns parallel zum Grenzfluss.

Der Grund, warum wir diese Großstadt ansteuern, sind insbesondere Besorgungen. Wir wollen Lebensmittel einkaufen, die man auf dem Land nicht bekommt, das Hauptobjektiv der Kamera reparieren lassen, das seit Kurzem einen Defekt hat und ein 60-Tage-Thailand-Visum beantragen. Noch immer hoffen wir darauf, irgendwie in das Königreich einreisen zu können – trotz der neuen Gesetze.

Wir wollen aber auch dem Cope-Center in der Stadt einen Besuch abstatten. Diese Einrichtung fällt insbesondere in Anjas Interessensgebiet. Das Cope-Center versorgt im ganzen Land Amputierte mit Prothesen – und zwar bis zu 1.000 Menschen im Jahr, und das kostenlos. Entstanden ist diese Einrichtung aus der Notwendigkeit heraus, auf die wachsende Zahl an Minenopfern, deren Zahl auch viele Jahre nach dem Vietnamkrieg bis heute stetig steigt, zu reagieren. Den Menschen soll somit eine lebenswerte und selbstbestimmte Perspektive geboten werden. Als die Amerikaner im Laufe des Krieges feststellten, dass die feindlichen Truppen des Nordens über einen versteckten und geheimen Pfad mit Nachschub und Kämpfern versorgt wurden, weiteten sie kurzerhand ihre Militäroperationen auf das Nachbarland aus – auf einen souveränen Staat, der mit diesem Krieg überhaupt nichts zu tun hatte. Der Ho-Chi-Minh-Trail, so heißt dieser Pfad, verläuft zu großen Teilen über laotisches Staatsgebiet. Dies hatte zur Folge, dass insbesondere der Norden und Nordosten mit ungezählten Bomben und Cluster-Bomben aus der Luft bombardiert wurden. Die zweitgenannte Bombenart hat eine Hülle, die sich kurz nach dem Abwurf noch in der Luft in zwei Hälften teilt und dadurch mehrere Hundert sogenannte Bomblets, also Minibomben, frei gibt. Das Hauptproblem dieses Kampfmittels ist, dass beinahe 30 Prozent dieser apfelsinengroßen Körper nicht detonierten und bis heute im Boden auf ihre Opfer warten. Dies sind meist Kinder, Bauern, Schrottsammler und Hausfrauen, die draußen ein Feuer entfachen, um darauf zu kochen. Die Hitze der Glut bringt die Bombe darunter zur Detonation. Das Cope-Center betreut nicht nur die daraus hervorgegangenen Verstümmelten, sondern ist auch in die Koordination und Durchführung der Kampfmittelräumung involviert, die noch viele Jahre andauern wird, bis das Land minen- und bombenfrei ist. Auch wir sollten uns also nicht allzu weit weg von vorhandenen Fahrspuren bewegen, möchten wir nicht unfreiwillig zur Minenräumung beitragen.

Finanziert wird die Einrichtung in erster Linie von NGOs aus dem Ausland, ein kleiner Teil wird über Steuermittel gedeckt. Wir erhalten einen umfangreichen Einblick in die historischen Zusammenhänge, wie auch in den Alltag der Betroffenen und den Menschen, die sich für die Opfer einsetzen.

Nach vier Tagen sind alle Besorgungen erledigt, sogar das Objektiv ist wieder funktionsfähig. Erleichtert setzen wir unseren Weg fort und verlassen Vientiane in nördliche Richtung. Die Gegend um Vang Vieng ist unser Ziel. In der Umgebung des ebenfalls sehr vom Tourismus geprägten Städtchens gibt es eine wunderschöne Karstlandschaft, in deren Felsen unzählige Höhlen zu besichtigen sind. Außerdem gibt es zahlreiche Lagunen, in deren kühlem Wasser wir uns nach einem langen, heißen Tag hinterm Steuer entspannen können. Da wir erst am Nachmittag dort ankommen, befinden sich alle Tagesausflügler auf dem Rückweg ins Hotel. Somit sind wir an der von uns ausgeguckten Lagune alleine. Fast zumindest, am Abend werden wir auf ein Lagerfeuer aufmerksam. Dort sitzen Max und Jeremie, zwei Franzosen Anfang 20, die versuchen, nach dem Studium mit einem mini Budget Südostasien zu erkunden. Die beiden sind uns so sympathisch, dass wir spontan beschließen, sie als Anhalter mitzunehmen, um am nächsten Tag bei Kasi die Khoung Lang-Höhle und den dazugehörigen Nationalpark gemeinsam zu erkunden. Dort angekommen merken wir schnell, dass die Einrichtung ihre besten Tage hinter sich hat. Das Eingangstor ist herausgerissen, ein kleines Sanitärgebäude ohne Funktion und auch eine Touristeninformation steht leer. Wir machen einen kurzen Rundgang und entdecken einige Meter im Dschungel verborgen zwei kleine, offene Bambuspavillons. Hier wollen die Jungs die Nacht verbringen. Zurück am Auto beginnen wir gerade damit, gemeinsam zu kochen, als sich ein Roller nähert, dessen Fahrer "Eintrittsgeld" für den Park verlangt. In der Hoffnung, dass er uns für diese Nacht in Ruhe lässt, wenn wir das ohnehin geringe Eintrittsgeld löhnen, zahlen wir die Tickets, obwohl sehr wahrscheinlich ist, dass das Geld in seiner Tasche landet.

Wenig später kommt er wieder und fragt mithilfe einer weiteren Person am Telefon, die Englisch spricht, ob wir hier die Nacht verbringen wollen. Mir schwant, was kommt, und so sagen wir erst mal: „Vermutlich nicht“. Der Mann trollt sich.

Mittlerweile ist es stockfinster. Aus dem nahen Dschungel ertönen die verschiedensten Geräusche der nachtaktiven Tiere, allerdings auch immer wieder Schüsse in nicht allzu großer Entfernung. Wir haben unser Essen nicht einmal beendet, da kommt unser Rollerpilot wieder, diesmal mit Sozius. Wieder per Telefonjoker werden wir gebeten, diesen Platz zu verlassen, alle Fragen nach dem warum und weshalb bleiben unbeantwortet. Um den Konflikt nicht zu verschärfen, geben wir klein bei und erklären, nach dem Zusammenpacken von hier wegzufahren. Der Roller entfernt sich wieder. Die beiden Franzosen haben ihre großen Rucksäcke schon in den Wald gebracht. Gemeinsam einen neuen Platz zu finden, wo wir im Major und sie draußen campen können, scheint in der Dunkelheit recht aussichtslos. Daher wollen sie hierbleiben. Wir haben unsere Sachen noch nicht fertig verstaut, da bemerken wir schon wieder ein Zweirad, das auf uns zuhält.

„Schnell, schnell, die kommen schon wieder!“ ruft Anja. Max und Jeremie huschen im Schutz der Dunkelheit zügig in den Wald. Wir beeilen uns, alle Türen des Majors zu verschließen, damit niemand sehen kann, wie viele Personen sich im Inneren befinden. Gerade steige ich ein, da hält der Roller neben mir. Diesmal werden wir recht barsch angefahren. Wir winken ab, starten den Motor und rollen langsam davon.

Wobei wir offensichtlich gestört haben, bleibt ungeklärt. Allerdings wissen wir, dass Wilderei in Laos ein großes Problem ist. So groß, dass es in vielen Regionen sogar Polizeikontrollen auf den Straßen gibt, wo nach Wildbret gesucht wird. Auch hier wird wohl leider oft die Hand aufgehalten und es nicht so genau genommen mit dem Wildschutz. Wir finden ungeahnt rasch einen kleinen Feldweg, in dem wir uns verstecken können und so von der Straße aus zumindest im Dunkeln nicht sichtbar sind. Was unsere beiden Begleiter angeht, haben wir ein mulmiges Gefühl und bewundern insgeheim ihren Mut. In letzter Sekunde haben wir eines ihrer Handys bekommen, damit sie uns in einem Notfall kontaktieren können.

Am nächsten Morgen fahren wir zu der Stelle zurück, wo wir die beiden das letzte Mal gesehen haben. Sogleich wandern wir in den Wald und sind erleichtert, dass es ihnen gut geht – auch wenn sie während der Nacht kein Auge zugetan haben …

Zurück in Kasi verabschieden wir uns von den jungen Kerlen. Sie wollen weiter nach Luang Prabang, wir wollen vorher noch einen Abstecher in das östliche Grenzgebirge zu Vietnam machen. Bald führt die Straße in engen Serpentinen einer gut ausgebauten Bergstraße steil bergan und bringt uns in kurzer Zeit auf über 1.500 Meter. In den Dörfern kann man kunstvoll angelegt die Hinterlassenschaften der Bombardements zu Zeiten des Vietnamkrieges beobachten. Die Menschen nutzen die leeren Bombenhülsen und die Hälften der leeren Cluster-Bomben als Gartendekoration und Blumenkübel. Über das gesamte Areal der „Plains of Jars" verteilt gibt es etliche gradlinig hintereinander aufgereihte Bombentrichter. Eigentlich kann man hier antike Beerdigungsgefäße aus Stein bestaunen, die Krater finden wir jedoch fast noch eindrücklicher.

Als wir den Höhenkamm erreichen, biegen wir auf eine schmale Schotterpiste ab, die durch malerischen Dschungel führt. Entlang des Weges passieren wir kleine Dörfer, die bis dicht an die Fahrbahn gebaut sind. Für die Menschen hier oben scheint die Zeit stehen geblieben zu sein. An Wasserstellen wird nicht nur Wäsche gewaschen, sondern auch in aller Öffentlichkeit geduscht. Vor den Bambus- und Schilfhütten sieht man Webstühle und handbetriebene Mühlen stehen. An den Felswänden sind kleine Hochbeete angelegt, in denen Gemüse und Salate wachsen. Dazwischen laufen Hühner, Enten, Gänse, Ziegen und Schweine. Gekocht wird auf kleinen Feuern. Draußen an den Behausungen hängt vielfältiges Alukochgeschirr, alles vom Ruß des Feuers schwarz verkohlt. Am Abend sieht man die Einwohner aus den Wäldern und Hängen strömen. Auf ihren Rücken sind geflochtene Kiepen, worin sie neben gesammelten Pflanzen und Heu auch Feuerholz transportieren. In den Flüssen und Bächen fischen die Menschen mit Wurfnetzen nach Essbarem. Auf der Straße werden Gräser zum Trocknen ausgebreitet, aus denen später in Handarbeit Kehrbesen hergestellt werden, welche man im ganzen Land kaufen kann. Passieren wir diese kleinen Siedlungen, schauen uns die Leute zunächst mit großen Augen an, dann jedoch reißen sie fast immer begeistert ihre Hände hoch, winken, und ein breites, herzliches Lächeln erfüllt ihr Gesicht. Als wir einmal langsam an einem Schulhof vorüberrollen, erstarrt das Spiel der gesamten Kinderschar. 50 oder 60 Augenpaare folgen uns stumm. Als ich kurz zweimal hupe, johlen und rufen die Kids begeistert, während sie uns wild hinterherwinken.

Luang Prabang erreichen wir fünf Tage später als unsere französischen Anhalter, trotzdem treffen wir sie durch Zufall bei einem Gang durch die Stadt. Auch an diesem Ort herrscht französisches Flair, das nicht nur durch gute Cafés verströmt wird, sondern auch durch viele Gebäude, die im Kolonialstil errichtet sind. Abends gibt es in weiten Teilen der Hauptstraße einen Nachtmarkt, auf dem wir nicht nur typisch laotische Köstlichkeiten genießen können, sondern auch kunstvolle Handarbeit bestaunen. In den Straßen tingeln hauptsächlich Touristen zwischen den Cafés, Bars und Restaurants umher, etliche kommen aus China. Unser Stadtbesuch fällt auf das chinesische Neujahrsfest. Jetzt haben die Chinesen zwei Wochen frei, setzen sich in ihre Autos, schließen sich einem geführten Konvoi von nicht selten zehn Fahrzeugen an und düsen hinunter bis nach Thailand. Angeblich genau dieser chinesische Touristenstrom ist die Ursache für die verschärften Einreisebedingungen in diesem Land. Durch das geringe Zeitfenster sitzen die Fahrer oft zu viele Stunden hinterm Steuer und folgen dem eng gesteckten Terminplan der Reisegruppe. Das Resultat sind häufig Unfälle, bei denen es zu Schwerverletzten und Fahrerflucht kommt. Unser alter Bekannter Andi berichtete uns, wie er und seine Familie Zeugen gleich zweier solcher Unfälle wurden, an nur einem Tag. Bei den Insassen eines Fahrzeugs, das sich überschlagen hatte, mussten sie gar Erste Hilfe leisten.

Er ist übrigens schon rüber nach Thailand. Vor gut einer Woche hat die Familie es vollkommen unproblematisch an einem kleinen Grenzübergang ganz im Norden geschafft. Das gibt uns Hoffnung, denn eigentlich hört man in der Overlanderszene, dass eine Einreise, wenn überhaupt, nur von Kambodscha aus möglich sei.

Auch für uns wird es langsam Zeit, und auch wir wollen es direkt hier von Laos aus probieren. Zeitig machen wir uns auf den Weg, um die Grenze bei Muang Ngeun zu überqueren. Auch dieser Checkpoint ist vergleichsweise winzig, es ist nichts los. Schnell und einfach sind wir aus Laos ausgereist, nun stehen wir vor der thailändischen Zollabfertigung. Angespannt überreichen wir dem Zöllner all unsere Unterlagen. Draußen werden bereits die Reifen unseres treuen Gefährten desinfiziert. Konzentriert überprüft der Beamte alle unsere Dokumente, macht Notizen. Aufgeregt füllen wir die Einreiseformulare aus. Man schickt uns weiter zu einem anderen Fenster, hier möchte man unser "Carnet de Passage" sehen. Etwas überrascht uns das schon, denn eigentlich ist Thailand nicht in der Gruppe jener Länder, die sich an dem Abkommen für eine zollfreie Einfuhr von Fahrzeugen beteiligen. Aber wenn uns ein thailändischer Stempel in unserem Heft das Tor zum Königreich öffnet: dann bitte!

Zu dritt wird über die Reihenfolge der Stempel beraten, und auf einmal geht alles ganz schnell: Zack, zack, Stempel platziert, unterschrieben, finish!

Wir sind drin! Kaum zu fassen und so einfach, als gäbe es all die neuen Gesetzte und Verordnungen des Department of Land Transport nicht. Wir erhalten eine offizielle, einmonatige, temporäre Einfuhrgenehmigung für unser Auto, wir selbst nutzen unser in Vientiane beantragtes 60-Tage-Visum.

Wir freuen uns und jubeln. Seit dem Verlassen der Fähre in Kasachstan plagten uns diese neue Einschränkung und die Gedanken, wie unser Reiseweg weiter verläuft, wenn wir hier nicht hineingelassen werden. Nun ist unser Weg frei: und zwar bis nach Osttimor!

In Thailand fühlt sich unser englischer Major bestimmt wieder ein Stück weit wie zu Hause, denn es herrscht Linksverkehr. Die tollen Straßen, mit Warnschildern und Fahrbahnmarkierungen versehen, sowie fast ausschließlich neue Autos und die Infrastruktur der ersten Städte zeigen, dass uns hier ein anderer Standard erwartet als in Thailands Nachbarländern. Es gibt richtige Supermärkte, und die Auswahl verrät, dass bei den Menschen mehr Geld übrig ist als nur für das Notwendigste. Wir kommen dank der guten Straßen und des sehr wenigen Verkehrs ausgezeichnet voran, obwohl das Gelände im Norden hügelig und steil ist. Die Landschaft ist von Wald und Landwirtschaft geprägt, die kleinen Städte, die wir passieren, sind überschaubar und sehr sauber. Wir halten uns westwärts, denn wir haben uns ausgedacht, eng entlang der Grenze zu Myanmar in den Süden zu fahren, in einem möglichst großen Bogen um die Metropole Bangkok herum.

So gewöhnen wir uns besser schnell an die steilen Bergetappen mit ihren endlosen Serpentinen – zwischen den Städten Pai und Mae Hong Son liegen exakt 1.864 Kurven! Für den Major bedeutet dies Schwerstarbeit. Bremsen, beschleunigen, bremsen und wieder einen Hang hinaufkämpfen und das bei 35 Grad. Entweder drohen die Bremsen zu überhitzen oder aber der Motor. Erst hinter Mae Hong Son wird das Gelände wieder flacher und weniger anspruchsvoll. Bei einem Elefant Nature Park beobachten wir einige Dickhäuter. Da es in ganz Südostasien nur noch äußerst wenige wilde Elefanten gibt und somit unsere Chance, diesen Tieren in freier Wildbahn zu begegnen, wohl mehr als gering ist, freuen wir uns, wenigstens welche in einer Art Reservat von der Straße aus bestaunen zu können.

Wir erkennen bald, dass Thailand für Overlander ein wunderbar einfach zu bereisendes Land ist. Es gibt, genau wie in Laos, auch hier viele schöne Stellplätze an traumhaften Wasserfällen, doch gefällt uns die herzliche und offene Art der Thais besonders gut. Immer freundlich und nie aufdringlich, brauchen wir uns bei der Suche nach einem geeigneten Camp keine Gedanken zu machen und uns nicht mehr so arg zu verstecken. Und schöne Plätze gibt es wie gesagt in Hülle und Fülle. Auch, dass es deutlich weniger Müll gibt, empfinden wir als sehr angenehm.

Am 237. Tag unserer Reise klettere ich morgens ins Führerhaus und freue mich, dass ich heute gemäß unseres täglichen Wechselplans am Steuer an der Reihe bin und fahren darf. Ich starte den Motor und habe das Gefühl, dass das Triebwerk irgendwie leicht unrund läuft. Da Anja diese vermeintliche Veränderung nicht wahrnimmt, glaube ich an eine Einbildung meinerseits, und wir düsen los. Doch jedes Mal, wenn wir an einer Ampel stoppen, höre ich diese andere, ungewohnte Gangart des Motors. Am nächsten Morgen will ich der Sache auf den Grund gehen. Ich tippe auf eine undichte Einspritzdüsenverschraubung, eine Kleinigkeit: Nachziehen – fertig! Bei der Kontrolle sind alle Düsen dicht. Mehr aus Neugierde schraube ich bei laufendem Motor den Öleinfülldeckel ab. Was ich da sehe, gefällt mir gar nicht. Viel Rauch strömt aus der Öffnung, und zwar mit ordentlichem Druck. Verdammt, das bedeutet etwas Schwerwiegenderes. Vermutlich gelangt ein Teil des Kompressionsdrucks über eine defekte Zylinderkopfdichtung in den Kurbeltrieb. Das passt auch dazu, dass der Major in den letzten Wochen oft sehr heiß wurde. Überhitzung ist eine typische Ursache für dieses Schadensbild. Glücklicherweise haben wir eine weitere Dichtung in der Ersatzteilkiste. Alles, was wir benötigen, um sie zu wechseln, ist ein Drehmomentschlüssel, um die Zylinderkopfschrauben nach dem Tausch ordnungsgemäß wieder festzuziehen.

Auf direktem Weg und über Hauptstraßen peilen wir nun doch Bangkok an, nur um im Zweifelsfall weitere Ersatzteile beschaffen zu können. Ungefähr 230 Kilometer nördlich der Hauptstadt erblicke ich im Augenwinkel gleich neben dem Highway einige alte Land Rover, die in einem runtergekommenen Schuppen stehen. Wir stoppen und versuchen, dem Besitzer dieser kleinen Werkstatt unser Anliegen mithilfe des Google-Übersetzers verständlich zu machen. Er versteht und willigt ein, dass wir draußen vor seiner Halle, etwa zwanzig Meter neben der Fahrspur der Autobahn, die Reparatur durchführen können – und zwar umsonst, solange wir seine Hilfe nicht benötigen. Seinen Drehmomentschlüssel könnten wir auch gerne benutzen. Leidenschaft verbindet! Es ist Samstag Nachmittag gegen 15 Uhr, als wir die Reparatur beginnen, und drei Stunden später ist der Zylinderkopf demontiert. Ergebnis: Die Dichtung ist in Ordnung! Etwas enttäuscht ziehen wir nun einen der Kolbenringe als nächsten Verdächtigen in Erwägung. Falls ein Ring gebrochen wäre, hätte das die gleichen Symptome zur Folge. Um das zu überprüfen, muss das Öl abgelassen und die Ölwanne demontiert werden. Erst dann kann man die Kolben aus den Zylindern ziehen – allerdings nur, solange der Kopf noch demontiert ist. Da wir nur eine Dichtung haben und man diese auch nur einmal verwenden kann, wollen wir die Ringe auch noch nacheinander inspizieren, um die einzige Dichtung nicht zu opfern. Für heute ist jedoch Schluss. Nicht nur, dass es mittlerweile stockfinster ist und uns die Mücken hartnäckig auf die Pelle rücken – es hat sich außerdem herausgestellt, dass der geborgte Drehmomentschlüssel defekt ist und ohnehin erst ein anderer aufgetrieben werden muss.

Der Verkehr nimmt in den heißen Nachtstunden kaum ab und braust 20 Meter an unserer Behausung vorbei, folglich finden wir nur wenig Schlaf. Am nächsten Morgen erklären wir unserem Gastgeber unsere Vermutung. Mithilfe von Google sagt er uns etwas umständlich, dass er uns eventuell Ersatzringe besorgen kann, aber nicht heute, denn es sei Sonntag. Wir verbringen also den Tag an seinem Schuppen und nutzen ihn, um uns das Gelände etwas näher anzuschauen. In und um das Gebäude stehen zwölf alte Serie 2a Landys neben einer Handvoll anderer Oldies. Jene, die draußen parken, sind in einem erbärmlichen Zustand. Scheinbar vergessen nagt der Zahn der Zeit an den Fahrzeugen. Sie sind halb eingewachsen und eingesunken. In dem Schuppen, der zur Straßenseite vollkommen offen ist, steht ein halbes Dutzend Projekte, alle angefangen, keines beendet. Daneben liegen zu Haufen geschichtet und völlig eingestaubt viele Ersatzteile.

Am Abend kommt eine Art Nachtwächter. Ein etwa Mitte Fünfzigjähriger, der vermutlich in Folge eines Schlaganfalls halbseitig gelähmt ist. Er wohnt tatsächlich in einem abseits stehenden 109er Serie 2a.

Wir nutzen die Zeit auch, um einen Hilferuf per E-Mail an den thailändischen Land Rover Club in Bangkok abzusenden. Wieder folgt eine Nacht mit wenig Schlaf wegen des unablässigen Lärms und der Hitze. Der nachfolgende Vormittag vergeht nur langsam. Weder gibt es Neuigkeiten von dem Werkstattbesitzer, noch hören wir etwas vom Land Rover Club. So sitzen wir neben unserem zerlegten Motor und beobachten teils gelangweilt, teils nervös, wie der Nachtwächter mit seinem gesunden Arm stundenlang geduldig Farbe von einem der alten Landys kratzt.

Um 14 Uhr klingelt überraschend unser Handy, und was sich dann in Gang setzt, ist beinahe unbeschreiblich.

Am Telefon ist Joe, ein Mitglied des Clubs aus Bangkok. Er hat unsere E-Mail gelesen. Er kann nicht nur die benötigten Kolbenringe besorgen, sondern uns diese am nächsten Tag auch "flott" vorbeibringen.

Über 240 Kilometer für eine Strecke! Klar ist der Ort, an dem wir stehen, nicht der schönste. Immerhin gibt es eine, sagen wir mal rudimentäre Toilette. Duschen können wir wie sonst auch im Schutz der Dunkelheit an unserem Auto. Wir freuen uns also darüber, dass es weiter geht und haben das Gespräch soeben beendet, da hält hinter unserem Major ein alter Land Rover. Ein Thailänder mit Safarihut steigt aus. Impan ist Ende vierzig, mittelgroß und Anja bemerkt sofort, dass sein rechtes Bein eine Prothese ist. Herzlich drückt er uns die Hand, überreicht uns thailändisches Gebäck als Willkommensgeschenk und versichert, dass alles kein Problem sei und wir uns keine Sorgen machen müssten. Auch er sei vom Club und von Joe aus Bangkok verständigt worden. Sein Job? Uns die Zeit bis zum Eintreffen der Ringe versüßen. Da wir hier eh nichts tun können, steigen wir kurzerhand in seinen zum Automatik umgebauten Landy und erhalten eine gratis Stadtrundfahrt durch Nakhon Savan, Impans Heimatstadt. Am Abend lässt er uns kurz alleine, aber nur, um insgeheim ein köstliches Abendessen für uns zu organisieren. Selbst die Nacht über bleibt er bei uns und schläft im Büro der maroden Werkstatt.

Es ist nicht einmal 11 Uhr des dritten Tages, als ein weißer Suzuki Vitara bei uns hält. Es ist Joe. In seinen Händen hält er zwei Sätze Kolbenringe und einen Drehmomentschlüssel. Er ist ein eher kleiner, leicht untersetzter Thai, ebenfalls Ende vierzig. Joe strahlt eine gelassene Ruhe aus, in seinen Augen blitzt etwas Verschmitztes, Jugendhaftes. Sofort schwinge ich mich unter den Major und beginne mit der Demontage der Ölwanne. Ohne sicher zu sein, dass wir neue Ringe bekommen können, wollten wir den Motor nicht weiter zerlegen, um nicht zu riskieren, dass wir hier endgültig stranden, falls einer der Ringe zerbröselt. Ein Kolben nach dem anderen wird ausgebaut und überprüft. Währenddessen sitzen Joe und Impan geduldig im Schatten, unterhalten sich, reichen uns Essen, Getränke und Erfrischungstücher und verfolgen den Fortschritt der Arbeiten. Aber auch die Kolbenringe sind alle okay. War die Dichtung vielleicht doch kaputt und wir haben es nur nicht gesehen? Wir entscheiden uns, alles wieder zusammenzubauen und mit nach Bangkok zu fahren. Ich liege also wieder unterm Auto, konzentriert befestige ich die Ölwanne. Plötzlich drischt jemand wie verrückt vielleicht zwei Meter links neben mir auf den Boden ein. Impan ruft ganz aufgeregt: "Chris, snake, snake!" Erschrocken blicke ich hinüber: Es ist der Nachtwächter. Mit einer Art Stahlrute hat er geistesgegenwärtig direkt neben mir eine Schlange erschlagen.

Es gelingt uns nicht, an diesem Tag fertig zu werden und auch nicht, Joe für zwei warme Mahlzeiten, Getränke, die vielen Kilometer, die unnütz gebrachten Kolbenringe und noch eine Tube Dichtmasse zu entschädigen, als er gegen 21 Uhr zurück nach Bangkok fahren will. Er wiegelt ab und freut sich einfach, wenn er uns irgendwie helfen kann.

Die vierte unbequeme Nacht bricht an. Wir sind gespannt, ob wir morgen weiterfahren können. Zeitig stehen wir auf. Nach zwei weiteren Stunden ist der Motor wieder zusammengebaut. Entmutigt müssen wir erkennen, dass der unrunde Lauf und der Überdruck im Motor unverändert sind.

Zwar sind wir nun wieder fahrbereit und es drängt uns, das Problem zu finden, dennoch möchten wir mit Impan einen Tag verbringen, bevor wir nach Bangkok fahren. Er führt uns in einen nahen National- und Freizeitpark. Dort angekommen, werden wir behandelt wie absolute VIPs. Der Leiter des

Parks ruft zwei seiner Angestellten zusammen, gemeinsam wird beraten, was man uns denn Gutes tun kann. Erst mal wird ein Fahrer aus seiner Mittagspause beordert, um uns mit einer Art elektrischem Bus zu einem großen Aquarium zu fahren. Dort brauchen wir keinen Eintritt zu bezahlen, sondern sollen einfach den Rundgang genießen. Anschließend hat Impan für uns ein kleines Motorboot gechartert. Gemeinsam fahren wir raus auf einen großen See, um verschiedene Wasservögel und sogar zwei Warane zu beobachten. Obwohl Camping in diesem Park nicht vorgesehen ist, dürfen Impan und wir am Seeufer übernachten und die sanitären Anlagen benutzen. Als Dank für seine Mühe wollen wir abends für unseren neuen Freund kochen. Er lächelt nur, sagt sonst nichts. Gerade wollen wir beginnen, da hält ein Auto. Impan hatte im Restaurant des Parks heimlich einen großen gebratenen Fisch mit gegrilltem Gemüse und weiteren Beilagen geordert ...

Gerne hätte er uns auch noch „seinen" Dschungel gezeigt, aber wir haben uns für den Folgetag mit Joe in Bangkok verabredet. Jedoch brauchen wir uns in der Metropole nicht mit der Navigation abzumühen, denn Joe kommt uns 80 Kilometer entgegen und empfängt uns vor den Toren der riesigen Stadt.

In Bangkoks Zentrum betreibt er eine Art Studentenwohnblock. Wir können uns vollkommen unbefristet und schon wieder kostenfrei in einem seiner Appartements häuslich einrichten. Wir freuen uns über ein richtiges Bad und eine Klimaanlage, denn die Nachttemperaturen liegen kaum unter 30 Grad. Über unseren vierrädrigen Reisegefährten machen wir uns mittlerweile mächtig Sorgen. Nicht nur, dass die vorgenannten Symptome sich verschlimmert haben, nun verliert er zudem noch Kühlwasser und Motoröl. An diesem Abend lädt uns Joe in ein nettes Restaurant gleich am Wasser ein, hinzu kommen noch weitere Mitglieder des Clubs. Unter ihnen sind Ning und Pop. Sie betreiben eine Werkstatt, in der sie Anbauteile für Geländewagen aus Kunststoff fertigen. Sie laden uns ein, bei ihnen vorbeizuschauen, gerne könnten wir dort auch unseren Major weiter untersuchen. Auch am nächsten Abend möchte Joe uns ausführen, diesmal gehts königlich zu, „smart casual" wird als Dresscode angeraten. Im „Royal Sports Club" treffen wir auf weitere Freunde Joes, die alle die Leidenschaft „Land Rover" teilen. Bei großartigem Essen und reichlich Bier, das dank der zahlreichen, sehr aufmerksamen Kellner immer wieder nachgefüllt wird, genießen wir einen schönen Abend in gediegenem Ambiente. Zu diesem königlichen Club gibt es eine besondere Geschichte. Anfang der 50er-Jahre machten sich vier junge Kerle in zwei Land Rovern der Serie 1 auf, um auf dem Landweg von London nach Singapur zu fahren, nur mit spärlichsten Karten ausgestattet und selbstverständlich ohne GPS. Hier in diesen altehrwürdigen Mauern machten sie damals – genau wie wir – halt, um sich ein Pferderennen anzuschauen.

Um 10 Uhr sind wir mit Ning und Pop in deren Werkstatt verabredet. Kurz nach neun fahren wir los, Zeit genug, um die neun Kilometer durch Bangkok zurückzulegen – dachten wir jedenfalls. Trotz GPS brauchen wir mehr als eineinhalb Stunden. Nur ein einziges Mal biegen wir falsch ab. Da es sich fast nur um autobahnähnliche Highways und Einbahnstraßen handelt, müssen wir etliche Kilometer weiter geradeaus fahren, ohne wenden zu können, da wir das Prinzip dieses unüberschaubaren Stadtverkehrs noch nicht verstehen. Eigentlich bräuchte man ein GPS, das die Situation dreidimensional darstellt: Oft liegen die Fahrbahnen in drei Stockwerken auf Brücken übereinander.

Endlich angekommen, werden wir erneut mit einer überwältigenden Gastfreundschaft empfangen. Es sind Mitglieder des Land Rover Clubs gekommen, um uns und den wohl einzigen Land Rover 101 Forward Control in Thailand zu sehen. Für sie sind wir regelrechte Helden, die sich in einem altertümlichen Fahrzeug auf einer spektakulären Reise befinden. Es wird gefilmt und fotografiert. Natürlich haben wir uns zwischenzeitlich weitere Gedanken gemacht, was die Ursache für unser Motorproblem sein könnte. Wir vermuten einen Riss im Zylinderkopf, entsprechende Hinweise gab es schon beim ersten Reparaturversuch. In einer kleinen Runde wird beraten, was man tun kann. Ning und Pop haben nichts dagegen, wenn wir unseren Landy hier reparieren. Wir können uns in der Werkstatt frei bewegen, wir dürfen, wenn wir wollen, auch im Auto wohnen und die Toiletten und Duschen der Angestellten nutzen. Ich muss nicht erwähnen, dass das natürlich wieder einmal alles kostenlos sein soll.

Joe hat uns zwischenzeitlich seinen Suzuki Vitara zur Verfügung gestellt, um mobil zu sein und Erledigungen machen zu können. Wir erkennen, welches Glück wir hier haben und beginnen sofort, den Motor erneut zu zerlegen. Am Nachmittag ist der Zylinderkopf wieder demontiert, tatsächlich weist er bei drei Zylindern mehrere sehr feine Risse auf und ist außerdem verzogen.

Im Glauben, nun den Fehler entlarvt zu haben, versuchen wir, einen gebrauchten Kopf hier in Bangkok mithilfe des Clubs aufzutreiben. Das erweist sich als aussichtslos. Zwar gibt es eine große Zahl von Land Rover Discoverys, die den gleichen Motortyp verbaut haben, jedoch sind diese allesamt „vorsorglich" auf Isuzu- und Toyota-Motoren umgebaut worden, da Land Rover-Teile hier kaum aufzutreiben und sehr teuer sind. Kurzerhand bestellen wir ein komplett neues Ersatzteil per Express in England. Drei Tage später erhalten wir von Joe eine Nachricht, dass unser Paket in seinem Büro eingetroffen sei. Beinahe unglaublich, was moderne Logistik heute leistet – selbst international und über riesige Distanzen hinweg.

Einen weiteren Tag später sind wir gerade dabei, den neuen Zylinderkopf zu montieren, als ich mehr flüchtig noch mal die Laufbahnen der Zylinder kontrolliere – und dabei eine Art leichte, umlaufende Kante im ersten Zylinder ertaste. Ich ahne, dass der Kopf nicht der Hauptschuldige ist und ärgere mich, dass mir diese Kante nicht schon früher aufgefallen ist. Mit dem Funken Hoffnung, dass doch alles gut sei, setzen wir dennoch alles wieder zusammen und starten den Motor. Was wir hören und sehen, ist niederschmetternd: Es gibt wirklich absolut keine Verbesserung, außer dass der Motor nun kein Wasser mehr verliert. Um quasi die Probe aufs Exempel zu machen, besorgt Pop für uns einen Kompressionstester. Auf Zylinder Nummer eins haben wir nicht mal mehr 40 Prozent des Verdichtungsdrucks im Vergleich zu den restlichen dreien.

Uns ist zum Heulen, faktisch haben wir einen kapitalen Motorschaden. Die Konsequenz ist, dass der Motor ausgebaut und vollständig zerlegt werden muss, wollen wir ihn vor Ort wieder reparieren. Entmutigt lassen wir alle weiteren Arbeiten für diesen Tag sein. Stumm sitzen wir im Major, trinken Kaffee, sinnieren, Tränen fließen. Was gibt es für Optionen? Vielleicht können wir ja doch hier einen gebrauchten Motor besorgen? Oder wir versuchen, aus Europa nur einen generalüberholten Rumpf zu ordern ... Möglicherweise lässt sich unser Rumpf auch noch instand setzen? Aber gibt es hier entsprechende Werkstätten, die eine solche Reparatur zuverlässig durchführen können? Oder sollen wir einfach hier abbrechen und nach Hause verschiffen? Noch fährt der Major immerhin, und Bangkok hat einen Hafen ...

Sofort ist für uns beide klar: Nach Hause gehts noch nicht! Der Major soll hier wieder repariert werden. Auch jetzt haben unsere Gastgeber nichts dagegen, dass wir diese viel aufwendigere und deutlich umfangreichere Reparatur in ihren Räumen selbst durchführen. Am nächsten Morgen machen wir uns schon um 8 Uhr daran, den Motor zum dritten Mal zu zerlegen und auszubauen, was bei unserem 101 nicht ganz einfach ist, weil das Aggregat durch die Beifahrertüre hinaus muss. Zudem kommt man nur schlecht mit einem Kran oder Ähnlichem an das Triebwerk ran: Es gibt keine Motorhaube, die man einfach aufklappen könnte und los gehts. Bei unserem Auto liegt der Motor unter der Fahrerkabine, und die lässt sich weder vorklappen noch können wir sonstwie Platz zum Ausbau schaffen. Nur ein lukenähnlicher Deckel zwischen den Sitzen ermöglicht mir den Zugriff auf die Maschine. Also wollen wir so viele Anbauteile wie möglich noch im Auto abbauen, damit der Block so klein und kompakt wie nur irgend machbar wird.

Mittlerweile verständigen Anja und ich uns blind bei den nötigen Handgriffen. Zwölf Stunden später liegt der komplett nackte Block ohne jede Schraube darin auf einem Rollbrett. Erwartungsgemäß finden wir auf die Schnelle keine gebrauchte Maschine, und auch die üblichen Firmen in England sind nur mäßig begeistert, den Aufwand mit der Verschiffung nach Thailand und dem dazugehörigen Papierkrieg und den Zollformalitäten anzugehen. Dies ist ohnehin die teuerste Variante, die einen so großen Teil aus unserer Reisekasse reißen würde, dass es unsere Reise erheblich verkürzen würde. Wir setzen also auf die Reparatur unseres Blocks und fahren gemeinsam mit Ning und Pop am nächsten Tag zu einem Motoreninstandsetzer, der von den beiden als vertrauenswürdig eingestuft wird. Der freundliche Inhaber in unserem Alter ruft nach einer kurzen Begutachtung seinen Altmeister hinzu. Dieser fährt routiniert nur eine Sekunde lang mit seinen Fingern über den Schaden. Emotionslos gibt er uns zu verstehen, dass hier mit Aufbohren nichts mehr zu machen sei. Dies war meine ursprüngliche Idee gewesen und ist ein üblicher Reparaturansatz. Der Zylinder wird dabei minimal größer aufgebohrt, anschließend werden neue, ebenfalls minimal größere Kolben montiert. Das größtmögliche verfügbare Übermaß der Kolben scheint aber zu klein, um den Schaden in der Lauffläche zu beseitigen. Er empfiehlt das Einpressen von Buchsen, also das Setzen von neuen Zylindern. Eine gute Idee, wie wir finden, so können wir einfach die alten Kolben weiterverwenden. Wir stimmen zu, lassen unseren Motorblock gleich dort und beginnen,

Wer hat die Kokosnuss geklaut: Roller und Mopeds sind Asiens Transportmittel Nummer eins.

Ruhe und Beschaulichkeit: Fischerdorf an Asiens wichtigstem Fluss, dem Mekong.

Auf frischer Tat ertappt: "Dieb" in der Küche des Majors.

Vom Leben auf dem Lande: typisches Gehöft im kambodschanischen Hinterland.

Aufgepasst: brüchige Piste in den Kardamom Mountains.

Überall zugegen: Nicht nur an Stränden findet man Müll, besonders aus Plastik.

Zuviel des Guten: Solch fragwürdige Beladungen sieht man in Kambodscha täglich.

Alle helfen mit: Bei der Arbeit im Reisfeld muss die ganze Familie mit ran.

Nicht gerade rückenfreundlich: Beim Pflanzen des Reises verbringen die Arbeiterinnen oft Stunden in gebückter Haltung.

Versunkenes Reich: Tempelgebäude in Angkor Wat.

Vielseitiges Nutztier: Wasserbüffel liefern Arbeitskraft und nahrhaftes Fleisch.

Nerven behalten: Eine von vielen baufälligen Brücken auf dem Weg zum Bolaven-Plateau.

Neugierig und interessiert: Kids im laotischen Hinterland.

Wieder auf die Beine kommen: Vorbereitete Prothesen im Cope Center.

Grenzfluss und Lebensader: Oberlauf des Mekong zwischen Laos und Thailand.

Herzoperation: Der kapitale Motorschaden des Majors stellt uns vor ordentliche Herausforderungen.

zurück in der Werkstatt, alle Anbauteile zu reinigen und noch einige Kleinigkeiten zu verändern. So sind wir ziemlich sicher, dass die häufigen Überhitzungen unseres Triebwerks mindestens zu dem kaputten Kopf geführt haben, vermutlich aber auch für den Gesamtschaden verantwortlich sind. Da sich das Thermometer in den bevorstehenden Ländern sehr wahrscheinlich kaum jemals unter der 30-Grad-Marke befinden wird, sollten wir hier für eine Verbesserung der Kühlung sorgen. Dazu versetzen wir den Ladeluftkühler, der mit seinen Haltern Teilflächen des Hauptkühlers bedeckt, so, dass nun mehr Luft ungehinderter zum Kühler strömen kann. Außerdem besorgt Pop uns ein elektronisches Gerät, das die Wassertemperatur im Motor und die Temperatur am Block misst. Es schaltet selbsttätig den elektrischen Lüfter ab einer frei wählbaren Temperatur ein und gibt Alarm, wenn aufgrund einer Leckage Wassermangel im Motor herrscht. Die originale Wassertemperaturanzeige, die für uns immer ausschlaggebend war, um den Lüfter einzuschalten, ist wohl eher als eine Art „Stimmungsbarometer" zu verstehen als ein Instrument, das einen qualitativen Messwert liefert.

Alles ist fertig montiert und bereit für den Einbau, als der Block wieder abgeholt werden kann. Auch die erneut bestellten Ersatzteile sind inzwischen aus England eingetroffen – darunter die nun dritte Zylinderkopfdichtung. Nochmals zwei Tage benötigen wir für die Montage aller Komponenten und der Maschine selbst. Noch schnell die Dieselleitungen entlüftet, dann sitzen wir mit Herzklopfen auf den Sitzen, schauen uns an und drehen den Schlüssel rum. Spontan springt der TDI an und läuft vertraut gleichmäßig und geschmeidig. Hektisch schraube ich den Öleinfülldeckel ab: kein Qualm, kein Überdruck! Jippie, wir jubeln und die gesamte Werkstatt jubelt mit! Wir haben es geschafft, der Major hat seine Herzoperation erfolgreich überstanden. Um ganz sicher zu sein, unternehmen wir am Folgetag eine 80 Kilometer weite Probefahrt. Begleitet werden wir von Pop und Ning, die in ihrem Discovery vorausfahren und natürlich filmen. Alles funktioniert tadellos. Wir sind bereit, unsere Reise fortzusetzen.

Insgesamt haben wir über drei Wochen in der Werkstatt der beiden „gewohnt". In dieser Zeit haben wir nur ein einziges Mal selbst gekocht. An allen anderen Tage wurden wir von Pop und Ning beköstigt und mit thailändischen Gerichten verwöhnt, nicht selten zweimal täglich. Pop ist ein begnadeter, leidenschaftlicher Koch. Mehrmals lädt er Anja ein, ihm abends bei der Zubereitung von verschiedenen Spezialitäten über die Schulter zu gucken. Wir versuchen, uns so gut wie möglich zu revanchieren. Im Major eröffnet Anja eine Backstube, in der sie Brot, Bananenkuchen und Zimtschnecken produziert, die von den Angestellten der Werkstatt schnell aufgegessen sind. Essen wir abends nicht bei ihnen, haben Ning und Pop eine Riesenfreude daran, uns nach getaner Arbeit auszuführen, Märkte, Tempel und Basare zu zeigen oder uns bei Erledigungen zu unterstützen. Wir probieren uns durch diverse landestypische Gerichte und machen auch vor gebratenen Insekten wie Heuschrecken und Mehlwürmern nicht halt. Noch nie haben wir eine so große, selbstlose und herzliche Gastfreundschaft und Hilfsbereitschaft erlebt wie hier in den Reihen des thailändischen Land Rover Clubs. Am Tag vor unserer Abreise überrascht uns Ning mittags mit einem gemeinsamen Essen. Noch mal kommen alle neuen Freunde vorbei, um „tschüss" zu sagen und uns eine gute Reise zu wünschen. Spontan beschließen Ning und Pop, uns noch die 150 Kilometer bis zum Meer zu begleiten und eine Nacht gemeinsam zu campen. Kurzerhand wird von den Angestellten das Dachzelt aufgesattelt und so viel Verpflegung und Ausrüstung in den Discovery gestopft, dass wir annehmen müssen, sie wollen die gesamte restliche Reise mit uns fahren.

Zwei Tage später, es ist gegen 11 Uhr morgens, brennt die Sonne gewohnt unbarmherzig auf den breiten, weißen Sandstrand herab. Ning und Pop klettern in ihren Discovery und treten hupend und winkend ihren Rückweg gen Bangkok an. Wir schauen ihnen noch eine Weile nach, dann sinken wir erschöpft von den nervenaufreibenden Ereignissen der letzten Wochen in unsere Campingstühle und blicken wortlos hinaus aufs Meer. Was für ein unbeschreibliches Glück wir doch hatten, diese tollen Menschen in einer so schwierigen Situation zu treffen! Jetzt, erstmals seit drei Wochen, sind wir wieder alleine.

Wir bleiben noch einen weiteren Tag an dieser Stelle, dann setzen wir unseren Weg nach Süden fort, einen Weg, der uns in nicht allzu ferner Zukunft nach Malaysia führen soll.

Erkenntnis:

"... ist die durch Erfahrungen und Eindrücke erwirkte Veränderung des eigenen Wissens ..."

Grün ist nicht gleich Grün

Der Wildnis auf den Fersen

Regelrecht fasziniert spüre ich, wie sich unablässig Schweißperlen auf meiner Stirn bilden. Sich zu kleinen Bächen vereinend, rinnen sie an meinen Schläfen und meiner Nase herunter, um von meinem Kinn oder der Nasenspitze herabzutropfen. Keuchend stehe ich da und schaue mit gesenktem Kopf den dicken Tropfen hinterher, wie sie auf dem laubbedeckten Boden des Dschungels verschwinden. Mein Hemd, die kurze Hose und auch meine Haare sind triefend nass, gerade so, als hätte man mich samt Klamotten unter eine Dusche gestellt. Ich blicke den schmalen, lehmigen Hohlweg zu Anja hinauf, auch ihr Shirt ist vom Schweiß durchtränkt, ihre feuchte Haut glänzt im rötlichen Abendlicht, das spärlich durch das dichte Blätterdach fällt. Unfassbar, wie viel ein Mensch schwitzen kann! „Komm!" ruft sie, und sie hat recht. Obschon jede Bewegung bei 100 Prozent Luftfeuchtigkeit und 38 Grad schwerfällt, sollten wir uns beeilen. Es ist noch ein gutes Stück zurück zum Parkplatz, wo der Major auf uns wartet. Ohne Taschenlampe hier in der Dunkelheit unterwegs zu sein, wäre zu riskant. Wahrscheinlich würden wir den ohnehin sehr schmalen und stellenweise schwer erkennbaren Wanderpfad verlieren. Am frühen Nachmittag sind wir zu dieser Wanderung aufgebrochen, eine Wanderung, die uns durch das Gebiet des Penang-Nationalparks auf der gleichnamigen Halbinsel in Malaysia führt. Der dichte ursprüngliche Wald ist Lebensraum vieler tropischer Tiere. Neben diversen Schlangenarten und anderen Reptilien gibt es hier einige Affenarten, Vögel und natürlich eine unüberschaubar große Vielfalt an Insekten.

Vor knapp fünf Tagen sind wir in Malaysia eingereist. Nachdem wir uns von unseren großartigen Gastgebern Ning und Pop auf dem kleinen Strand südlich von Bangkok verabschiedet hatten, reisten wir weiter entlang der Ostküste. Obwohl noch immer Hauptsaison in Thailand war, überraschte es uns, wie wenig im Südosten des Landes los war. Die Strände waren leer, auch auf den Straßen sahen wir selten ein anderes Auto. Die kleinen Orte wirkten verschlafen, nur cin paar wenige Mopeds fuhren umher. Bevor wir Thailand bereisten hatten wir Bedenken, dass uns das Land aufgrund des bekannterweise hohen Touristenaufkommens und der damit verbundenen Infrastruktur vielleicht nicht gefallen, gar nerven könnte. Daher freute es uns umso mehr, dass wir dort kaum mit dem Massentourismus in Berührung kamen. Auf dem Weg zur Westküste gerieten wir in der Stadt Suratani in die vermutlich weltgrößte Wasserschlacht. Die Thais feiern jedes Jahr Mitte April, dem heißesten Monat, das Songkran-Fest. Bei diesem dreitägigen Event, das in großen Städten seinen Höhepunkt erlebt, betet das Königreich um ausgiebige Regenfälle und somit gute Reisernten. Die Menschen waren in ausgelassener Partylaune, alle versammelten sich auf den Straßen. Bei lauter Musik spritzten sie sich mit riesigen Wasserpistolen, mit Eimern und Schläuchen gegenseitig nass, bestrichen und besprühten sich mit bunten Lebensmittelfarben. Nichts und niemand wurde verschont, egal ob Autos, Fußgänger oder Mopedfahrer, alle wurden nass, auch wir. Am Ende trug der Major eine bunte Collage aus Handabdrücken, Streifen und Sprinklern.

Bei Khao Lak erreichten wir die Westküste und mussten erkennen, dass die Sache mit dem fehlenden Massentourismus nicht für das ganze Land zutrifft. Je weiter wir in südliche Richtung fuhren, desto voller wurden die Städte und Strände, umso lauter und geschäftiger ging es auf den Straßen der Städte wie Khao Lak und Au Nang zu. Viele westliche Urlauber drängten sich an Streetfood-Ständen, Souvenirshops und Ticketbuden.

Wir suchten das Weite und folgten einem "Geheimtipp" unseres etwas veralteten Reiseführers: Koh Lanta. Diese kleine Insel ist per kurzer Fährfahrt auch mit dem Auto zu erreichen, in unserem Buch wird von "kaum Touristen" und "einsamen weißen Sandstränden" geschwärmt. Die Realität sieht anders aus: Zwar gibt es jene tollen Strände, jedoch reihen sich ihnen entlang Hostels, Pensionen, Restaurants und Diskotheken. Wie schnell sich Dinge ändern, wenn der "Geheimtipp" in den Reiseführer und ins Internet rutscht, wird hier offensichtlich. Aber noch was anderes wurde schnell deutlich: Der Süden

Thailands ist vorwiegend muslimisch. Auf den Straßen waren viele Männer in lange, weiße Gewänder gekleidet, ein Gebetskäppchen zierte ihren Kopf. Die einheimischen Frauen trugen zunehmend Kopftücher. Zwischen der

Dicht an dicht: Im thailändischen Grenzgebiet warten die Fischer auf die nächste Ausfahrt.

Musik, die aus den Cafés und Discos schallte, war leise der Ruf des Muezzins zu hören. Das traditionelle Erscheinungsbild vieler Einheimischer gemixt mit dem der westlichen Urlauberinnen in Hotpants, Trägershirts und Bikinis hatte einen skurrilen Touch, jedoch schien sich niemand an diesem Gegensatz zu stören.

Immer noch einen ruhigen Stellplatz für die Nacht suchend, fuhren wir entnervt weiter die einzige Küstenstraße des Eilands entlang, bis die Bebauung in den Hügeln allmählich spärlicher wurde und wir einen kleinen Pfad erspähten, der zwischen Palmen in Richtung Meer verschwand. Hier fanden wir, wonach wir suchten: Unter den Palmen schlugen wir unser Lager auf, genossen die Ruhe und Einsamkeit und gingen im glasklaren Wasser der kleinen Bucht schwimmen. Gerade erst lagen wir im Bett und waren schon fast eingeschlafen, als es einen mächtigen, lauten Schlag auf das Dach des Majors gab. Zu Tode erschrocken sprangen wir auf und suchten unsere Taschenlampe. Draußen war niemand zu sehen. Obwohl absolute Windstille herrschte, fiel wohl eine Kokosnuss auf unser Auto und war in zwei gleich große Hälften zersprungen. Gut, dass wir nicht mehr im Dachzelt schliefen, so wie auf unserer ersten Tour ...

Südlich der großen Touristenhochburgen an der Westküste hatte Thailand nicht so viel Interessantes für uns zu bieten, und die Ufer des Meeres sind oft mit dichten Mangrovenwäldern bewachsen. An anderen Stellen war das Wasser so seicht, dass bei Ebbe die Wasserlinie stellenweise hundert Meter und mehr vom Ufer zurückwich. Kein Problem, wir freuten uns auf das Nachbarland: Malaysia. Am südwestlichsten internationalen Grenzübergang zwischen den beiden Ländern reisten wir aus. Außer einem dichten Warenhandel zwischen den Nachbarn, der mit Pick-ups bewerkstelligt wurde, war wenig los an diesem frühen Nachmittag.

Das Prozedere auf malaysischer Seite war kurz und schmerzlos: Nach einem flüchtigen Blick ins Innere unseres Autos wurde jedem von uns ein 90-Tage-Visum in den Pass gestempelt, und das gratis! Erfreut über diese komplikationslose und gastfreundliche Praxis setzten wir unsere Fahrt fort, überquerten das niedrige Grenzgebirge und arbeiteten uns recht zügig an der Küste entlang vor – bis zur Penang-Halbinsel. Diese hat man in wenigen Stunden rasch umrundet. Mehr Zeit braucht man für die multikulturelle Stadt

Georgetown, die bei internationalem Flair und kolonialer Vergangenheit eine interessante Street-Art-Szene entwickelt hat.

Nun sind wir hier: im Penang National Park. Wir schaffen es zurück zu unserem Auto, bevor es vollkommen dunkel ist. Tatsächlich konnten wir hoch oben in den Wipfeln einige Affen sehen, am Strand paddelten in mehreren Becken viele kleine Meeresschildkröten, die hier in einer Aufzuchtstation auf ihre Auswilderung warten. Nur Pythons und Kobras sind wir nicht begegnet.

Kurz gewaschen und die Klamotten gewechselt, dann sitzen wir erschöpft im Cockpit und fahren los. Gerade erst sind wir auf die Landstraße eingebogen, da soll sich doch noch eine Begegnung mit einem "schlangenähnlichen" Wesen einstellen. Beim Tritt auf das Kupplungspedal merke ich einen Widerstand, und zwar in meiner Sandale. Konzentriert halte ich mit der rechten Hand das Lenkrad, während ich mit der linken vorsichtig unter die Zehen meines linken Fußes fasse. Dort spüre ich eine merkwürdige wulstig-glitschige Verdickung.

„Oh, ich schätze, ich habe einen Gast", stelle ich fest. Bei der nächsten Gelegenheit stoppen wir. Ich steige aus, wir krabbeln hinten in unsere Kabine hinein, im Schein der Lampen ziehe ich die Schuhe aus und inspiziere meinen Fuß. Dort hat zwischen dem kleinen Zeh und seinem Nachbarn ein stattlicher Blutegel angedockt. Ein weiterer dieser Schmarotzer hat dem Gegendruck des Kupplungspedals wohl nicht standgehalten, seine Überreste sind in einer großen Blutlache unter meinem gesamten Fuß verteilt. Etwas Schadenfreude glaube ich in Anjas Grinsen zu erkennen.

„Du solltest vielleicht bei dir auch mal gucken, ob du nicht irgendwo Besucher hast", erwidere ich mit einem Augenzwinkern ihren Blick.

Schnell ist die Hose unten – und das Staunen groß! An ihrem Bein sitzen zwei dieser Brüder, aus zwei weiteren Bisswunden tröpfelt noch immer Blut. Was hilft? Feuer oder Zahnpasta. Da Blutegel absolut nicht schädlich sind, keine Krankheiten übertragen und auch in Deutschland sogar zu therapeutischen Zwecken in der Medizin eingesetzt werden, holen wir die Zahnpastatube, um sie nicht zu töten. Es ist sehr beeindruckend, mit welcher Kraft diese Tierchen sich an unserem Fleisch halten, versucht man, sie einfach nur abzuziehen. Keine Chance! Kommt man ihnen aber mit einer Fingerspitze voll

Zahnpasta zu nahe, lassen sie los und fallen einfach ab. Herr Google klärt uns auf, dass Blutegel mit einer einzigen Mahlzeit mehrere Monate überleben können. Die Wunden, die sie hinterlassen, sind weder schmerzhaft, noch jucken sie. Jedoch verhindert ein Stoff ihres Speichels – quasi zur einfacheren Entnahme – die Blutgerinnung. Somit bluten die kleinen Wunden unablässig auch noch viele Stunden, nachdem die Egel entfernt wurden und mit vollen Bäuchen in der Wiese ein Schläfchen halten.

Spätestens seit wir Kambodscha erreichten, freue ich mich auf Malaysia. Das hat seinen Grund: Andere Reisende erzählten uns legendenhafte Geschichten. Da dieses Land eine ehemalige britische Kolonie ist, gibt es hier unzählige Land Rover. Mehr noch, es soll stellenweise die höchste Dichte an zugelassenen Fahrzeugen der britischen Marke auf der ganzen Welt geben und es ist die Rede von riesigen Schrottplätzen, auf denen nur Land Rover ihr Ende finden … Wir haben recherchiert, uns durchgefragt und Adressen gesammelt. Wir nehmen mit einem Mr. Karthik in Ipoh Kontakt auf, der einen solchen Schrottplatz betreiben soll – wir sind herzlich willkommen, ihn uns anzusehen.

Auf vier teils mehrere Fußballfelder großen Plätzen stehen dicht an dicht gedrängt Defender, Series und Discoverys, teilweise vollständige Autos, teilweise nur noch Fragmente. Ungezählte Türen, Motorhauben, Achsen und Motoren stehen und liegen in den Ecken und Hallen herum.

Der Wert, der hier schlummert, ist – jedenfalls auf dem europäischen Markt – gigantisch. Es dauert nicht lange, bis in meinem Bastlerhirn eine Geschäftsidee reift: Man könnte doch die Teile hier günstig einkaufen und dann teuer in Europa verhökern ... Schließlich ist doch in Asien alles billig, oder nicht? Nicht in Sachen Land Rover. Diese Fahrzeuge gelten in Asien durchaus als Luxusgut. Die Kundschaft, die hier einkauft und beim Betreiber des Platzes Fahrzeuge nach ihren Wünschen herrichten und ausstatten lässt, ist äußerst zahlungskräftig und kommt aus Singapur, den Vereinigten Arabischen Emiraten, Japan oder China. Zudem sind auch hier dank Internet die europäischen Preise für die begehrten Teile bekannt und ein lukrativer Deal zwischen mir und Herrn Karthik unmöglich – auch wenn ein wohl beachtlicher Teil dieser Autos irgendwann gegen Entrichtung des Schrottwertes wieder eingeschmolzen wird. Schmerzlich bemerke ich den Zustand vieler Landys auf dem Platz. Manche sind bis zu den Radnaben eingesunken, bei anderen sprießen Bäume und Sträucher aus Motorraum und Armaturenbrett, in der Dachreling wachsen Gras und Moos.

Von Ipoh ist es nicht weit zu den Camaron Highlands. Dieser Gebirgsrücken verläuft im Landesinneren von Nord nach Süd und birgt ebenfalls ein Land Rover-Geheimnis. Dort oben fahren Hunderte alter Landys herum, nach wie vor eingesetzt als Arbeitsmaschinen und Lastenesel, um die Ernte der Erdbeer-, Gemüse- und Teeplantagen einzuholen oder die Besucher der Plantagen herumzufahren. Fast jedes zweite Auto im Straßenverkehr ist ein alter Land Rover, und in den kleinen Ortschaften gibt es Straßen, in denen beinahe ausnahmslos Landys parken. Den meisten sieht man ihr raues und langes Arbeiterleben sofort an. Rundherum verbeult sind sie, mit kaputten Scheinwerfern und mit bis aufs nackte Alublech abgewetzter Farbe.

Leider sind wir an einem Wochenende hier unterwegs. Hunderte Tages- und Wochenendausflügler aus den großen Städten des Umlandes sind gekommen, um etwas Zeit im Grünen zu verbringen. Entnervt stecken wir auf den kleinen, sich eng windenden Landstraßen im Stau. Anja navigiert an diesem Tag und weiß, wie sie mich aufmuntern kann: In wenigen Kilometern geht eine unbefestigte Straße rechts ab durch den Dschungel, um circa 30 Kilometer weiter an einer anderen Stelle wieder auf die alte Strecke zu münden.

Schon eine halbe Stunde später fordert diese Piste meine volle Aufmerksamkeit. Der Pfad besteht aus orangefarbenem Lehm, der von tiefen Fahrspuren durchfurcht ist. Es regnet schon seit dem Vormittag, somit wird der Ausflug ins Gelände zu einer nervenaufreibenden Rutschpartie. An den steilen Gefällestrecken sammelt sich das Wasser zu kleinen Bächen. Der Untergrund ist extrem glitschig, ich versuche, mit den Rädern eine der Furchen zu erwischen, die in gerader Linie den Hügel hinunterläuft, um unsere Fuhre auf Kurs zu halten. Links und rechts dichter, saftig grüner Dschungel, der durch den dunklen, von Wolken verhangenen Himmel und die hereinbrechende Nacht bedrohlich wirkt. Der Regen wird stärker, dicke Tropfen prasseln laut auf die Windschutzscheibe und das Blechdach des Majors. Nach einer guten Stunde Fahrt tauchen im Scheinwerferlicht links und rechts des Weges einige einfache Hütten auf. Die Bewohner kommen heraus, um uns verwundert zu begrüßen. Es ist eine Siedlung der Orang Asli, ein Stamm der

Ureinwohner Malaysias. Leider finden wir keine gemeinsame Sprache, so viel ist jedoch zweifelsfrei klar: Da vorne gehts auf der Strecke nicht weiter. Auf unserem GPS quert ein Fluss unseren Weg, eine Brücke ist nicht eingezeichnet, somit gehen wir davon aus, dass wir das Gewässer furten müssen.

Wir steigen aus, um uns die Sache näher anzusehen. Schon der Einstieg in die Furt sieht nicht einfach aus. Er besteht im Wesentlichen aus einer in den Lehmboden eingeschnittenen und stellenweise tief ausgewaschenen Schlucht, die an manchen Stellen kaum breiter sein dürfte als unser Auto. Wir steigen hinab, um uns den Fluss selbst anzusehen. Braune Wassermassen strömen durch das ungefähr 30 Meter breite Bett mit hoher Geschwindigkeit herunter. Ich wage mich ins Wasser hinein, um ein Gefühl für die Tiefe und Stärke der Strömung zu bekommen. Schon nach zwei, drei Metern stehe ich bis zu den Knien im Wasser und kann mich kaum noch auf den Füßen halten. Mittlerweile hat der Regen fast aufgehört. Wir hoffen, dass der Wasserspiegel bis morgen sinkt, und beschließen nicht zuletzt wegen der hereinbrechenden Dunkelheit, die Furt erst am nächsten Tag anzugehen. Etwas außerhalb der Siedlung verbringen wir die Nacht, die tatsächlich trocken bleibt. Schon zeitig stehen wir mit dem Major oberhalb jener Schlucht, die zum Wasser herunter führt, und überprüfen erneut den Wasserstand. Der hat deutlich abgenommen, auch die Strömung ist merklich schwächer. Etwas weiter flussaufwärts hat bereits eine kleine, nur aus Bambusrohren bestehende Fähre wieder ihren Dienst aufgenommen und bringt Mopeds und Fußgänger von der einen zur anderen Seite. Langsam manövriere ich den Major ins Wasser, noch immer ist es teilweise 70 bis 80 Zentimeter tief, trotzdem gelingt die Durchquerung des Flusses ohne Probleme. Auf der anderen Seite ist der Pfad noch schmaler und schlechter. Kurioserweise schien er mal betoniert gewesen zu sein. Ab und an sieht man Fahrbahnreste, die wie Treibholz auf dem rötlichen Morast zu schwimmen scheinen.

Nur langsam und holprig geht es voran. Tiefe schlammgefüllte Löcher und Absätze so hoch wie Treppenstufen machen die Weiterfahrt beschwerlich. Mehrmals müssen wir die Axt hervorholen, um den Weg von abgeknicktem Bambus und Ästen zu befreien. Plötzlich tritt der Dschungel zurück und gibt den Blick auf eine kleine Lichtung frei. Hier stehen drei Mannschaftszelte, Baumaterial und Schotter liegt herum. Es scheinen Zelte der Armee zu sein, denn kurz nachdem wir halten, entdecken wir einen kleinen Trupp Soldaten.

Auch mit diesen Männern können wir uns nicht unterhalten, aber sie machen uns ebenfalls deutlich, dass wir hier nicht weiter können. Wieder ist ein Wasserlauf der Grund. Vor uns quert ein kleiner Bach, vielleicht zwei Meter breit. Sein Bett ist deutlich breiter, und auch hier gibt es eigentlich eine Furt. Die ist aber vollständig ausgewaschen, tiefer Schlamm und Treibgut haben sich an den Rändern abgelagert. Als wir hinunter gehen, um die Tragfähigkeit des Untergrundes zu überprüfen, stehen wir sofort bis zu den Waden im Morast. Die gegenüberliegende Seite sieht noch schlimmer aus. Ohne ein zweites Fahrzeug oder eine Seilwinde wäre es blanker Selbstmord zu versuchen, hier durchzufahren. Falls wir uns nicht gleich im Schlamm festfahren, würde vielleicht einer der im weichen Untergrund verborgenen Äste oder Baumstämme des Treibguts unser Auto beschädigen. Zerknirscht treten wir den Rückzug an, wohl wissend, dass wir nun den ganzen beschwerlichen Weg bis hierher nochmals bewältigen müssen. Vier oder fünf Stunden später sind wir wieder an der Stelle, an der wir am Vortag abgebogen waren. Trotzdem haben wir den kleinen abenteuerlichen Ausritt in diesen ursprünglichen Teil Malaysias sehr genossen – und der Major braucht nun dringend eine Dusche!

Auf unserem weiteren Weg zur Ostküste erkennen wir sehr schnell, dass Ursprünglichkeit und Wildnis auch in Malaysia schon lange keine Selbstverständlichkeiten mehr sind. Auf langen, abgelegenen Landstraßenetappen kommen uns regelmäßig „Logging Trucks“ entgegen, alte Mercedes-Rundhauber-Lkw, deren Sattelauflieger hochbeladen sind mit den Stämmen der ehemals mächtigen Urwaldriesen. Links und rechts dieser Landstraße: frisch angelegte Palmölplantagen. Nur in streng geschützten Nationalparks kann man noch die Artenvielfalt von Flora und Fauna nachempfinden, die einst die ganze Halbinsel bedeckt haben mag. Malaysia und Indonesien lösen sich regelmäßig ab mit dem unrühmlichen Titel „größter Palmölproduzent der Welt“. So wundern wir uns nicht, wenn wir manchmal tagelang durch Gegenden fahren, die ausschließlich von der Palmölproduktion dominiert werden. Palmölplantagen aller Altersklassen, Neuanlagen von Pflanzungen, Ölmühlen und -waagen, Hunderte Lkw, die entweder die Früchte der Palme zur Mühle fahren oder das gewonnene Öl in Tankern zu Fabriken und Häfen schaffen. Wir fragen uns, wie die Menschen hier das Schwinden des Regenwalds empfinden und die so krasse, homogene Umgestaltung ihres Umfelds.

Doch vermutlich sehen viele von ihnen den Dschungel und seine Einmaligkeit nicht mit den gleichen Augen wie wir. Von dem Wunsch nach einem besseren Leben und Fortschritt getrieben, wird vielleicht dieses undurchdringliche Grün des Waldes mehr als ein Hindernis begriffen, dem sie beinahe nichts abgewinnen können. Vermutlich gehen sie davon aus, dass sicherlich ein Großteil der Erde so üppig bewachsen ist wie hier, denn kaum einer der einheimischen Bauern und Arbeiter wird die Möglichkeit haben, sein Heimatland zu verlassen. Mit recht massivem Aufwand wird der Dschungel samt Wurzeln gerodet, um dort jene Palme zu pflanzen, die Wohlstand und Einkommen verspricht. Rudimentäre Programme der Regierung, aber auch mangelhafte Initiativen und Unterstützung aus dem Ausland, wenn es darum geht, diesen unvergleichlichen und unwiederbringbaren Faktor für unser aller Ökosystem nachhaltig zu schützen, können nicht verhindern, dass die Regenwälder weiter schrumpfen. Tag für Tag, Stunde für Stunde. Hier wie überall in Asien und Südamerika. Unsere Rundreise durch Südostasien von Kambodscha bis hier nach Malaysia wird für uns zunehmend zu einer Reise durch die verschiedenen Stationen der Umwandlung wilder, natürlicher Urwälder hin zu Agrar- und Monokulturflächen, die die vielschichtigen Funktionen des Regenwaldes nicht im Ansatz übernehmen können. Alle diese Länder sind damit beschäftigt, nur ist der Prozess unterschiedlich weit fortgeschritten.

Wir sind auf dem Weg nach Kuala Lumpur. Durch Facebook und Co hat sich die Kunde von dem Pärchen aus Deutschland, das in einem alten Land Rover Forward Control auf dem Weg nach Australien ist, auch in malaysischen Landykreisen schnell verbreitet. Wir sind eingeladen bei Artek und Alyna, den beiden Vorsitzenden des „Land Rover Owners Club of Malaysia“, die zu allem Überfluss auch noch eine Werkstatt betreiben, die sich vollkommen auf die englische Marke spezialisiert hat – aus Überzeugung natürlich! Unser Major hat ohnehin einen ausgiebigen Service nötig und dazu noch ein paar Zipperlein, die behoben werden wollen. Zudem müssen wir langsam unsere Weiterreise organisieren: Von Port Klang aus, nicht weit von Kuala Lumpur, soll unser Auto hinüber verschifft werden nach Borneo, denn nur dort gibt es den einzigen Grenzübergang zu seinem Nachbarn Indonesien, den man auf dem Landweg passieren kann.

Trotzdem haben wir etwas Bedenken, in die Hauptstadt zu fahren. Schon am ersten Tag in Malaysia sind uns die vielen bunten Fähnchen und Flaggen entlang der Straßen aufgefallen. Bald dachten wir uns, dass es sich um Werbung für die verschiedenen Parteien einer Wahl handeln könnte. So ist es, und die Wahl ist genau jetzt. Sollte es zu Spannungen oder Ausschreitungen kommen, dann sicherlich in der Hauptstadt. Doch Arteks „Black Hawk Workshop" liegt etwas außerhalb der Stadt, somit wird das sicherlich in Ordnung sein.

Mit einem Riesentopf gebratener Nudeln und Hühnchen werden wir begrüßt und herzlich aufgenommen. Wie schon in Thailand werden wir vom Club hervorragend betreut. Wir können Arteks Werkstatt kostenfrei benutzen, selbst seine Arbeitszeit und die seiner beiden Söhne stellt er uns nicht in Rechnung, falls wir Hilfe benötigen. Am Abend führen sie uns aus, um landestypische Köstlichkeiten zu probieren und um uns die Sehenswürdigkeiten ihrer Hauptstadt wie zum Beispiel die Petronas Towers zu zeigen, bis vor wenigen Jahren die höchsten Gebäude der Welt. Die Wahl geht indes absolut gewaltfrei vonstatten und führt zu einer lang herbeigesehnten Ablösung der seit über 60 Jahren im Amt befindlichen Regierungspartei, welche sich mit dem Vorwurf der Korruption unfassbaren Ausmaßes und anderer krimineller Machenschaften konfrontiert sieht. Alle sind überglücklich, auch unsere Gastgeber stimmt der Umschwung euphorisch. Im Fernsehen werden Bilder von spontanen Straßenpartys und Autokorsos gezeigt. Auch wir hoffen für sie, dass sich nun einige Dinge der Ungleichheit und Ungerechtigkeit, von denen sie uns erzählt haben, positiv verändern.

Die Fähre hinüber nach Borneo ist nun fest gebucht. Um alle Angelegenheiten rund um die Buchung erledigen zu können, dürfen wir eines von Arteks Autos benutzen, manchmal fahren uns seine Jungs kurzerhand hin, damit wir uns im Großstadtdschungel nicht verlieren.

Während ich unterm Major liege und alle Öle wechsle sowie die Bremsen justiere, ist Anja damit beschäftigt, aus Dachlatten eine Absperrung zu fertigen, um das Cockpit vom Rest des Wagens abzuriegeln. Dieses kleine Hundegitter ist nötig, da der Major nicht von uns auf die Fähre gefahren wird. Die Angestellten der Fährgesellschaft werden unser Auto verladen. Die Burschen genießen einen berüchtigten Ruf, was Diebstähle betrifft.

Nach sechs Tagen ist es soweit: Wir übergeben im Hafen von Port Klang Auto samt Zündschlüssel einem Angestellten des Fährunternehmens und ziehen nur mit einem Rucksack ab. Ein mulmiges Gefühl begleitet uns, denn all unsere Sachen sind im Major, der quasi für die Dauer dieser Reise unser Zuhause darstellt. Versichert ist er nur gegen Totalverlust – Beschädigungen des Fahrzeugs oder Diebstahl von Artikeln im Auto sind nicht versicherbar.

Wir sind traurig, als wir uns von Artek, Alyna und den beiden Söhnen Satren und Kevan verabschieden – schade, dass wir nicht mehr Zeit hatten und die Fähre sowie die Flüge schon gebucht waren. Gemeinsam haben wir viel erzählt, gelacht und uns ausgetauscht. Satren fährt uns zum Flughafen, die Maschine der Air Asia mit dem Ziel Kotakinabalu auf Borneo hebt pünktlich ab.

Im Anflug auf das riesige Eiland blicke ich aus dem Fenster. Das blaue Meer hebt sich kontrastreich vom satten Grün der Landmasse ab. Grün, soweit das Auge reicht, durchbrochen nur von wenigen Siedlungen und Straßen. In meiner Fantasie werden wir in unserem Landy über staubige Schotterpisten durch undurchdringlichen Dschungel fahren, in dem Orang-Utans sich von Baum zu Baum schwingen und Pythons im Unterholz lauern … Ein sanfter Ruck, und das augenblicklich einsetzende Bremsmanöver des Piloten reißt mich aus meinen Gedanken. Wir sind da.

Der Flughafen liegt nur wenig außerhalb Kotakinabalus, mit einem Linienbus fahren wir ins Zentrum. Das mittelgroße Städtchen liegt im Nordwesten Borneos, der Stadtkern ist fußläufig gut zu erkunden. Wir finden Unterschlupf im "Borneo Backpackers", einer einfachen, aber sauberen und preiswerten Unterkunft in der ersten und zweiten Etage eines Eckhauses. Gleich darunter befindet sich ein gemütliches Pub. Für uns der ideale Ort, um die Tage mit Recherche und Lesen zu verbringen, während wir warten, bis unser fahrbarer Untersatz hier eintrifft. Draußen ist es unerträglich heiß. Pünktlich gegen zwei Uhr sorgt täglich ein kräftiger, mehrstündiger Regenschauer für Abkühlung. Vier Tage ist der Major auf dem Chinesischen Meer unterwegs, durch einen Tag Verzögerung bei der Abfahrt und das dazwischenliegende Wochenende müssen wir sechs Tage warten, bis der Mitarbeiter der Fährfirma uns morgens endlich anruft.

„You may come, everything is ready!“

Gespannt laufen wir die wenigen Hundert Meter bis zum Hafenterminal. Hinter einer Schranke steht auf einem kleinen Parkplatz unser blauer 101. Herr Raymond drückt uns einen Stapel Papierkram in die Hand, wir quittieren den ordnungsgemäßen Erhalt unseres Autos und der Schlüssel, und schon düsen wir happy Richtung Norden. Das Innere des Majors ist wohlbemerkt absolut unangetastet. Selbst ein paar kleine Dinge, von denen wir uns gerne getrennt hätten und die wir aus diesem Grund im Cockpit ließen, wie auch die noch immer vorhandene Schachtel Zigaretten, die sich kein russischer Beamter je erfragt hatte, sind nach wie vor an ihrem Platz. Unser erstes Ziel: der Mount Kinabalu. Der höchste Berg Borneos ragt 4.095 Meter über den Meeresspiegel hinaus, er und auch unser Weg dorthin wird durch dichten Wald gesäumt. Bei der Parkverwaltung machen wir halt und erkundigen uns über die Trekkingmöglichkeiten rund um den Berg. Eine Besteigung ist über Wanderpfade sogar für Kinder möglich, allerdings nur als geführte dreitägige Tour erlaubt. Obwohl es eine Gruppentour wäre, würden die Kosten für diese Erfahrung für uns beide bei über 250 Euro liegen. Wir sind uns einig: Das belastet unsere Reisekasse auch im Hinblick auf die noch anstehenden Verschiffungen deutlich zu stark. Wir begnügen uns mit kleineren Tracks rund um den Fuß des Kinabalu. Von hier aus fahren wir in den Nordosten Borneos, allmählich lichtet sich der Wald, mehr und mehr tritt das uns bekannte Bild der Plantagenwirtschaft an seine Stelle. Wir lesen von Sukau, einem Dorf, von dem aus Flussexpeditionen in einem kleinen Boot möglich sind, um vom Fluss Kinabatangan aus in aller Frühe die wilden Bewohner des Dschungels zu beobachten. Mit Einsetzen der Dämmerung besteigen wir mit einem einzigen weiteren Touristen das Motorboot, und unser Guide fährt uns routiniert über kleine Seitenarme tief in den Wald hinein. Wir sind höchstens zehn Minuten unterwegs, da sehen wir ihn: einen Orang-Utan. Sein Name bedeutet "Wald Mensch", tatsächlich haben die Bewegungen seiner schemenhaften Gestalt hoch oben im nebelverhangenen Wipfel eines Baumes menschliche Züge. Gemächlich hangelt er sich mit seinen überlangen Armen von Ast zu Ast. Auf der Suche nach einem ordentlichen Frühstück hockt er einige Minuten Blätter mampfend auf einer Astgabel. Der morgendliche Dunst steigt vom ruhig dahinfließenden Fluss auf, in den Bäumen über uns erkennen wir Nasenaffen, Makaken und sogar eine fette, gestreifte Schlange, die regungslos in einem Baum hängt.

Tief beeindruckt, diese Tiere in ihrem natürlichen Lebensraum beobachtet zu haben, nehmen wir einen südöstlichen Kurs. Wieder gibt es oftmals entlang der größtenteils recht guten Straße nur Plantagen zu sehen. Unser Ziel ist das Danum Valley, eine Schutzzone, die noch ursprünglichen Regenwald und seine natürlichen Bewohner beheimatet. Auf der Zufahrt gelangen wir an einen Checkpoint. Anja trägt uns ein, zeigt unsere Pässe und bestätigt dem Posten: „Yes, we want to go to the Danum Valley Conservation Centre!" Etwas unsicher und aus irgendeinem Grund irritiert hebt der Wachmann den Schlagbaum. Wir fahren hindurch und finden uns augenblicklich im Borneo unserer Fantasie wieder. Eine gut befahrbare Schotterpiste führt uns hinein in die Tiefe dieses Tals, das bereits in den frühen 1990ern unter Schutz gestellt wurde. Schon damals war klar, welch große Bedeutung dieses abgeschottete, funktionierende Ökosystem hat. Hier leben noch um die 30 Exemplare der fast ausgerotteten Sumatra-Nashörner und viele andere bedrohte Arten. Wir lassen es gemütlich angehen, es gibt keinen Verkehr. Somit halten wir einfach auf dem Weg, trinken Kaffee, lauschen den Geräuschen der Wildnis und beobachten durch unsere Fenster die grüne Wand aus Blättern, Ästen und Lianen um uns herum. Große Haufen Elefantendung auf dem Schotter verraten die Anwesenheit der Dickhäuter. Wir sind schon über zwei Stunden unterwegs, als es dunkel wird und wir uns allmählich beeilen müssen, das Center, welches im Herzen des Tals liegt, zu erreichen.

An einer Gabelung kommen uns zwei Pick-ups entgegen. Sie stoppen, der eine Fahrer fragt uns verwundert: "Where do you go?" Wir sagen ihm, na, zum Conservation Center. Wo denn unsere Genehmigung wäre und wer uns überhaupt reingelassen hätte?

Es stellt sich heraus, dass das Conservation Center in erster Linie eine Forschungseinrichtung ist. Zwar sind Touristen als Besucher zugelassen, die dürfen aber nicht mit eigenen Fahrzeugen anreisen, sondern werden nach vorheriger Buchung vom Checkpoint aus mit Vans hineingefahren. So soll die Gefahr illegaler Aktivitäten wie Wilderei minimiert werden. Nach Rückfragen stellt sich heraus, dass der Wächter am Tor aufgrund unseres Autos und Anjas selbstbewusstem Auftreten davon ausging, dass wir zu einem Forscherteam gehören.

Mittlerweile ist es vollkommen dunkel, zum Glück befindet sich in einem der Fahrzeuge der Leiter der Einrichtung. Er glaubt uns, dass wir keine bösen Absichten hatten und meint, da wir ja nun schon fast am Center wären, könnten wir für die Nacht auch bleiben. Schließlich sei uns die zweistündige Rückfahrt in vollkommener Dunkelheit nicht zuzumuten. Kurzerhand beordert er den Fahrer des zweiten Fahrzeugs, uns die restlichen zehn Kilometer bis zur Anlage zu begleiten, uns einen Stellplatz zuzuweisen und alles Wichtige zu zeigen. Wir bedanken und entschuldigen uns gleichzeitig bei dem armen Kerl, der nun wegen uns seinen Feierabend um eine Stunde verschieben muss. Am Ende dürfen wir drei Tage bleiben, können ein Sanitärgebäude der Belegschaft nutzen und wunderbare Wanderungen auf schmalen Trails unternehmen, teils alleine, teils mit einem Guide. Hierbei beobachten wir über eine Stunde lang eine große Gruppe von Maronen-Languren, wie sie frühmorgens auf der Suche nach Futter durch die Baumkronen ziehen. Die wenigen anderen Touris, die in einer der Hütten untergebracht sind, beäugen uns neidisch, denn es stellt sich heraus, dass sie für ihren Aufenthalt und den Shuttleservice auch hier kräftig in die Tasche langen mussten.

Es gibt noch eine andere ökologische wie geografische Besonderheit im Norden Borneos: das Maliau-Basin. Vereinfacht gesagt ist das Relief dieses 588 Quadratkilometer großen Beckens wie das einer gigantischen Schüssel, die in der ansonsten eher flachen Landschaft steht. Über ihren "Ausguss" gewährt sie nur wenige und schwierige Zugänge in ihr Inneres. Die steilen und schroffen Gebirge, die dieses Gebiet einrahmen, haben das darin befindliche Ökosystem so gut abgeschirmt, dass es bis heute nie permanent besiedelt wurde. Diese Unbeflecktheit, aber ohne Frage auch der enorme logistische Aufwand, um dieses Terrain abzuholzen und zu erschließen, haben es vor dem Rundumschlag der Kettensäge bewahrt. Mittlerweile steht es unter Schutz. Natürlich wollen wir auch hier haltmachen und bei einer Tageswanderung etwas von der Einmaligkeit und Besonderheit mitbekommen. Schon auf dem Weg dorthin, entlang der Grenzstraße zu Indonesien, beobachten wir, dass es zwischen den Palmölplantagen immer wieder einzelne Landstriche gibt, die doch noch von wildem Wald dominiert werden. Manchmal stehen Schilder am Straßenrand, die davor warnen, dass Elefanten die Fahrbahn überqueren könnten. Zumindest das graue Hinterteil eines solchen Riesen im Dickicht verschwinden zu sehen, bleibt leider eine unserer unerfüllten Wunschvorstellungen.

Die Zufahrtsstraße ist perfekt ausgebaut. Zügig erklimmt der Major die letzte Steigung zum Visitor Center dieses Nationalparks. Es herrscht gähnende Leere, nur wenige Besucher scheinen sich in den Westen Sabahs zu verirren. Dafür ist das Hauptgebäude regelrecht monströs, Wegweiser zeigen die Richtungen zu einem Restaurant, zu Tagungsräumen. Selbst ein Theater soll es geben. Wir lassen uns registrieren, bezahlen das Eintrittsgeld und erfahren enttäuscht, dass gar keine Tageswanderungen möglich sind. Es gibt nur eine Tour, die drei Tage Vollverpflegung, einen Guide und zwei Übernachtungen beinhaltet – und für uns unbezahlbar ist. Allmählich zeichnet sich in meinem Kopf ein von leichtem Sarkasmus geprägtes Bild ab: Erst verhökert man die Natur, die einst auf der ganzen Insel selbstverständlich war, um dann die paar kleinen, verschonten Flecken gnadenlos zu vermarkten. Dennoch scheint dies der einzige Weg in einem von Korruption gebeutelten Land zu sein, um die verhältnismäßig winzigen Gebiete zu bewahren. Wir "krebsen" etwas am Rand des Beckens umher, ohne jedoch einen Blick auf das Innere werfen zu können. Wir versöhnen uns mit dem Gedanken, dass dort, wo keine Straße hinführt und der Weg einer Dreitageswanderung bedarf, um in eine Schutzzone vorzudringen, noch wahre Unberührtheit und Artenvielfalt vorhanden sein muss. Insgesamt finden wir allerdings, dass diese Schutz- und Forschungseinrichtung einst bessere Zeiten erlebt hat. Teilweise sind die schön angelegten Gebäude unbenutzt, leer oder nicht mehr in Schuss und die Informationen sind schon seit einer Weile nicht mehr aktualisiert worden.

Unser Weg führt uns weiter Richtung Süden. In Miri haben wir eine Verabredung, der wir schon lange entgegenfiebern. Aber dazu später mehr, denn vorher gilt es, Brunei Darussalam zu durchqueren. Brunei Darussalam? Ja richtig, ein weiteres Land auf dieser dreigeteilten Insel. Eigentlich viergeteilt, denn das kleine Staatsgebiet des Sultanats Brunei besteht nicht nur aus einer Fläche, sondern aus zwei Teilstücken, die nicht miteinander verbunden sind und im Staatsgebiet Malaysias liegen. Wenn man eine Rundreise auf Borneo plant, dann sollte man vorab schauen, wie viele Seiten der Reisepass noch für Visa und Stempel bereithält, denn man braucht eine Menge Platz. Hauptverantwortlich hierfür ist die Lage Bruneis und die Tatsache, dass es faktisch nur eine gut zu befahrende Straße gibt, die Borneo umspannt und die die Dörfer verbindet. Ist man auf dieser regulären Route unterwegs, sollte im Pass noch mindestens Platz sein für zwölf (!) Visa und Sichtvermerke, da es bei jeder Ein- und Ausreise einen Stempel gibt. Startet man in Nordmalaysia wie wir, bedeutet das: Malaysia rein – raus, Brunei1 rein – raus, Malaysia rein – raus, Brunei2 rein – raus, Malaysia rein – raus, Indonesien rein – raus!

Ein bisschen albern erscheint das Spiel schon, insbesondere, wenn man sieht, wie winzig Brunei ist. Für eine Durchquerung von Brunei1 benötigt man mit dem Auto nicht einmal 30 Minuten.

Nicht nur der langsam schwindende Platz in unseren Reisepässen, sondern die noch immer nicht beendete Suche nach den ursprünglichen Seiten Borneos ermutigen uns zu einem Offroad-Experiment. Stundenlang hat der "Head of Navigation" Anja Routen und Pisten auf unserem GPS zusammengepuzzelt, die eine Umrundung von Brunei2 scheinbar möglich machen. Wir fragen Einheimische. Ja, bestätigt man uns, es gäbe Wege, aber ob die angesichts der täglichen Regenfälle der letzten Wochen passierbar seien? Wir sollen mit Überflutungen, Erdrutschen und umgestürzten Bäumen rechnen – und mit Logging Trucks, die ohne Rücksicht, um keinen Schwung vor den Anhöhen zu verlieren, ihre Fracht aus dem Wald transportieren. Dennoch wollen wir es versuchen. Noch ist der rote Exit-Stempel von Brunei1 nicht trocken, da biegen wir, von unserem GPS geleitet, ins Landesinnere ab. Der Einstieg ist nicht sehr vielversprechend: Hinter einem kleinen Dorf ist die bereits nicht mehr asphaltierte Fahrbahn über mehrere Hundert Meter überflutet. Der Major tuckert wie ein kleines Motorboot langsam durch die braune, stille Flut. Das Wasser reicht ihm bis zur Radnabe. Am Ufer plätschern sanft die flachen Wellen, die von unserer kleinen Flussrundfahrt verursacht werden. Nach diesem Abschnitt sieht die Piste wieder trockener und tragfähig aus. Allmählich fahren wir höher und höher ins zentrale Bergland Borneos. Nach wenigen Stunden sind jegliche Plantagen und Agrarflächen verschwunden, wir befinden uns im tiefen Busch, der nur durch jene einzige Straße durchschnitten ist, die wir benutzen. Eine große, schwarz-violett gestreifte Schlange überquert unseren Weg und flüchtet erst ins Unterholz, als wir für ein Foto stoppen. Ironischerweise können wir diese Landschaft nur deshalb bestaunen, weil jemand eine Straße gebaut hat, um das Holz eben jener Bäume abzutransportieren, die diese Landschaft – noch – ausmachen. Nur deshalb wird dieser Transportweg instand gehalten. Einige Male kommen uns beladene und leere Lkw entgegen, immer aber an übersichtlichen Stellen. Manchmal begegnen wir einzelnen Rollern, deren Fahrer häufig ein Gewehr geschultert haben. Ob diese Kameraden alle legal jagen? Tatsächlich fahren wir bedenklich nah an abgerutschten Hängen vorbei, erkennen frisch geräumte Passagen und beschädigte Brücken, die immer nur aus mehreren

Lagen Baumstämmen bestehen, die das Hindernis überspannen.
Der erste Tag beschert uns einen ruhigen und einsamen Stellplatz. Nach diesem erfolgreichen Start sind wir guter Dinge, dass wir es schaffen können. Falls nicht, sind alle unsere Vorräte an Wasser und Diesel ausreichend aufgefüllt, sodass wir auch einen Rückzug mühelos durchführen können, egal wie weit wir schon vorgedrungen sind.

Gegen Mittag des zweiten Tages sind wir nicht mehr ganz so optimistisch, ob es weitergeht: Wir gelangen an eine Gefällestrecke, die nicht nur extrem steil ist, sondern von dem vielen Regen noch dazu vollkommen zerfurcht und ausgewaschen wurde. Dicke, glatte Felsbrocken ragen aus dem lehmigen Boden empor. Es handelt sich nicht nur um ein paar Meter, wir können das Ende dieses Abschnitts von oben nicht mal einsehen. Noch während wir beraten, wie und ob es weiter geht, hören wir Motorengeräusch. Zwei weiße, unbeladene Toyota Pick-ups nähern sich und halten neben unserem Landy. Keiner der Insassen spricht wirklich gut Englisch, trotzdem wird deutlich, dass es unten eine Furt oder Brücke geben soll, die eventuell durch den reißenden Fluss zerstört wurde. Jedoch hätten sie Funkkontakt mit jemandem, der sich bald von der anderen Seite nähern wird, dann gäbe es Klarheit. Vorher wollen die vier Burschen es auch nicht wagen, dort herunter zu fahren. Anja und ich machen uns auf, das Terrain erst mal zu Fuß zu begutachten. Der Hang ist so steil und uneben, dass wir Schwierigkeiten haben, ihn hinabzusteigen. Obwohl wir nicht bis zum Fluss gelangen, bin ich der Meinung, dass wir es wagen können. Zurück beim Major recken uns die vier Jungs den Daumen entgegen: Der Fluss sei passierbar. Mit skeptischem Blick schauen wir den Toyos hinterher, wie einer nach dem anderen langsam den Hang hinunterpoltert.

Anja bevorzugt es, lieber zu Fuß runterzukraxeln, zu groß sind ihre Angst und ihr Respekt vor dieser Sektion. Ich reduziere zwecks besserer Traktion den Luftdruck an allen vier Reifen, lege Differenzialsperre und Untersetzung ein, schnalle mich an, atme einmal tief ein und aus – und fahre los. Ganz langsam krabbelt der Major im Kriechgang zwischen den Rillen, Riefen und Felsblöcken das Gefälle hinunter. Ein, zwei Mal bricht er mit dem Heck aus, kommt ins Rutschen. Doch bevor er vollends querkommt, korrigiere ich mit einem kurzen Gasstoß die Richtung. Als der Fluss in Sicht ist, sinkt die Anspannung, denn der Weg wird besser und die Steilheit nimmt ab. Es wird klar, dass es zwar eine Brücke gibt, diese auch nicht beschädigt ist, aber verschüttet. Unter ihr rauscht brodelnd ein um die zehn Meter breiter und deutlich angeschwollener Fluss, dessen Durchquerung bei diesem Pegelstand nicht möglich gewesen wäre. Eine Planierraupe und ein Bagger haben sich von der anderen Seite herangearbeitet und liegen gerade in den letzten Zügen, um die Zufahrt zur Querung vom Erdrutsch zu befreien.

Wir sind dankbar, dass wir das Hindernis ohne Zwischenfälle gut bewältigt haben und offensichtlich genau zur richtigen Zeit gekommen sind. Die Piste auf der anderen Seite ist schon wieder vollkommen repariert. Aber auch diese ist so unfassbar steil, dass wir in manchen Momenten fürchten, der Major könnte es trotz eingelegter Untersetzung nicht schaffen. Ich bin mir sicher: Dies ist die steilste Straße, die ich jemals in meinem Leben hinaufgefahren bin. Der Pfad wurde einfach schnurgerade die Uferböschung hinaufgeführt, ohne ihm durch Kurven oder in Serpentinen die Steilheit zu nehmen.

Den restlichen Weg dieser insgesamt 250 Kilometer langen Offroad-Etappe fahren wir auf gut präparierten Pisten und erreichen die asphaltierte Küstenstraße nach knapp drei Tagen.

Ungefähr 30 Kilometer südlich von Miri stoßen wir auf die Küste. Morgen wollen wir dorthin fahren, und dann wird es soweit sein: Wir werden die Schmids treffen. Was in Deutschland ein wohl eher gewöhnlicher Name ist, lässt Overlander ehrfürchtig aufhorchen, denn die Rede ist von DEN Schmids. Das Schweizer Pärchen ist in der Szene sehr wohl bekannt. Ihre bemerkenswerte, ja schier unglaubliche Reise brachte ihnen einen Eintrag ins Guinness-Buch der Rekorde. Es ist die Rede von der längsten nonstop im gleichen Fahrzeug gefahrenen Reise mit den meisten besuchten Ländern. Was 1984 als geplanter Zweijahrestrip begann, fand nie ein Ende. Somit sind die beiden mittlerweile fast 76-Jährigen seit 34 Jahren on the road, haben dabei mit demselben blauen Toyota Land Cruiser, den sie 1983 in der Schweiz neu kauften, über 750.000 Kilometer zurückgelegt und mehr als 190 Länder besucht. Unvergleichlich!

Wir treffen Emil und Liliana etwas außerhalb des Städtchens Miri an einer kleinen Promenade am Meer. Schon seit der Mongolei haben wir regelmäßig E-Mail-Kontakt, als es um die Frage der Verschiffung von dort ging. Die zwei halten mit ihren Erfahrungen und Kontakten nicht hinterm Berg, eine Nachricht auf unsere erste E-Mail erhielten wir prompt, umfangreich und fundiert. Ohne jede Starallüre treten uns die beiden strahlend entgegen, ein angeregter Austausch beginnt. Am nächsten Tag fahren wir gemeinsam zu einer ruhigen und abgelegenen Bucht in der Nähe des Hafens. Zusammen kochen wir, genießen ein paar Bier. Ihr Schatz an Storys ist unerschöpflich. Besonders Emil berichtet von schwierigen Verschiffungen, atemberaubenden Landschaften, Begegnungen mit tollen oder verrückten Menschen, aber auch von einem bewaffneten Raubüberfall vor zwei Jahren in Afrika, bei dem er angeschossen wurde – ein Ereignis, das dem Ehepaar noch immer in den Knochen sitzt. Trotz aller Unwägbarkeiten eines solchen Lebens, trotz des Alters von Mensch und Maschine: Für das Team Schmid gibt es keine Alternative und keinen Plan B. Ungern bereisen sie Länder mehrfach, somit wird die Suche nach neuen Reisezielen immer schwieriger, die Anreisen und Verschiffungen in die letzten Winkel unserer Erde immer aufwendiger. Am geplanten Tag unserer Weiterreise kommen die beiden zu unserem Stellplatz, um sich zu verabschieden. Wieder verwickeln wir uns in so interessanten Gesprächen, dass wir kurzerhand noch eine Nacht bleiben und auch den folgenden Vormittag mit den Reise-Urgesteinen verbringen.

Es ist still im Auto, als Anja und ich auf südlichem Kurs Richtung Kuching fahren. Draußen zieht monoton das bekannte Bild der Palmölplantagen an uns vorbei. Wir hängen unseren Gedanken nach, lassen die Gespräche nochmals Revue passieren, fragen uns: Wo wollen wir eigentlich mal hin? Was ist es, das uns ein Leben lang mit Zufriedenheit und Faszination erfüllen kann? Was kommt, wenn wir heimkehren?

In Kuching wollen wir unsere Weiterreise nach Indonesien planen. Auch auf Borneo sind wir in Land Rover-Kreisen dank der sozialen Netzwerke mittlerweile keine Unbekannten mehr. Schon am ersten Tag hier auf der Insel wurden wir von dem größten Offroad-Club Südborneos kontaktiert und eingeladen. Gerne nehmen wir an.

Als wir Paul, unserem Kontakt beim Club, schreiben, dass wir nun in Kuching seien, lädt er uns kurzerhand zu seinem Freund und Vorsitzenden des Vereins nach Hause ein. Der ist Muslim und feiert heute mit seiner Familie das Aidil Fitri-Fest – das Fastenbrechen des Ramadan. Paul geht hin, da es hier Tradition ist, an diesem Tag als Christ einen muslimischen Freund zu besuchen. Wir sind verunsichert, ob wir bei einem solchen Ereignis nicht fehl am Platze sind. Wir wollen nicht stören.

Man stelle sich vor: Bei uns ist Heiligabend, die Familie ist feierlich um den prächtig gedeckten Esstisch versammelt, da klingelt es an der Tür, und herein kommen ein muslimischer Freund mit zwei ebenfalls muslimischen Fremden. So in etwa ergeht es uns, als es Paul gelingt, unsere Bedenken zu zerstreuen. Und mehr noch, nicht nur wir kommen, sondern auch noch andere Mitglieder des Clubs treffen ein, um uns zu sehen. Sofort wird an der Tafel Platz für uns gemacht, zwei Stühle bereitgestellt und unsere Teller mit allerlei verschiedenem Gemüse, Fleischgerichten und Soßen überfrachtet. Wir werden herzlichst willkommen geheißen, jeder der großen Familie schüttelt unsere Hände und möchte ein paar Worte mit uns wechseln.

Am Abend fahren wir zu dem hübschen Haus in einem winzigen Dorf, das Paul und seiner Frau Rena gehört. Hier wohnen sie gemeinsam mit ihren drei Hunden – und natürlich drei Land Rovern. Wir beziehen unseren Campplatz auf der Wiese neben dem Haus, obwohl uns das Gästezimmer der beiden offen steht. Wieder ist die Gastfreundschaft, die wir nun schon einige Male auf dieser Reise erfahren durften, unfassbar. Die zwei kümmern sich rührend um uns, bereiten uns ein leckeres, typisch lokales Frühstück, führen uns zum Essen aus, richten einen Abend mit Freunden für uns aus, zeigen uns die Stadt.

Nach vier Tagen ist es Zeit für uns zu gehen und Adieu zu sagen. Ein letztes Mal hupe ich, Anja winkt aufgeregt aus dem Beifahrerfenster, als ihr eine Träne über die Wange rollt. Das gemeinsame Kochen in der gemütlichen Küche der beiden, gute Musik aus den 70er und 80ern, das häusliche Flair samt der Hunde und die mütterliche Art Renas bewirkten, dass wir oft an zu Hause und an unsere Lieben erinnert wurden.

Wieder haben wir tolle, selbstlose und interessierte wie interessante Menschen getroffen und ins Herz geschlossen. Das Ankommen und Abschiednehmen, das regelrechte Zurücklassen von gerade erst lieb gewonnenen Menschen sind Erfahrungen, die untrennbar mit einer solchen Reise verbunden sind. Die Neugierde auf das Ziel und der Weg dorthin sind die Kräfte, die uns immer weiter vorwärtstreiben, selbst fort von wunderbaren Orten und liebenswerten Menschen.

Vor uns liegt noch ein gutes Stück unseres Weges. Indonesien ist dabei ein Ziel, das mit seinen zahllosen Inseln einige Hindernisse und Herausforderungen bereithält.

Am Abend dieses Tages stehen wir gut gerüstet in der Nähe der kleinen Grenzstation zum Nachbarn und übernachten – in einer Palmölplantage.

Verzaubernd: Abendstimmung am Golf von Thailand.

Gib Gummi: Weiterverarbeitung von flüssigem Kautschuk zu Gummibahnen.

Die Frucht der Früchte: Die Fruchtstände der Ölpalme können bis zu 50 Kilogramm schwer werden.

Mittendrin statt nur dabei: Interessante Street-Art zum Anfassen in Georgetown.

Gassi fahren: ungewöhnlicher Beifahrer auf einem Moped in Thailand.

Nach getaner Arbeit: ausgedienter Land Rover am Wegesrand in den Camaron Highlands.

Für leichte Fracht: einfache Bambusfähre zur Flussüberquerung.

Wird die Wattiefe reichen? Flussdurchquerung im Dschungel von Malaysia.

Der Regen ist schuld: glitschige Nebenstrecke tief im Busch.

Schlammschlacht: Hier wären Gummistiefel wohl besser.

... und ewig brummt die Säge: Tropenholzstämme auf dem Weg zum Hafen.

Wo einst einmal Dschungel war: frisch angepflanzte Palmölplantage im Nordosten Malaysias.

Einmalige Begegnung: Selangor-Silberlangur im Bako National Park.

Klein, grün, giftig: Baumvipern sind auf Borneo verbreitet.

Jetzt wird es interessant: sehr steile Piste bei der Umrundung Bruneis.

Einmalig: Liliana und Emil Schmid mit ihrer Weltrekordurkunde.

Privatsphäre:

"... der Bereich, in dem sich jeder Mensch unbehelligt von äußeren Einflüssen frei entfalten kann ..."

„Hello Mister!“
Erfahrungen in der „Selfie-Nation No. 1“

„You have no luck today!“

Fragend schaue ich den Grenzbeamten an.

„There are no visas left.“

Wir stehen an der Grenze zu Indonesien und sind gerade sowohl zügig als auch unkompliziert aus Malaysia ausgereist. Auch auf indonesischer Seite ist das Einreiseprozedere beinahe abgeschlossen, der Major ist sozusagen schon drin: Er wurde durchsucht, alle Papiere überprüft und das Carnet ist abgestempelt, er darf also rein – nur wir nicht. "Schuld" sind das Ende des Ramadans und die damit verbundenen vierzehntägigen Feiertage. Das Visum, für das wir uns im Vorfeld entschieden hatten und welches normalerweise einfach an der Grenze erhältlich ist, wird eigentlich durch die Immigrationsbehörde ausgestellt. Während der Festlichkeiten ist diese aber komplett unbesetzt. Lediglich einen kleinen Stapel der „Visa on Arrival“ hat man der Notbesetzung am Grenzübergang dagelassen, der nun allem Anschein nach aufgebraucht ist.

Was tun? Zurück nach Malaysia bedeutet, dass der Major hier wieder aus dem Carnet ausgestempelt werden muss, er und wir erneut offiziell auf der anderen Seite einreisen müssten. Das würden wir nur sehr ungern machen.

Der Beamte, der sich als sehr hilfsbereit erweist und zudem glücklicherweise Englisch spricht, meint, er könne uns die Gratis-30-Tage-Tourist-Visa in die Pässe stempeln. Morgen, wenn die Immigrationsbehörde ihren Dienst nach zweiwöchiger Pause wieder aufnähme, könne er versuchen, die Visa umzuwandeln. Also gut: Uns ist klar, dass 30 Tage für die geplante Route durch Indonesien niemals ausreichen werden, aber mit seinem Vorschlag im Hinterkopf reisen wir ein. Was bedeutet schon ein Tag Wartezeit auf einer solchen Reise?

Kaum haben wir das weitläufige Grenzgelände hinter uns gelassen, als uns deutlich wird, wie einfach das Reisen in Malaysia doch war. Dort gab es Supermärkte, in denen wir leicht unsere Bedürfnisse decken konnten, es gab eine superausgebaute Infrastruktur, die Städte waren ordentlich und aufgeräumt, die meisten Menschen sprachen Englisch.

Hier sieht die Sache gleich auf den ersten Blick ganz anders aus: Alles ist viel einfacher, ein bisschen heruntergekommen, die Häuser ungepflegter, Nebenstraßen sind nicht asphaltiert, es gibt nur kleine kioskähnliche Verkaufsläden, wo man das Nötigste bekommt, die Straßen sind wieder mehr von Müll gesäumt. Wir nutzen diesen Tag, um uns auf Indonesien vorzubereiten. Wir besorgen uns Bargeld und eine SIM-Karte für unser Handy und merken schnell, dass wir mit Englisch nicht sehr weit kommen.

Als die Grenze am nächsten Morgen öffnet, sind wir längst da. Der Beamte vom Vortag versucht sein Bestes, aber unser kostenloses 30-Tage-Visum ist nicht umwandelbar. Also heißt es doch wieder aus- und neu einreisen – wie kompliziert. Um die Sache zu vereinfachen, lassen wir den Major einfach auf indonesischer Seite stehen und reisen als Fußgänger aus – jedenfalls fast. Die Jungs vom Zoll sind so hilfsbereit, dass sie uns kurzerhand in einem Dienstwagen rüber auf die andere Seite fahren, nur damit wir gleich nach Erhalt der malayischen Einreisestempel wenden, um sofort wieder auszureisen.

Diesmal klappts: Für je 30 US-Dollar erhalten wir das „Visa on Arrival" und haben von heute an 60 Tage Zeit, um Indonesien zu erkunden und den Weg bis nach Timorleste zurückzulegen.

In Malaysia haben wir öfter das Gespräch mit Einheimischen gesucht, die Problematik der Abholzung der Wälder angesprochen und über die Verbreitung der Ölplantagen diskutiert. Im Hinblick auf unsere weitere Route hörten wir beinahe unisono: „Wartet ab, bis ihr in Kalimantan seid, da ist es noch viel schlimmer!" Mag sein, dass der indonesische Teil Borneos noch mehr Flächen aufweist, die in Plantagen umgewandelt wurden. Als jedoch die ersten 300 Kilometer zurückgelegt sind, haben wir ein anderes Gefühl. Die Landschaft wird nicht so homogen und einseitig von den Plantagen dominiert. Fuhren wir auf malaysischer Seite oftmals stunden-, manchmal gar tagelang nur durch Palmölplantagen links und rechts der Straße, so ist die sanft hügelige Landschaft, die hier an unserem Fenster vorüberzieht, viel abwechslungsreicher. Es gibt Plantagen, Gärten, Wälder, ab und an geht es durch kleine Ortschaften. Unfassbar, mit welcher Begeisterung wir von den Menschen begrüßt werden. Erblicken sie unser blaues Gefährt, breitet sich ein strahlendes Lächeln über ihr ganzes Gesicht aus. Winkend und mit hochgerissenen Armen rufen sie „Hello Mister!" Vorüberfahrende Mopeds und Lkw hupen zur Begrüßung. Überhaupt hat sich das Bild des Straßenverkehrs sehr geändert. Es gibt weniger Verkehr, kaum Autos, sehr viele Roller und Mopeds, die zum Teil nur noch aus dem zur Fortbewegung Notwendigsten bestehen: Rahmen, Reifen, Motor und Lenker. Verkleidungsteile oder Scheinwerfer wurden demontiert oder sind vielleicht einem Unfall zum Opfer gefallen. Viele kleine Lkw erledigen hier jede erdenkliche Transportaufgabe. Kies, Holz, Sand, Ziegelsteine, Büffel, Ziegenherden und Schulklassen sind ganz alltägliche Ladungen.

Eine große Besonderheit des indonesischen Straßenverkehrs sind die Straßen selbst. Sie sind oft gar nicht so schlecht, teilweise aber so schmal, dass man das Gefühl hat, auf einem zweispurigen Radweg unterwegs zu sein. Kommen uns Autos oder Lkw entgegen, heißt es entweder Anhalten oder bei voller Fahrt auf den Kiesstreifen neben der Teerdecke auszuweichen.

Inzwischen regnet es fast jeden Tag, und zwar über viele Stunden heftigst. Wir verbringen viel Zeit im Auto und kommen gut voran.

Am 21. Juni, dem 342. Tag unserer Reise, überqueren wir den Äquator. Bei Tayan fahren wir auf einer schicken neuen Brücke über das breite Bett des Sungai-Flusses und somit, wohl kaum sinnbildlicher möglich, hinüber auf die Südhalbkugel. Von nun an wird die Sonne auf ihrer Bahn von Ost nach West gegen den Uhrzeigersinn ziehen, von nun an wird sich das Wasser in unserer Spüle linksrum drehend den Weg in den Ausguss suchen.

In Kumai machen wir Halt. Dort soll es eine der schönsten Orang-Utan-Auffangstationen geben, in der beschlagnahmte Tiere wieder auf ein Leben in freier Wildbahn vorbereitet werden. Leider gilt es in reichen Kreisen Asiens durchaus als angesagt, einen Orang-Utan als Haustier zu halten – zumindest solange sie nicht allzu groß sind. Bei der Jagd nach den begehrten

Babys erschießen die Wilderer oftmals das Muttertier, um ungehindert das junge Äffchen einfangen und verkaufen zu können. Werden die Affen zu groß und unbequem, landen sie hier. Auch Rodungsmaßnahmen im Dschungel bescheren der Station zahlreiche Tiere.

An einem Bootsanleger steigen wir aus, um uns einen Überblick über die Einrichtung, ihre Arbeitsweise und Schutzziele zu verschaffen – doch dazu bekommen wir gar keine Gelegenheit. Von Informationstafeln oder wenigstens Preisschildern fehlt jede Spur. Stattdessen werden wir sofort von Touranbietern belagert, uns werden Schnäppchen vorgerechnet, wenn wir jetzt ins Boot einsteigen, das hinüber zu der Halbinsel fährt, auf der sich die Anlage befindet. Dort gibt es drei „Fütterungsstationen“, wo die Affen zu festen Zeiten drei Mal täglich fotowirksam und auf gut einsehbaren Plattformen vor den Besuchern verpflegt werden. Uns ist nicht nur das Gedränge zu viel, sondern auch der genannte Preis kommt uns stattlich vor. Wir ziehen uns zurück, um uns zu beraten. Wie kann ein Wildtier seine natürliche Lebensweise wieder erlernen, wenn es täglich unter Beobachtung Dutzender Touristen zur immer gleichen Uhrzeit gefüttert wird? Werden die Tiere denn tatsächlich wieder ausgewildert? Aber wovon leben die Menschen dann hier, wenn alle Affen in die Freiheit entlassen wurden, die Auffangstation überflüssig wird und der Strom der üppig fließenden Eintrittsgelder verebbt? Uns kommt das Ganze wie eine gute Geschäftsidee vor, die im Kern vermutlich einem Besuch in einem reinen Orang-Utan-Zoo gleicht. Einem sehr teuren Zoo. Neben den Bediensteten, die unmittelbar in der Einrichtung beschäftigt sind, gibt es hier offensichtlich eine regelrechte Tourindustrie, die sich um die Touristen kümmert und von ihnen lebt. Da sind die kleinen Firmen mit ihren Booten, die verschiedene Fahrten zu der Halbinsel anbieten, genau wie die Shuttle Services, die die Besucher nach hier und wieder fortbringen, oder eine Vielzahl von Restaurants und Hotels, in denen die Touristen übernachten und sich verpflegen.

Nicht ohne Enttäuschung beschließen wir, lieber weiter zu fahren und die Affen nicht zu sehen.

Noch immer regnet es. Unsere Route sollte über Balikpapan im Nordosten Borneos gehen. Aufgrund des schlechten Wetters und des mühsamen Vorankommens auf den schmalen Straßen entscheiden wir uns aber, schon von Batulicin aus hinüber nach Sulawesi zu verschiffen.

Fünf Tage später werden wir morgens gegen 9:30 Uhr samt Major im winzigen Hafen der Stadt auf eine kleine Fähre verladen. Mit dabei sind nur vier leichtere Lkw und ein gutes Dutzend Roller sowie einige Passagiere. Pünktlich um elf legt das Schiff ab. Die Stadt und der Wald auf einer kleinen vorgelagerten Insel liegen noch immer im dichten Dunst, der sich nur zaghaft von der Sonne vertreiben lässt.

Goodbye Borneo. Wir stehen an der Reling und blicken hinüber, als die grünen Landmassen dieser riesigen Insel langsam kleiner werden. Nachdenklich und wortlos hängt jeder für sich den Erlebnissen und Eindrücken nach, die der sechswöchige Aufenthalt bei uns hinterlassen hat. Vieles war ernüchternd bis enttäuschend, was ohne Frage auch mit unseren falschen Erwartungen zu tun hat. Vieles war aber wunderschön, insbesondere die interessanten Begegnungen mit einer Vielzahl verschiedener Tiere in ihrem natürlichen Lebensraum.

Die Fähre schiebt sich zielstrebig aus der ruhigen Bucht dem offenen Meer entgegen. Beinahe 24 Stunden werden wir auf ihr verbringen. Sie ist als reines Transportmittel ausgelegt, ohne jeden Schnickschnack. Es gibt keine Cafeteria oder gar ein Restaurant. Frauen verkaufen in einem Gang neben Zigaretten auch selbst gemachtes Essen aus Eimern und Getränke in PET-Flaschen sowie Plastikbecher mit Instantnudeln. Auf dem Oberdeck gibt es Räume mit Schlafnischen. Um nicht zu vergessen, dass die meisten Inseln Indonesiens muslimisch sind, vielleicht aber auch, um den Muslimen an Bord eine Beschäftigung zu geben, erinnert der bordeigene Muezzin fünf Mal täglich über die Lautsprecheranlage ohrenbetäubend und mit schrägem Sound ans Gebet.

Als am nächsten Morgen die Küste Sulawesis sichtbar wird, liegen wir noch im Major. Umgeben von stickiger Luft und dem Motorenlärm des Schiffs haben wir den Eindruck, der Muezzin stünde direkt vor unserem Bett und singe nur für uns, als er seinen melodischen Gesang anstimmt.

Froh, diese Passage hinter uns zu haben, verlassen wir das Hafengelände Makassars.

Die Stadt ist deutlich größer als von uns angenommen. Dichter Verkehr zwängt sich durch die engen Straßen und vielen Baustellen. Überall Menschen, Autos, Roller, Staub, Hitze und Lärm. Der „Hello Mister!"-Gruß kommt nicht mehr nur unablässig von den vielen Passanten, sondern hat sich nun auch auf die Fahrer langsam vorübertuckernder Lkw ausgeweitet, die dem Ganzen noch mit ihrer Druckluftfanfare ein Krönchen aufsetzen und uns fast das Gehör aus dem Kopf tröten. Im Zentrum geht es ganz schön hektisch zu, trotzdem müssen wir hier einiges erledigen. Das Carnet de Passage für unseren Major ist immer nur ein Jahr lang gültig – und das ist bald rum. Daher haben wir beim heimatlichen ADAC ein Anschlusscarnet beantragt, welches seit einigen Tagen bei der DHL-Station hier in der Stadt auf uns wartet. Erleichtert fliehen wir nach seiner Abholung auf östlichem Kurs aus diesem Moloch, unser Weg führt ins Hochland.

"Verfolgt" von Wochenendausflüglern Makassars versuchen wir die Hauptstraße zu meiden und begeben uns bald auf kleine Nebenstraßen und Pisten. Diese schlängeln sich durch Reisterrassen, unterbrochen von Felsen oder Wald. Die Menschen leben in kleinen Gehöften, die aus Holz und Bambus errichtet sind und die sich einzeln oder als kleine Weiler in die Landschaft einfügen. Anja hat navigatorisch erneut einen kleinen Leckerbissen vorbereitet: Auf kleinen und kleinsten Pfaden, wohl eigentlich für Mopeds gedacht, verbindet sie zwei Hauptstraßen miteinander. Wir sehen unsere Chance, möglichst ungestört und authentisch die Region zu erkunden.

Kurz vor Anbruch der Dunkelheit gelangen wir in ein kleines Dorf, in dem sich dieser schmale Pfad gabelt. Die Leute, die auf dem Weg unterwegs sind, staunen nicht schlecht und beäugen uns neugierig. Vermutlich kommen hier ohnehin nur sehr wenige Autos vorbei, von ausländischen ganz zu schweigen. Wir fragen nach dem Weg in die nächste Ortschaft. Ein älterer Herr deutet auf die rechte Fahrspur, meint aber zeitgleich, dass es dort nicht weitergehe. Wir bedanken uns und setzen dennoch die Fahrt fort. Regen setzt ein, als wir auf der glitschigen Piste steil bergab fahren. Nach einer Kurve, die sich eng um einen Hügel windet und gleichzeitig noch immer sehr steil ist, erreichen wir ein kleines Plateau. Eine Frau kommt uns entgegen. In der Linken hält sie eine Machete, die Rechte sichert ein großes Bündel geernteter Früchte auf ihrem Kopf. Auch sie versucht uns zu erklären, dass wir hier nicht weiterfahren können. Aufgrund der hereinbrechenden Dunkelheit und des stärker werdenden Regens beschließen wir, an dieser Stelle die Nacht zu verbringen.

Kaum haben wir uns eingerichtet, kommen drei Jungs vorbei, einer spricht ganz gut Englisch. Er erklärt uns, dass der Weg weiter unten durch einen Erdrutsch versperrt ist, selbst mit Mopeds komme man dort nicht vorbei. Wir erläutern ihm unsere Lage und fragen, ob es okay sei, wenn wir hier übernachten. Ja, wäre kein Problem, aber wir könnten doch auch oben auf dem winzigen Dorfplatz stehen. Grob können wir uns vorstellen, wie das vermutlich ablaufen würde: Wir würden unablässig neugierig beobachtet und wären keine Sekunde alleine. Wir bedanken uns und verdeutlichen, dass wir uns hier wohler fühlen.

Eine halbe Stunde vergeht, als wieder vier Männer kommen. Inzwischen ist es stockfinster, und es regnet in Strömen. Auch sie versuchen uns zu überzeugen, zurück ins nahe gelegene Dorf zu fahren. Wir erklären, dass es uns zu gefährlich sei bei Dunkelheit und Regen diese steile, rutschige Piste wieder hinaufzufahren und versichern, dass es uns an nichts fehle. Nach einer Weile geben sie auf und ziehen ab. Uns schwant, was kommt, wir sind uns sicher: Das war nicht der letzte Besuch heute. Eine weitere halbe Stunde später kommt dieselbe Gruppe erneut. Dieses Mal versucht man, uns mit Horrorgeschichten von wilden Tieren und gefährlichen Erdrutschen ins Dorf zu locken. Wieder versuchen wir, so höflich wie möglich zu erklären, dass wir hierbleiben möchten. Nun scheint endlich Ruhe, wir glauben, sie haben unsere Entscheidung akzeptiert.

Wir liegen bereits im Bett, als Anja den Schein einer Taschenlampe wahrnimmt. Wir hören gleich neben unserem Auto Männer miteinander reden, jemand fummelt an der Heckstufe rum. Langsam wirds uns zu bunt. Ich ziehe das Rollo hoch und öffne das Seitenfenster, um zu fragen, was das Problem sei. Überrascht muss ich feststellen, dass draußen vor unserem Auto ungefähr 30 Männer mit Taschenlampen stehen. Es ist keine feindselige Stimmung, die Leute scheinen eher verunsichert und neugierig, weil sie so ein Fahrzeug noch nie gesehen haben. Der Bursche, mit dem wir uns anfangs unterhalten haben, ergreift das Wort und stellt einen dunkel gekleideten Herrn vor, der sich als Polizist erweist. Er trägt tatsächlich eine Uniformjacke, seine Flipflops hingegen wirken wenig offiziell. Zwar spricht er nur ein paar Brocken Englisch, verstehen kann er es aber ganz gut. Wir werden befragt, was wir hier machen, woher wir kommen und warum wir uns überhaupt hierher verfahren haben. Es wird übersetzt, durch die Menge geht ab und an ein Raunen, manche nicken. Für eine Sekunde erinnert die Situation an eine Menge hungriger Menschen vor dem geöffneten Fenster einer Eisdiele im Hochsommer.

Ich bin der Eisverkäufer ... Unsere Pässe werden kontrolliert und fotografiert, dann werde ich aufgefordert auszusteigen, angeblich für ein Foto. Ich verweigere mich mit dem Hinweis, dass ich die Situation als bedrohlich empfinde. Dann sollen wir hoch ins Dorf fahren.

Langsam haben wir genug, ich werde laut, was dem Polizisten merklich unangenehm ist. Ich frage noch einmal, was das Problem sei, ob er tatsächlich die Verantwortung übernehmen wolle, wenn das Auto auf der glitschigen, nassen Piste in der Dunkelheit den Abhang hinunterstürze? Erst als wir versichern, beim ersten Sonnenstrahl zurückzufahren, erklären die Männer sich einverstanden. Ich bitte den Polizisten, den Leuten aus dem Dorf zu erklären, dass er uns nun erlaubt habe, hier für diese Nacht zu bleiben und dass wir morgen gleich weiterfahren würden. Nachdem das geschehen ist, verschwindet einer nach dem anderen und bald ist es wieder still und finster, als wäre nichts gewesen.

Gleich um sechs am Morgen machen wir uns auf von hier zu verschwinden, bevor noch mal jemand aufkreuzt. Der Major krabbelt mühelos den Anstieg wieder hinauf. Im Dorf sehen wir einige wenige Bewohner, die uns hinterherwinken. Zunächst wollen wir nun zur Küste fahren, um uns ein wenig von der vielen Fahrerei der letzten Wochen zu entspannen, bevor wir uns weitere Teile der großen, unförmigen Insel anschauen. In Bira finden wir das, wonach wir suchen: feinster weißer Sandstrand und klares, azurblaues Meer. Traumhaft! Die Gewässer hier vor der Insel sollen wegen des hohen Artenaufkommens und der perfekten Sichtverhältnisse eines der Lieblingsreviere des legendären Tauchers, Forschers und Abenteurers Jacques Cousteau gewesen sein.

Kaum haben wir den Beach im Ort betreten, werden wir schon wieder belagert, gefragt, ob wir dies oder das kaufen möchten oder für morgen einen Bootsausflug buchen wollen ... Gruppen von jungen Leuten kommen auf uns zu, um sich mit uns per "Selfie" abzulichten. Die sozialen Netzwerke, insbesondere Facebook, sind bei der unglaublich starken jungen Generation Indonesiens noch beliebter als in Deutschland. Scheinbar ist ein Foto mit einem „Buleh“, wie die Ausländer hier genannt werden, im Netz hoch im Kurs. Meistens fragen die Teenager, stellen sich breit grinsend oder cool posierend neben uns auf und machen mit dem Handy den gewünschten Schnappschuss. Es gibt aber auch Fälle, in denen plötzlich einer neben mir steht, während ich auf Anja warte, seinen Arm um mich legt, sich wortlos mit mir ablichtet und dann wieder verschwindet, ohne ein Wort gesagt zu haben – und mich irritiert zurücklässt. Indonesien ist die „Selfie-Nation Nr. 1“ – das haben wir sehr schnell gelernt. An das Prozedere haben wir uns zwar gewöhnt, trotzdem gehen wir bald dazu über, die massenhaft anfallenden Anfragen nach dem gemeinsamen Foto abzulehnen, worüber auch niemand böse zu sein scheint.

Allmählich liegen meine Nerven blank. Ich habe das Gefühl, mich nirgends der Aufmerksamkeit der Leute und des Lärms um uns herum entziehen zu können. Anja ist entspannter, kann mit der Lage besser umgehen. Bei mir breitet sich gerade der Südostasien-Koller aus. Seit ungefähr neun Monaten sind wir nun in der Region. Das bedeutet immer viele Menschen um uns herum. Oft sind die Gegenden, die wir durchfahren, von Siedlungen, Reisfeldern, manchmal dichtem Dschungel und eben Straßen geprägt. Freie, unberührte Landschaften, in denen man sich samt Auto zurückziehen könnte, gibt es so gut wie nicht. Dafür aber immer Lärm, sobald man auf der Straße oder in den Städten unterwegs ist. Irgendwie stehen die Asiaten auf laut: Mopeds, die keinen Auspuff haben oder aber einen, der zur Soundoptimierung mit einem Bohrer traktiert wurde; Trucks, deren Abgasanlage einen Durchmesser hat, dass man fast den Kopf hineinstecken könnte – natürlich „custom build“ und frei von jeder schalldämpfenden Wirkung; laute Musik und dröhnende Bässe und nicht zu vergessen: hupen, hupen, hupen ...

Eine der vielen lehrreichen Lektionen unserer Reise ist: Der Begriff der Privatsphäre ist mindestens genauso dehnbar wie ein Kondom, die Schwelle, ab wann man Lärm als störend empfindet, ebenfalls. Beides ist untrennbar mit dem kulturellen Background verknüpft. Überhaupt erscheinen der unübersehbare „Individualisierungswahn“ und die oft zu beobachtende übersteigerte Selbstwertschätzung in unserer Heimat als vorwiegend typisch westliche Attribute. Hier in Asien ist für solches Ego-Gehabe schlichtweg kein Platz, alles wirkt viel ausgeglichener. Keiner schreit rum, pöbelt oder macht sich wichtig, alle sind entspannt und gelassen. Fast überall werden wir mit einem strahlenden Lächeln begrüßt. Bei den vielen Stunden, die wir hinter dem Steuer verbringen, ist der Straßenverkehr eines der wohl eindrücklichsten Beispiele hierfür. Das Treiben auf den Fahrbahnen lässt sich wohl am besten mit dem Gewusel auf einer gut gefüllten Tanzfläche vergleichen.

Alle bewegen sich in verschiedene Richtungen hin und her, und jeder ist bemüht, weder seinem Tanzpartner auf die Füße zu treten noch ein anderes Pärchen anzurempeln. So ist es hier auch: Alle fahren, kurven umher, auch gerne mal mit dem Moped auf der falschen Fahrspur oder dem Gehweg. Aber alle sind vorsichtig unterwegs, rücksichtsvoll und recht langsam. Natürlich kommt es dennoch in dem Durcheinander oft genug zu Beinahe-Zusammenstößen, das konnten wir einige Male beobachten. Jedoch regt sich niemand auf, brüllt oder hupt den anderen an, besteht auf seiner Vorfahrt oder wird gar handgreiflich. Gab es bei uns nicht schon Todesfälle im „Kampf" um einen Parkplatz? Nein, hier fährt man einfach weiter, oft vollkommen wortlos, ohne viel Aufsehens – jeder macht halt mal Fehler …

Mir wirds dennoch langsam zu viel. Ich sehne mich nach Ruhe, Stille, Abgeschiedenheit, Einsamkeit. Aber klar, warum fährt ein Kerl wie ich, dessen bevorzugte Reiseziele Skandinavien jenseits des Polarkreises, die unglaublichen Weiten Kanadas und die menschenleeren Wälder Alaskas sind, auch einmal quer durch Asien? Well, there was no way around it ...

Außerhalb des Städtchens finden wir eine verlassene Ferienanlage. Optimal, um die Seele baumeln zu lassen, neue Kraft zu tanken und Pläne zu schmieden.

Wer nach Sulawesi fährt, sollte eines nicht versäumen: das Land der Toraja zu besuchen. Etwas südlich des Herzens der Insel hat sich oben im Hochland vor über zweitausend Jahren ein ehemaliges Seefahrervolk niedergelassen. Noch heute leben die Toraja ein sehr traditionsbewusstes, einfaches Leben, das vom Reisanbau und der Zucht von Schweinen und Wasserbüffeln dominiert wird. Ihre einzigartigen Häuser aus Holz und Bambus ruhen auf Stelzen, die Giebelwände sind steil nach oben gezogen, wodurch das Dach sattelförmig wirkt und tatsächlich ein wenig an Bug und Heck eines Schiffes erinnert. Die Längsachse der Gebäude ist stets exakt in Nord-Süd-Richtung ausgerichtet. Die Bauweise ihrer Häuser ist aber nicht das Einzige, was das Leben der Toraja so besonders macht, viel bemerkenswerter ist ein für uns obskurer Totenkult. Verstirbt ein Mitglied der Familie, wird es einbalsamiert und bis zur Beerdigung in der Mitte seiner Lieben aufbewahrt. Von Juli bis September ist „Beerdigungssaison". In der Zwischenzeit bleibt der Tote im Haus seiner Familie, wird besucht und nimmt – wohl eher passiv – am Alltag, wie zum

Beispiel gemeinsamen Mahlzeiten, teil – unabhängig davon, zu welchem Zeitpunkt im Jahr er verstorben ist. In der Zwischenzeit wird die Beerdigung als ein Riesenfest mit Hunderten von Gästen vorbereitet. Es ist das Ereignis, auf das alle Toraja ihr Leben lang hinarbeiten. Am Ende gilt es, ihren Angehörigen einen würdigen Abschied zu bereiten. Während der Zeremonie selbst geht es keineswegs still und beklommen zu, vielmehr wird laut und ausgelassen gefeiert. Denn nach Überzeugung der Toraja tritt der Tote bei dieser Feier seine Reise in ein besseres Leben im Jenseits an, und dies soll er nicht alleine tun. An dieser Stelle wird den Büffeln und Schweinen eine besondere Rolle zuteil. Sie symbolisieren nicht nur auf der Erde gesellschaftlichen Stand und Reichtum, sondern auch drüben auf der "anderen Seite". Somit wird je nach gesellschaftlichem Rang während der Feierlichkeiten eine oftmals nicht unerhebliche Menge an Vieh geschlachtet, damit auch dessen Seelen die des Verstorbenen begleiten. Hierbei können schnell ein paar Dutzend Tiere ihr Ende finden. Die Schlachtung erfolgt recht archaisch und ist für uns verweichlichte Westeuropäer nur schwer verdaulich: Den Tieren wird schlichtweg die Kehle durchtrennt, woraufhin sie, allmählich verblutend, umherlaufen. In Tümpeln von Blut werden die Tiere ausgeweidet, um sie im weiteren Verlauf der mehrtägigen Festlichkeiten zu verspeisen.

Obwohl wir mehr durch Zufall genau während der Beerdigungssaison hier sind, verzichten wir aufgrund des Gemetzels auf die Möglichkeit, an einer solchen Beisetzung teilzunehmen. Fotos und Erzählungen anderer Traveller haben uns gereicht. Lieber bestaunen wir einige Tage die imposanten Häuser der Torajas und auch die Fels- und Höhlengräber, in denen die sterblichen Überreste der Toten in kunstvoll verzierten Holzsärgen eingebettet werden. Von in den Fels gehauenen Galerien blicken lebensgroße Puppen herab. Aus Holz gefertigt, angekleidet und mit Schmuck, Gehstock, Hut und Brille ausstaffiert, wirken sie verblüffend echt und bilden das Antlitz der in diesem Fels Ruhenden nach.

Kurz überlegen wir, die Insel auch weiter nördlich zu erkunden, allerdings war der Weg nach hier oben so beschwerlich, dass wir beschließen, zurück nach Bira zu fahren. Für die knapp 400 Kilometer lange Anreise ins Reich der Toraja brauchten wir zwei volle Tage, so schlecht sind die Straßen.

In engen Serpentinen führt uns der Weg auf extrem schmalen Straßen dicht an den Fels geschmiegt hinunter auf Meeresniveau. In einer der zahllosen

Kurven kommt uns ein weißer Pkw des Gegenverkehrs gefährlich nahe, zu nahe. Sein rechter Spiegel zerspringt im hinteren Radhaus des Majors in Hunderte Stücke.

Kurz vor Bira machen wir noch mal halt. Mit einem duftenden Kaffee aus der Major-Küche in der Hand steuern wir auf ein kleines Mäuerchen zu, an dem entlang die wenig befahrene Landstraße verläuft. Wir genießen gerade den Blick über das Meer und die angenehme Brise, die von dort herüberweht, als auf der Straße hinter uns ein Roller hält. Ich drehe mich um, die Sozia streckt wortlos den Arm aus, als wolle sie mir etwas geben. Reflexartig strecke auch ich ihr meine Hand entgegen, sie legt etwas Feucht-Kaltes hinein. Dann winken beide und brausen davon. Anja und ich schauen erst uns verdutzt an, dann die kleine Schildkröte, die sich in meiner Hand befindet.

Schon als Kind war ich von diesen urzeitlichen Panzerwesen fasziniert. Im Hirn eines Zehnjährigen stellten sie die direkten Verwandten der Dinosaurier dar, für die ich eine noch viel größere Faszination verspürte. Alles Betteln und Flehen half, schließlich gestatteten mir meine Eltern, zwei Schildkröten als Haustiere halten zu dürfen. Damit sie in meinem kleinen Kinderzimmer und den übergroßen Aquarien ein möglichst artgerechtes Dasein fristen konnten, las ich mir einiges an interessantem Wissen an, was die verschiedenen Arten und ihre Lebensgewohnheiten betraf. Jetzt kann ich davon profitieren: Ich erkenne sofort, es ist eine Wasserschildkröte – aber keine Meeresschildkröte. Wie die beiden auf dem Roller zu dem Tier kamen, bleibt eine unbeantwortete Frage. Vermutlich hatten sie es beim Überqueren der Fahrbahn aufgelesen.

Was tun? Erst einmal herausfinden, was genau „Paul Panzer" für eine Schildkröte ist. Dazu braucht es Geduld, denn unser acht Zentimeter großer Freund hat vor Schreck Beine, Schwanz und Kopf tief im Inneren seines Panzers in Sicherheit gebracht. Bald aber hat er sich an seine neue Umgebung in unserer grünen Spülschüssel gewöhnt, streckt schüchtern seinen spitzen Kopf hervor und gibt uns so die Möglichkeit, ihn als eine Schneckenfresser-Schildkröte zu identifizieren. Laut Google lebt die Art in kleinen Flüssen und Teichen oder sogar in nassen Reisfeldern. Unser GPS zeigt keines solcher Habitate in unserer näheren Umgebung an, und so setzen wir unsere Fahrt in Gesellschaft von „Paul Panzer" fort – immer mit mindestens einem Auge auf der Suche nach einem passenden Gewässer.

Es wird dunkel, längst haben wir Bira erreicht, keinen Teich gesehen und keinen Bach oder Fluss überquert. Uns bleibt nichts anderes übrig, als Paul ein Quartier im Major zu bereiten. Nur für ihn kaufen wir Fisch, den wir zum Abendessen zubereiten und von dem er ein Stückchen abbekommt, Schnecken waren leider aus. In der Spülschüssel befinden sich nun etwas Wasser, ein Stein als Deckung und verschiedene Blätter, die zusammen mit dem Fisch als Nahrung dienen sollen. Wir wollen gute Gastgeber sein, aber Paul zeigt sich von all unseren Mühen gänzlich unbeeindruckt und verkriecht sich beleidigt in einer Ecke zwischen Stein und Schüsselwand.

Etwa 20 Kilometer westlich von Bira gibt es einen Fluss. Am Morgen packen wir zusammen, um unseren Gast wieder in seine Freiheit zu entlassen und uns gleichzeitig diese Region näher anzuschauen. Tatsächlich kommen wir recht bald an einer Reihe kleinerer Gewässer vorbei. Da wir aber mittlerweile wissen, dass diese Art der Schildkröten bei den Indonesiern auf dem Speisezettel stehen, warten wir, bis wir an einen schmalen Bach gelangen, der nicht gleich von Häusern umgeben ist. Wir stoppen, setzen Paul wenige Zentimeter vom milchig-trüben Wasser entfernt auf der Erde ab und beobachten, wie er ohne zu zögern seine Beine hervorstreckt, um ins Wasser zu sprinten und sich so vor uns in Sicherheit zu bringen.

Erleichtert, unsere unfreiwillige Mission erfolgreich ausgeführt zu haben, gehts zurück nach Bira, denn heute Abend wollen wir eine Fähre nutzen, die uns hinüber bringen soll nach Flores. Indonesien besteht aus 17.000 (!) Inseln und Inselchen, alle größeren sind recht gut durch ein Netz von Fähren verschiedener Linien miteinander verbunden, die mehr oder weniger zuverlässig verkehren. Auf die Einhaltung der Abfahrtszeiten braucht man jedenfalls nicht zu hoffen, es kann sogar vorkommen, dass die Schiffe früher fahren als auf dem Fahrplan angegeben. Normalerweise legt der Kapitän ab, sobald die Fähre voll ist. Daher macht es Sinn, deutlich früher am Kai zu sein. Wir finden uns gegen Mittag dort ein, um zunächst eine Fahrkarte zu kaufen. Man vertröstet uns auf vier Uhr, um vier auf sieben und um sieben auf neun Uhr. Seit sechs haben wir den winzigen Hafen nicht mehr verlassen, denn das Treiben rund um das Gelände hat deutlich zugenommen und wir möchten auf jeden Fall einen Platz auf der Fähre ergattern. Falls uns das nicht gelingt, hieße es eine ganze Woche warten ...

Als der Schalter öffnet, drängt sich eine große Traube Männer um das hell erleuchtete Fenster des kleinen, weißen Gebäudes. Ich bin mitten unter ihnen und heilfroh, als ich mithilfe von Händen und Füßen so was wie eine Fahrkarte für uns und den Major für die gewünschte Passage erstehen kann. Der Schnipsel Papier erinnert an einen Wertbon aus einem heimischen Bierzelt. Nun heißt es warten. Wir stehen in einer Schlange von Fahrzeugen auf dem schmalen Kai. Vor allem Dutzende Roller und einige hoch beladene Lkw wollen aufs gleiche Schiff. Als es endlich anlegt und sich die stählerne Laderampe quietschend absenkt, ist uns vollkommen schleierhaft, wie all diese Fahrzeuge in den Bauch der Fähre passen sollen. Wir hörten von anderen Travellern, die im letzten Fahrzeug saßen, welches eben nicht mehr mitkam. Genau vor ihrer Nase wurde die Laderampe wieder hochgezogen. Frustriert blieben sie bis zur nächsten Fähre genau dort auf dem Pier stehen, aus Angst, wieder nicht mitzukommen, wenn sie ihren Platz aufgäben. Vier Tage ohne jeden Schatten mitten auf dem Pier ... Darauf haben wir keine sonderliche Lust!

Geduldig beobachten wir das chaotische Treiben, das sich zwischen uns und der Fähre abspielt. Männer tragen Berge von Kartons und Kisten an Bord, Handkarren transportieren schwerere Fracht hinein. Ein Lkw wird in der Dunkelheit rückwärts auf das Schiff bugsiert, damit viele helfende Hände eine ganze Fuhre Wassermelonen abladen können. Als mein Blick umherschweift, glaube ich in der Finsternis neben unserem Auto etwas umherlaufen zu sehen. Ich greife zur Taschenlampe. Entlang der Fahrzeugschlange wuseln unzählige Mäuse und vor allem Kakerlaken, einige erstaunlich groß. Von unserer Lampe angestrahlt, suchen sie rasch Deckung in Ritzen und unter Steinen, bevor sie sich wieder über die Abfälle und Essensreste hermachen, sobald das Licht erlischt. Hoffentlich findet keiner der Gesellen den Weg in unser Auto.

Eine grell klingende Trillerpfeife unterbricht unsere Lethargie des Wartens – es geht los, die Verladung der Fahrzeuge beginnt. Wir haben Glück: Als vorletztes Auto wird der Major an Bord gewunken. Gott sei Dank! Um uns herum werden Säcke mit Zwiebeln und Kartoffeln aufgestapelt, irgendwo krähen abwechselnd zwei Hähne. Noch schnell werden einige Paletten hineingeschoben, dann schließt sich die Laderampe. Leider befindet sich auf dreien von ihnen sorgfältig gestapelter Trockenfisch, dessen penetranter, übler Gestank auch den letzten Winkel des Laderaums durchströmt. Erst mitten in der Nacht gegen 2:30 Uhr wird der Kahn ablegen.

Das Schiff ist flott erkundet: Über dem Autodeck befindet sich ein großer, rudimentär eingerichteter und wartesaalähnlicher Raum. Auf den Stühlen und dem gesamten Fußboden haben es sich die Passagiere und Fahrer mehr oder weniger bequem gemacht. Obwohl die Überfahrt nach Labuanbajo über 24 Stunden dauert, kann man nichts zu essen oder zu trinken kaufen. Während wir uns in den Major zur Nacht zurückziehen, denke ich an die vielen Fahrten auf den Fähren zwischen Kiel und Schweden, die ungefähr die gleiche Zeit benötigen. Dort gibt es Bars, Restaurants, Livemusik, Duty-free-Shops, Weinverkostungen. Allerdings kostet dort das Ticket auch ein wenig mehr ...

Grelles Licht durchströmt die Belüftungsöffnungen in der Bordwand. Es ist früh morgens, dennoch brennt die Sonne bereits jetzt heiß auf uns hinunter. Wir legen an.

Das kleine Städtchen Labuanbajo ist ein absolut typisches Touristenkaff, wie wir es schon einige Male überall auf unserer Route erlebt haben. Insbesondere entlang der Hauptstraße reihen sich Tauchschulen, Restaurants, Touranbieter, Cafés und kleine recht gut sortierte Supermärkte aneinander. Die verdreckten, staubigen Straßen werden von ungezählten „Weißgesichtern" bevölkert, Touristen, die aus allen Winkeln der Erde kommen. Was macht diesen Ort so besonders? Es ist die Nähe zur Inselgruppe der Komodoinseln, auf denen es das einzige Vorkommen eines besonderen, ebenfalls urzeitlichen Lebewesens gibt: des Komodowarans. Die Inseln selbst und auch die Gewässer drum herum wurden schon vor geraumer Zeit zum Nationalpark erklärt, was einerseits die Warane in ihrer Existenz schützt, andererseits den Fischreichtum der angrenzenden Gewässer bewahrt und ihn somit ungewöhnlich üppig erscheinen lässt. Daher haben sich zwei Touristenattraktionen besonders herausgebildet: die Komodowarane auf den Inseln und Tauchausflüge zu den Fischen und Korallen vor den Inseln. Die vielen dicht aneinander gedrängten Ausflugsschiffe verschiedener Größe hier in der Bucht verraten, dass Labuanbajo der perfekte Ausgangspunkt für eine Exkursion zum Nationalpark ist.

Schon für den nächsten Tag können wir eine Fahrt mit einem kleinen Schiff klarmachen. Gleich um acht gehts los, mit an Bord sind zwei weitere Pärchen, die sich wie wir auf ein Rendezvous mit den weltgrößten Landechsen freuen. Tief in unserem Inneren haben wir die Befürchtung, dass dieser Ausflug ein typischer Touristenrummel wird, wie wir ihn nicht mögen, zumindest die Vorzeichen in dem Hafenstädtchen deuten darauf hin. Als wir jedoch an dem schmalen Anleger auf der Insel Rinca festmachen und den Nationalpark betreten, sind wir angenehm überrascht. Nur sehr wenige andere Touristen bereiten sich gerade auf einen Ausflug ins Umland vor, als wir dazustoßen. Die herumsitzenden Ranger und Tourguides sind jedenfalls in der Überzahl. Unserer Minigruppe werden zwei Ranger zugewiesen. Mit circa 2,50 Meter langen Stöcken, die an ihrem Ende eine Art v-förmige Gabel aufweisen, flankieren sie unseren Trupp. Diese „Bewaffnung“ soll uns vor etwaigen Angriffen der Echsen schützen, indem das Tier im Falle des Falles mit der Forke fixiert und auf die Erde gepresst wird.

Als wir tatsächlich gleich hinter dem letzten Gebäude der Parkverwaltung auf drei oder vier halbwüchsige Warane treffen, scheint diese Vorsichtsmaßnahme vollkommen übertrieben. Faul dösen sie in der heißen Mittagssonne, ohne sich an unserer Anwesenheit im Geringsten zu stören. Während ich mich den Tieren nähere, um einige Fotos zu schießen, klärt uns einer der beiden Ranger über die respekteinflößenden Fakten dieser Tiere auf. Sie sind nicht immer so faul, wie sie gerade erscheinen, im Gegenteil. Befinden sie sich auf der Jagd, können sie für kurze Zeit enorme Geschwindigkeiten entwickeln – zumindest auf gerader Strecke. Ihre Taktik klingt zum Erschauern: Alles, was sie tun müssen, ist ihr Opfer einmal richtig zu beißen, egal wohin. Wohl wissend, dass sie Giftzähne besitzen und ihr Speichel voller übler Bakterien ist, scheuen sie jeden anstrengenden oder gar für sie gefährlichen Kampf, sondern lassen das Opfer ziehen und warten ab. Es ist nicht das Gift, das tötet. Das Gift erleichtert den Bakterien nur das Eindringen und die Verbreitung im Körper. Einmal im Blut bewirken sie, dass sich die Organe allmählich zersetzen, was unweigerlich zum baldigen Tod des Gebissenen führt. Selbst Menschen haben nur dann eine Chance, wenn sie innerhalb kurzer Zeit medikamentös behandelt werden. Was macht der Waran? Er spürt seine Beute auf, nachdem sie verendet ist, und frisst sie mit Haut und Haaren. Übrig bleiben beispielsweise nur Geweihe und Hufe.

Mittlerweile haben sich die Augen der Echse, die ich im Visier habe, geöffnet. Aufmerksam, beinahe wie ein Hund, verfolgt sie jede meiner Bewegungen. Plötzlich bin ich froh, dass die beiden Jungs mit den Stöcken da sind.

Auf einer knapp anderthalbstündigen Wanderung sehen wir leider keine aufregende Jagdsequenz oder auch nur einen einzigen weiteren Waran, der vor uns ins Unterholz flüchtet. Vielmehr trotten wir schwitzend in brütender Hitze durch diese weite, karge und verdorrte Hügellandschaft, die als Kulisse für einige Szenen von Jurassic Park gedient haben könnte.

Zurück in Labuanbajo gibt es für uns keinen Grund, länger zu bleiben. Entlang der Küste fahren wir in östliche Richtung. Die Insel offenbart sich ganz anders als Sulawesi. Das Land entlang des Küstenstreifens ist vollkommen trocken. Es gibt nur wenig Vegetation, die meisten Kämme der Hügel und Berge, die sanft ins türkisblaue Meer abfallen, sind kahl und nur mit vertrocknetem Gras bedeckt. Landwirtschaft gibt es hier unten fast keine, abgesehen von wenigen winzigen, sehr einfachen Gehöften, um die herum sich kleine Ziegenherden tummeln. Erst als wir hinauffahren in die Berge, ändert sich das Bild. Es gibt wieder grünen, dichten Dschungel, Reisfelder und Kaffeeplantagen.

Trotz des geringen Verkehrs geht es auf den schmalen, sich windenden Straßen nur zäh vorwärts. Es gibt einige interessante Highlights: heiße Quellen, in denen man baden kann, die berühmten drei Vulkankraterseen des Kelimutu, in die man von einer erwanderten Plattform aus gleichzeitig hineinschauen kann, gut erhaltene traditionelle Dörfer wie Bena, die dem Reisenden einen Blick in vergangene Zeiten gewähren, die Inselgruppe der "17 Islands", die zum Schnorcheln in zauberhafte Unterwasserwelten einladen.

Obwohl es uns auf dieser indonesischen Insel, wo man an Touristen schon eher gewöhnt ist, leichter fällt Ruhe und geeignete Stellplätze zu finden, sind wir nicht mehr so richtig zu begeistern. Australien rückt immer mehr in greifbare Nähe und übt zunehmend eine geradezu magnetische Anziehungskraft auf uns aus. Mir fällt es immer schwerer, die nötige Akzeptanz und Freundlichkeit gegenüber den fremden hiesigen Sitten zu finden. Als wir in der Nähe von Ende eines morgens an einem recht einsamen Strand bei geöffneten Hecktüren das dramatische, meterhohe Wellenspektakel bewundern, werden wir von einigen vorbeifahrenden Rollerfahrern entdeckt. Neugierig halten sie an, klettern durch das Gebüsch, um hinter unser Auto zu gelangen und nachzusehen, was das für eine blaue Kiste ist. Anja zieht sich gerade an, ich putze mir die Zähne, als sie freundlich grüßen und uns dann einfach zugucken, wie wir die Dinge machen, die man morgens halt so macht. Zu viert stehen sie da und glotzen, ohne dass es ihnen unangenehm oder peinlich zu sein scheint ... Ein anderes Mal halten wir, um eine Pinkelpause zu machen. Wir sind bereits ausgestiegen und haben die Hosen schon fast unten, als zwei weitere Fahrzeuge des nachfolgenden Verkehrs mitten auf der Landstraße stoppen, um uns zu fotografieren und uns ein „Hello Mister!" entgegen zu schleudern. Diese Art von Situation ist kein Einzelfall. Die Leute hier sind äußerst nett, freundlich und hilfsbereit, aber halt auch sehr aufdringlich und kommen sehr nahe – uns oft zu nahe. Wer intensive, hautnahe Erfahrungen mit anderen Kulturen sucht und auf Tuchfühlung mit fremden Lebensweisen gehen möchte, ist hier sicherlich genau richtig. Für uns ist es zu viel.

Larantuka liegt am östlichen Rand dieses lang gestreckten Eilands. Hier soll unser Abfahrtshafen zur Insel Timor sein, der letzten Station, bevor wir den Sprung auf den Roten Kontinent wagen. Auf guten Straßen führt uns der Weg von Ende aus innerhalb von zwei Tagen in die Hafenstadt. Der Ort ist übersichtlich, wir fragen uns durch und stehen gegen 21 Uhr auf dem Hafengelände in einer Reihe Kleinlaster, die wohl auch alle morgen hinüber wollen nach Kupang.

Der Tag der Verschiffung beginnt alles andere als schön. Auf Anraten eines Hafenpolizisten schleiche ich seit sechs Uhr morgens um das Ticketgebäude herum. Wir sind gewarnt und wissen, dass auch auf diesem Schiff nicht unendlich viel Platz sein wird. Jedoch war das frühe Aufstehen vollkommen überflüssig, denn der Ticketverkauf startet erst um acht. Als ich dann endlich – und immer noch ohne Frühstück – an der Reihe bin, steckt uns der Mitarbeiter der Fährgesellschaft in eine falsche Fahrzeugkategorie und berechnet beinahe den doppelten Preis. Ich diskutiere, lamentiere, zeige ihm die Preistafel und deute wieder und wieder auf die eigentlich richtige Kategorie. Am Ende unserer Konversation, die ohnehin fast ausschließlich mit Händen statt mit Worten geführt wurde, legt mein Gegenüber mir das teurere Ticket vor die Nase und beendet mit einer deutlichen Handbewegung all mein Bemühen. Basta – friss oder stirb. Was sollen wir machen? Wir wollen mit, es bleibt uns nichts anderes übrig, als den Preis zu zahlen. Als mir im Gegenzug dann noch ein Ticket ausgehändigt wird, welches einen geringeren Wert ausweist, dafür aber eine für mich nicht lesbare handschriftliche Notiz trägt, koche ich innerlich vor Wut. Ganz offensichtlich wurde hier der reiche Ausländer übers Ohr gehauen.

Zurück im Auto wartet Anja mit dem Frühstück. Die Geschichte ist kaum zu Ende erzählt und der Kaffee noch nicht ausgetrunken, da wird auch schon verladen. Hektisch packen wir zusammen. Ich setze gerade an, den Major rückwärts auf die Rampe zu fahren, als Anja aufschreit. Eine Spinne recht stattlicher Größe ist dicht an ihrem Sitz vorbei gehuscht, um dann mit einem erstaunlichen Sprung im Durchgang zur Kabine zu verschwinden. Trotzdem müssen wir zuerst das Lademanöver beenden, bevor wir klären können, wohin sich das ungebetene Krabbeltier verkrochen hat.

Endlich an Bord machen wir uns daran, das Auto hinten auszuräumen. Neugierig beobachten uns einige der anderen Passagiere. Zusammengekauert hinter einer Box sitzt das Vieh. Wir überlegen noch, wie wir es aus dem Auto befördern, als einer der jungen Männer entschlossen in unseren Wagen springt, nach einer kurzen Verfolgungsjagd unseren blinden Passagier an einem der vielen Beine packt und ihn durch die offene Tür hinausbefördert.

Noch immer hat die „Ile Ape“ nicht abgelegt, als plötzlich ein Polizist neben dem Major auftaucht und uns anspricht. Er hatte anfänglich bei meinem Disput mit dem Kassierer übersetzt und sich irgendwann zurückgezogen, was ich als weiteres Indiz für ein abgekartetes Spiel wertete. Der Mann verlangt nach unserem Ticket, fragt, wie viel wir bei den anderen Passagen in Indonesien zuvor bezahlt haben. Zwar haben wir die alten Tickets nicht mehr, aber wir können ihm die Einträge in unserem Kassenbuch zeigen. Ein Mitarbeiter der Fährgesellschaft wird hinzugezogen, gemeinsam vermessen sie vor einer großen Zuschauerzahl unser Gefährt. Dann verschwinden sie mit unserem Ticket. Noch während wir uns fragen, was wohl nun passieren wird, erscheinen die beiden Männer wieder, um uns ein neues Ticket zu bringen samt der Differenz, die wir zu viel bezahlt hatten. Sie entschuldigen sich mehrfach, selbst das als Dankeschön gedachte Trinkgeld lehnen sie kategorisch ab. „Alles muss seine Richtigkeit haben!“

Mit diesem Ereignis wendet sich der Verlauf des mies angefangenen Tages. Wir sind positiv überrascht über so viel Ehrlichkeit und schämen uns gleichzeitig, sofort betrügerische Absichten unterstellt zu haben.

Ruhig gleitet die kleine Fähre über die glatte See. An Bord geht es entspannt zu. Das Autodeck ist dieses Mal nicht voll, es gibt viel Platz, um etwas umherzulaufen. Familien breiten Decken aus, um sich darauf niederzulassen. Wenn wir unsere Türe öffnen, müssen wir vorsichtig sein, um nicht jemanden damit am Kopf zu treffen oder auf jemanden zu treten, so dicht liegen und sitzen die Leute zwischen den Fahrzeugen. Neben den wenigen Lkw und Rollern gibt es wieder viel lose Ladung wie zum Beispiel Hühner und Schweine in Holzkäfigen – leider auch wieder palettenweise stinkenden Trockenfisch …

Wir sind erst zwei Tage in der Gegend um Kupang, da werde ich krank. Es beginnt nachts, als ich schwitzend und fröstelnd aufwache und mir eine Decke suche. Am Morgen zeigt das Fieberthermometer knapp unter 39, ich fühle mich matt und niedergeschlagen, Arme, Nacken und Rücken schmerzen. Glücklicherweise stehen wir auf einem menschenleeren Campplatz am Strand, wir bleiben einfach hier, ich schlafe und döse fast den ganzen Tag. Am nächsten Morgen fühle ich mich zunächst deutlich besser, auch das Fieber ist verschwunden, aber schon am frühen Abend kehren die Beschwerden zurück. Die Gliederschmerzen und das Fieber sind wieder da, sogar noch etwas höher. Hat mir etwa einer der vielen und unvermeidbaren Mückenstiche auf Flores eine Malaria eingebracht?

Die östlichen Inseln von Indonesien inklusive Flores und Timor sind Malariagebiete. Die Symptome wären charakteristisch, insbesondere das Wechselfieber ist typisch, auch die Regelinkubationszeit passt. Zwar haben wir in unserer Bordapotheke ein Antimalaria-Medikament, jedoch wollen wir unser einziges „Pulver“ nicht verschießen, wenn die Diagnose nicht bestätigt und außerdem ein Krankenhaus in der Nähe ist. Auch die möglichen Nebenwirkungen dieses starken Medikaments überzeugen uns, in die Stadt zu fahren und mich bei einem Doktor vorzustellen.

In diesem Moment zahlt es sich voll aus, dass wir beide regelmäßig den Major lenken. Wir kennen genügend Paare, wo das Fahren ausschließlich Männersache ist, was wir insbesondere im Falle einer Notsituation bedenklich finden. Nach unserer Überzeugung sollte jeder im Team in der Lage sein, das Fahrzeug sicher zu beherrschen. Ich jedenfalls fühle mich zu schwach und unkonzentriert, um selber im trubeligen Durcheinander von Kupangs Straßenverkehr hinterm Steuer zu sitzen. Anja fährt mich in ein kleines Krankenhaus am Rande des Stadtzentrums. Sofort werden wir aufgenommen, alles läuft professionell und zügig ab. Nach einer Blutuntersuchung werden sowohl Malaria als auch Denguefieber per Schnelltest ausgeschlossen. Ich erhalte fiebersenkende Medikamente und einen Vitamincocktail intravenös. Nach der Behandlung geht es mir tatsächlich etwas besser, auch das Fieber geht langsam zurück.

Am Abend treffen wir Hugo und Emeline, ein französisches Pärchen. Das erste Mal begegneten wir ihnen mit ihrem Land Rover Defender bereits in Laos. Seitdem sind wir in Kontakt. Für sie stellt Timor den östlichen Wendepunkt ihrer Reise dar. Von dort soll es für die beiden wieder langsam zurück Richtung Bali gehen. Die Wiedersehensfreude ist groß, ausgerechnet jetzt bin ich krank. Statt mit ein paar Bier kräftig anzustoßen, liege ich lethargisch im Schatten einer Bambushütte und nehme nur vereinzelt an den Gesprächen und Erzählungen teil.

Der neue Morgen bringt Hoffnung: Ich fühle mich deutlich besser, abgesehen davon, dass sich zu meinen Beschwerden seit letzter Nacht noch Durchfall dazugesellt hat. Trotzdem machen wir uns auf, gemeinsam mit den Franzosen fahren wir zum Bergort Soe. Emeline hat Kenntnisse im Textilhandwerk, ihre Leidenschaft gilt den Ikat-Webereien, die in Indonesien hergestellt werden und wofür das Gebiet um diesen Ort besonders bekannt ist. In einem kleinen benachbarten Dorf finden wir auf dem Parkplatz vor einem Wasserfall ein ideales Nachtlager. Neugierig kommen die Dorfbewohner herbei. Sie sind freundlich, interessieren sich für unsere Autos und können nicht glauben, dass wir in ihnen wohnen. Als aber die Dunkelheit hereinbricht und sie sich mittlerweile an unsere Anwesenheit gewöhnt haben, ziehen sie sich zurück und lassen uns alleine.

Für den frühen Morgen haben Hugo und Emeline einen Guide organisiert, der uns zu einigen abgelegenen Dörfern begleiten soll, in denen das traditionelle Ikat-Weben noch betrieben wird. Er ist für Übersetzungen unabdingbar, denn in den Bergen werden noch immer die jeweiligen alten Stammessprachen gesprochen und Bahasa Indonesia hilft da nicht wirklich weiter.

Ich muss gar nicht erst aufstehen, um festzustellen, dass für mich der Ausflug wohl ausfällt. Fast schon erwartungsgemäß ist das Fieber wieder da, genau wie die anderen Beschwerden plus Durchfall. Anja will nun auch nicht fahren, um mich nicht alleine zurückzulassen. Erst als ich wieder und wieder versichere, dass ich im Major gut alleine zurechtkomme und brav meine Fiebermedikamente nehme, fährt sie mit. Dick in unsere Winterschlafsäcke eingewickelt verschlafe ich beinahe den ganzen Tag, nur unterbrochen vom regelmäßigen Besuch des öffentlichen Plumpsklos.

Anja und unsere Freunde erkunden in der Zwischenzeit verschiedene Dörfer. Zu Beginn gestaltet sich ihre Tour enttäuschend, denn die bekannteste Siedlung ist eigentlich gar nicht mehr bewohnt. Da sie sehr früh dort eintreffen, beobachten die drei die heraneilenden, mit Tüten und Körben beladenen Einheimischen, wie sie sich schnell das traditionelle Gewand über die Adidas-Jogginghosen werfen, um sich dann auf dem leeren Dorfplatz niederzulassen und der Gruppe ihre Webwaren und Schnitzereien feilzubieten. Längst dient diese Siedlung ausschließlich der Erhaltung und der Darstellung der Traditionen für die Touristen. Die Menschen selbst leben im neuen und moderneren Abschnitt der Siedlung und liebäugeln wie überall mit den westlichen Dingen. Die Zeit steht halt auch hier nicht still.

Der Guide merkt, dass es nicht das ist, was seine heutige Touristengruppe sehen möchte, und plant spontan um. Es geht in ein weiter entferntes Dorf, wo sie keine Anmeldung haben. Doch ausgestattet mit zahlreichen frischen Betelnüssen vom Markt, die man üblicherweise zu einem Besuch mitbringt, wird die kleine Gruppe dennoch nett von den Bewohnern empfangen. Das Dorf ist das Anwesen einer Familie, leider ist der "King" – wie der Häuptling tatsächlich genannt wird – nicht zu Hause.

Während einer kurzen Führung durch das Dorf werden die einfachen Gebäude und Einrichtungen erläutert. Nach einem leckeren gemeinsamen Mittagessen wird ihnen die traditionelle Herstellung der Fäden aus reiner Baumwolle vorgeführt, bevor diese eingefärbt werden. Anja, Emeline und Hugo sind beeindruckt von der Aufwendigkeit dieses Verfahrens, vielmehr noch von der geschickten Fingerfertigkeit der einzelnen alten Dame, die in routiniertem Prozess einen gleichmäßigen Faden aus einem losen Bausch von Baumwolle auf die Spule fädelt. Dabei unterhält sie sich lachend mit ihren helfenden Töchtern.

Dass in der Hütte, die als Ausstellungsraum dient, nicht alles zum Verkauf steht offenbart, dass diese Frauen tatsächlich noch für sich selbst und ihren Haushalt arbeiten und ihre Handwerkskunst für den Eigenbedarf nutzen. Emeline weiß, worauf sie achten muss, um die Naturfasern und -farben zu erkennen, die bei der Verarbeitung verwendet werden. Alle drei erfreuen sich am Ende dieses Ausfluges an einem tollen, authentischen Souvenir für daheim. Denn langsam wird auch hier damit begonnen billige, bereits vorgefärbte Garne aus China zu verwenden.

Wir nehmen den Rat des Arztes während unseres Krankenhausbesuchs ernst: Falls das Fieber nicht dauerhaft verschwindet, sollen wir auf jeden Fall wiederkommen! Obwohl die Grenze zu Osttimor nun schon fast näher liegt als Kupang, geben wir der Verlockung nicht nach, sondern fahren wieder zurück. Erneut werde ich unter die Lupe genommen. Wieder wird ein Bluttest gemacht und dieses Mal mit einem anderen Verfahren nach dem Malariaerreger gesucht – erneut Fehlanzeige. Aufgrund der Blutwerte gehen die Ärzte von einer starken Virusinfektion aus. Mit weiteren Medikamenten ausgestattet – nun auch gegen Durchfall – bleiben wir noch zwei Tage in der Nähe der Stadt. Die Krankheit, was immer es war, verschwindet von heute auf morgen genauso schnell, wie sie gekommen war. Über Nacht werde ich gesund und fühle mich topfit. Endlich können wir die letzten 500 Kilometer unseres Landweges nach Australien in Angriff nehmen – auf nach Timorleste!

Timorleste? Mal ehrlich, wer hat von diesem Land schon einmal gehört? Und wo liegt es? Zugegeben: Wir hatten auch keine Ahnung, bis wir im Zuge unserer Planung über die Insel Timor stolperten und feststellten, dass dieses ohnehin nicht besonders große Eiland zweigeteilt ist, also nicht komplett zu Indonesien gehört. Dabei liegt dieser Staat mindestens in zwei Kategorien im Vergleich zu allen anderen von uns bereisten Ländern in Führung: Er ist der jüngste und leider auch der ärmste. Timorleste war viele Jahrzehnte eine portugiesische Kolonie, bis sich im Jahre 1975 aufgrund von Protesten sowohl in Portugal als auch in Timorleste die Kolonialmacht zurückzog. Die Aussicht auf Unabhängigkeit währte nicht lange: Schon wenige Tage nach dem Abzug der Portugiesen annektierte Indonesien auf Drängen der USA das Gebiet seines Nachbarn. Grund war die Fretilin, eine timoresische Unabhängigkeitsbewegung mit kommunistischem Hintergrund. Der Vietnamkrieg war kaum vorbei (und verloren), die Angst vor kommunistischen Strömungen immer noch präsent. Man wollte verhindern, dass hier eine kommunistische Keimzelle entstehen könnte. Die Folge war ein erbitterter Krieg zwischen indonesischen Militärs und der inländischen Unabhängigkeitsbewegung, die ihren Gipfel 1999 fand. Zur Verwunderung der internationalen Gemeinschaft rief Indonesien ein Referendum aus, während dessen die Timoresen über ihre Unabhängigkeit oder die Zugehörigkeit zu Indonesien abstimmen sollten. Gleichzeitig wurde die Bevölkerung im Geheimen massiv eingeschüchtert und mit tödlichen Folgen bedroht, falls sie für die Unabhängigkeit ihres kleinen Landes stimmen würden.

Am Tag der Abstimmung war die Beteiligung immens. Die Timoresen stimmten mit überwältigender Mehrheit und allen Drohungen zum Trotz für die Unabhängigkeit von Indonesien – und lösten damit ein regelrechtes Massaker aus. Das indonesische Militär und paramilitärische Einheiten gingen mit unbeschreiblicher Brutalität gegen die Menschen vor, ein Großteil der Dörfer und Gebäude wurde in Brand gesetzt und zerstört. Es schien, als wollte man Timorleste mitsamt seinen Bewohnern nun auslöschen, es schlichtweg total vernichten und von der Landkarte tilgen. Erst ein UNO-Mandat und die damit ins Land gesandten Blauhelmsoldaten setzten dem Blutvergießen ein Ende und vertrieben die Truppen des Nachbarn aus dem Hoheitsgebiet. Seit 2002 ist Timorleste nun ein international anerkannter, unabhängiger Staat. Seitdem sind unzählige NGOs damit beschäftigt, dem Land auf die Füße zu helfen. Viel zu bieten hat die Volkswirtschaft nicht, zu exportieren gibt es Kaffee und seit einiger Zeit auch die Erträge eines Ölfeldes vor der Küste. Die winzige Nation gilt als die zweitärmste in ganz Asien. Der Tourismus steckt noch vollkommen in den Kinderschuhen. Wir werden mit Menschen sprechen, die all dies miterlebt haben, wir werden Leute treffen, die das gleiche Geburtsjahr haben wie ich selbst – und als 19-Jährige im Kampf gegen die Besatzer Freunde sterben sahen und monatelang in den Bergen ausharrten, bis sie fast verhungert waren ...

Noch aber wissen wir nicht viel über Timorleste, denn wir sind gerade erst eingereist. Als Bürger der Europäischen Union erhalten wir ein Gratis-90-Tage-Visum. Das entspannt, schließlich haben wir hier unsere Verschiffung und Weiterreise nach Australien zu organisieren, und im Moment ist noch vollkommen unklar, wie viel Zeit dies in Anspruch nehmen wird. Die Straßen sind staubig und schlecht. Wir blicken aus dem Fenster und sehen einfache Häuser und Hütten, teils aus Wellblech, teils aus Holz und Bambus, wenige aus Stein. Der Straßenverkehr ist sehr übersichtlich: Auf den Landstraßen bis zur Hauptstadt Dili sind nur wenige Fahrzeuge unterwegs. Ein paar kleine Lkw, ein paar Minibusse und natürlich wieder Roller.

Von der Grenze bis zur Kapitale sind es trotz der bescheidenen Straße nur circa drei bis vier Stunden. Etwa 270.000 Menschen leben hier und in den angrenzenden Dörfern, nicht gerade viel für eine Hauptstadt. Aber auch das restliche Flair lässt kaum die Vermutung aufkommen, in einer Hauptstadt zu sein. Trotzdem: Dili ist uns auf Anhieb sympathisch. Aufgrund der Kolonialvergangenheit ist die Mehrheit der Bevölkerung christlich, ein gewisses westliches Lebensgefühl ist spürbar. Auch portugiesische Supermärkte und Produkte wie Schinken, Käse, Oliven, Backwaren und natürlich Wein und Bier unterstreichen diesen Eindruck. Es gibt keine verschleierten Frauen mehr, sondern einen westlichen Umgang zwischen den Geschlechtern mit einem westlichen Kleidungsstil. Bikinis, kurze Hosen und Tops sind kein Tabu, sondern werden auch von den einheimischen Mädels getragen. Der legere Kleidungsstil, die fast schwarze Hautfarbe der Menschen und die oft bunten Häuser und Autos versprühen einen südamerikanischen Charme. Manchmal fällt es uns schwer zu glauben, dass wir immer noch in Asien sind. Die Menschen sind viel zurückhaltender als ihre indonesischen Nachbarn. In den Straßen bemerken wir viele weiße Geländewagen, die das Logo oder Wappen der einen oder anderen überseeischen Hilfsorganisation tragen, vom Roten Kreuz bis zur Deutschen Gesellschaft für Internationale Zusammenarbeit ist alles dabei.

Im Internet haben wir gelesen, dass der örtliche Ford-Händler besonders hilfsbereit sein soll, wenn es darum geht, das eigene Fahrzeug für die australische Quarantäneinspektion auf Hochglanz zu bringen. Zwar möchten wir uns auch den Rest von Timorleste anschauen, vorher wollen wir aber sicherheitshalber den Ablauf und die Vorbereitungen für unsere Verschiffung organisieren. Antonio ist Portugiese und der Boss bei Ford. Der Anfang Fünfzigjährige reicht uns die Hand. Seine Arme sind üppig tätowiert, mit seiner lässigen Jeans und dem weißen Hemd mit aufgestelltem Kragen macht er nicht unbedingt den Eindruck eines Geschäftsführers. Richtig begeistert ist er nicht, als wir ihn in seinem Büro um Hilfe bitten. Ja, er habe schon einigen geholfen, aber das waren fast immer Motorräder. Ein Auto nehme viel Platz weg und blockiere den Ablauf seines Tagesgeschäfts. Was wir denn für ein Auto hätten? Wir gehen hinaus und haben Glück, dass Antonio ein Autonarr ist: Er verliebt sich sofort in unseren blauen Schuhkarton. Bezahlen brauchen wir nichts für die Nutzung seiner Halle und der Waschbox. Alles, was er will ist, dass wir uns strikt an die Arbeitszeiten seiner Mitarbeiter halten und ihm am Ende, wenn alles fertig ist, ein gerahmtes Bild von seiner Mannschaft mit unserem Major überreichen. Na, wenn das alles ist!?

Vor einigen Wochen haben wir Kontakt zu einem australischen „freight forwarder" aufgenommen, das ist ein Mensch oder vielmehr eine Firma, die sich um die Organisation und den reibungslosen Ablauf während der Versendung von Frachtstücken wie zum Beispiel unseren Major kümmert. David heißt unser Mann. Seine kleine Firma sitzt zwar nicht in Darwin sondern in Sydney, aber er kennt das Prozedere und vor allem die Bürokratie, die uns in seinem Heimatland erwarten wird, genau. Aufgrund der Geschichten, die andere Reisende über diese Passage erzählten, gehen wir davon aus, dass uns wohl eher auf australischer Seite Schwierigkeiten erwarten als hier in Dili. Ab dem vierten Tag Verzögerung im Hafen von Darwin werden beispielsweise pro Tag Gebühren fällig, quasi eine Art „Parkgebühren", die nicht gering sind. Außerdem, und deshalb sind wir bei Antonio, steht auf der anderen Seite die viel gefürchtete Quarantäneinspektion an. Die Australier sind sich bewusst, dass sie auf einer Insel leben, wenn auch auf einer sehr großen. Mögliche neu eingeschleppte Arten, egal ob pflanzlich oder tierisch, können das isolierte Ökosystem empfindlich treffen, da es auf sie nicht eingestellt ist und somit keine Gegenmechanismen wie zum Beispiel Fressfeinde vorweisen kann. In der kurzen Geschichte der weißen Besiedelung ist das mehr als einmal passiert, die Folgen waren teils dramatisch. Deshalb wird jedes eingeführte Fahrzeug samt seiner an Bord befindlichen Ausrüstung aufs Genauste inspiziert. Alles muss peinlich sauber sein, gern wird der Terminus „wie neu" verwendet. Besonderes Augenmerk wird auf Reste von Pflanzen, Erde, Sand, Tiere oder deren Teile gelegt. Kein Grashalm und keine tote Fliege im Kühler unseres Gefährts darf uns später entgehen. Bestehen wir diese Inspektion nicht, kommen im einfachsten Fall Mehrkosten durch eine „Nachwaschung" auf uns zu. Kostenpunkt: 137,50 australische Dollar pro Stunde, zuzüglich Mehrwertsteuer natürlich. Werden gravierende Mängel gefunden, zum Beispiel eine Kolonie Kakerlaken an Bord oder sonstige Insekten, wird das Auto für 24 Stunden in einer Kammer begast. Die Kosten für diesen "Worst Case" kennen wir nicht, wir sind uns aber sicher: Sie sind astronomisch!

Um also im Falle eines Falles gewappnet zu sein und auf einen Telefonjoker zurückgreifen zu können, fanden wir es clever, diese Verschiffung durch eine australische Firma zu buchen. David ist sehr engagiert und beinahe aufgeregter als wir selbst. Er checkt alles doppelt ab, informiert uns über jeden Schritt, schickt uns von jeder E-Mail, die er mit den Behörden hier in Dili oder der Schiffslinie wechselt, eine Kopie. Am Ende steht der Plan: Am 01. September verlässt der Major an Bord der "Antung" Dili mit dem Ziel Darwin, wo das Containerschiff schon am 03. September ankommen soll. Wir selbst fliegen am vorgesehenen Ankunftstag hinterher.

Beruhigt, alle Details dieser größten Hürde auf unserer Reise bestmöglich geklärt zu haben, machen wir uns auf, Osttimor zu entdecken. Entlang der Nordküste fahren wir weiter nach Osten. Sobald wir die Stadtgrenze hinter uns gelassen haben, endet der Asphalt, die Fahrt geht auf einer breiten Schotterpiste weiter. Ähnlich wie auf Flores ist auch der Küstenstreifen Timors äußerst trocken. Sämtliches Gras ist verdorrt, die felsigen Flussbetten liegen ausgetrocknet da, die rehbraunen Hügel des zentralen Hochlandes fallen sanft und mit einzelnen Eukalyptusbäumen bestanden ins blaue Meer ab. Die Straße entpuppt sich rasch als eine einzige Baustelle. Augenscheinlich wird diese Piste bald eine bequem zu bereisende und wunderschöne Straße sein. Noch ist sie aber von Schlaglöchern und Teerresten übersät, es staubt gewaltig. Die Straßenarbeiter, die mit Flipflops an den Füßen am Fortschritt des Projekts arbeiten, tragen als notdürftigen Staubschutz ein vor den Mund gebundenes Halstuch.

In Baucau ändern wir unseren Kurs auf Süd. Bald geht es bergan, die Strecke wird noch holpriger und schmaler. Verkehr gibt es nur sehr wenig. Auffällig sind insbesondere die kleineren Überlandbusse. Auf ihrem Dach werden Kisten, Koffer, Fahrräder, Mopeds, sogar lebende Ziegen transportiert. Breitbeinig stehen sie da oben, sichtlich bemüht, die Balance zu halten und nur mit einem Strick an der Reling angebunden. Ist im Fahrgastraum kein Platz mehr, finden auch Fahrgäste eine Mitfahrgelegenheit mit guter Aussicht auf dem Dach. Auf dem blanken, glatten Blech sitzen sie gleich ganz vorne nebeneinander und unterhalten sich, während sie lässig eine Zigarette rauchen. Genau wie schon in Indonesien ist auch hier der Anteil der Raucher in der Bevölkerung immens. Es gibt fast niemanden, der nicht einen Glimmstängel zwischen den Lippen hält, zumindest bei den Männern. Dabei spielt das Alter keine Rolle.

Die Böden hier oben scheinen wieder fruchtbarer und ertragreicher. In den Dörfern, die wir passieren, bieten Frauen Tomaten, Kürbisse, Zwiebeln, Gurken, Knoblauch oder Kohl zum Kauf an. Die Nutztiere der Menschen sind allgegenwärtig und laufen frei herum. Wir sind ständig auf der Hut, nicht eines der Hühner, Schweine, Kühe, Pferde oder einen Büffel oder Hund zu überfahren. Rund um die Siedlungen sehen wir Gemüse- und Reisfelder, aber auch saftiggrünen Wald. Passieren wir eines der Dörfer, winken die Menschen freundlich. Noch nie haben mir so viele hübsche junge Frauen zugewunken und zugelächelt. Anja braucht aber nicht eifersüchtig zu sein, ihr wirft man im Vorüberfahren etliche Handküsse zu …

Auf unserem Weg zurück nach Dili wollen wir dem höchsten Berg der Insel einen Besuch abstatten. Der Mount Ramelau ist allerdings nicht einfach zu erreichen. Von der mittlerweile gut ausgebauten Straße zwischen Same und Maubisse führt eine einspurige, gut 18 Kilometer lange Piste, für deren Bewältigung wir über zwei Stunden brauchen, zum Berg. Eng schlängelt sie sich durchs Gebirge, oft ist gerade einmal Platz für ein Fahrzeug. Rechts schroffer von Moos und Gras bewachsener Fels, der dicht neben der Fahrspur emporwächst. Links neben dem Fahrzeug geht es ebenso steil bergab. Dazwischen durchfahren wir Schlammlöcher und erklimmen Anstiege und Stufen in der Fahrbahn. Der Ausblick hingegen ist wunderbar und erinnert an die Alpen: Auf dem Hang gegenüber sind grüne Almen zu erkennen, es duftet nach Schleierkraut und Margariten, die überall um uns herum wachsen. Aus schmalsten Felsspalten wachsen Kiefern und Koniferen, zwischen den knorrigen, krüppeligen Bäumen wabert kühl der abendliche Nebel und verleiht der Szenerie eine mystische Atmosphäre.

Endpunkt der Piste ist der Ort Hata Builico auf über 2.000 Metern Höhe. Viel zu sehen gibt es hier nicht, geradezu unfassbar ist jedoch, dass diese recht große Siedlung lediglich über die miserable Zuwegung versorgt wird, über die wir eben kamen – eine andere Straße hierhin gibt es nicht.

Früh am nächsten Morgen ist die Luft klar und kalt. Gerade einmal zehn Grad zeigt unser Außenthermometer. Der Himmel ist wolkenfrei, erstmals können wir den Gipfel sehen, zu dem wir nun als die einzigen Wanderer aufbrechen. Der Weg ist einfach zu finden, wenn auch stellenweise recht steil.

Laut unseres Reiseführers benötigt man für den Aufstieg, während dem man circa 800 Höhenmeter überwindet, knapp zwei Stunden. Wir hingegen benötigen dreieinhalb und sind vollkommen aus der Puste, als wir an der kleinen, aus Holz gebauten Kapelle wenige Meter unterhalb des Gipfels ankommen. Nochmals drei Stunden später sind wir zurück bei unserem Major und total fertig. Unglaublich, wie unfit man werden kann! 14 Monate Autofahren hat seine Spuren bei uns hinterlassen. Unser einseitiger Alltag, der oftmals viele Stunden auf dem Fahrersitz und anschließend noch einige auf dem Campingstuhl bedeutet, hat alle Muskeln dahinschmelzen lassen. Knie, Hüfte und Rücken schmerzen vor Erschöpfung. Mehr Bewegung täte uns sicher gut. Ein guter Vorsatz, den es in Australien umzusetzen gilt.

Die kommende Woche bringt aber ohnehin erst mal Abwechslung in unseren Reisealltag: Die Putzaktion unseres Reisegefährten steht an! Montagmorgen pünktlich um acht finden wir uns beim Forddealer in Dili ein. Hingegen unserer Annahme gibt es keine Grube in der Waschhalle, eine richtige Reinigung von unten ist somit nur sehr mühsam möglich. Kein Problem, kurzerhand begleitet uns einer von Antonios Angestellten zu einem Autoputzer, der eine solche Grube hat. Über zwei Stunden schrubben wir dem Major richtig ordentlich den „Bauch“. Mit dem Hochdruckreiniger unter unserem Fahrzeug stehend, wird erst mal das Gröbste weggepustet, dann geht es mit Schwamm, Motorreiniger, Pinseln und Bürsten ans Eingemachte. Die Unterseite sieht tatsächlich wieder fast aus wie neu, wir hingegen sind vollkommen durchnässt und verdreckt. Zurück bei Ford bekommen wir eine Nachricht von David aus Australien: Die Schiffslinie hat „mal eben“ den Fahrplan geändert. Unser Schiff heißt jetzt nicht mehr "Antung" sondern "MCP Troodos", und was viel schlimmer ist: Es fährt nicht am 01. September, sondern erst am 08., also eine Woche später …

Somit ist unsere ganze Planung hinfällig. Die Buchungen der Hostels hier und in Australien lassen sich canceln, bei unseren Flügen sieht das zunächst nicht so aus. Bis wir das neue Abfahrtsdatum tatsächlich bestätigt und die Umbuchung durchgeführt haben, kostet uns die Aktion über 320 australische Dollar – nur an Umbuchungsgebühren! Eine weitere Woche verbringen wir in Dili und Umgebung, bis wir noch einmal mit dem großen Reinemachen beginnen. Bald haben wir einen regelrechten Arbeitsalltag: Pünktlich um acht fangen wir an, von 12 bis 14 Uhr verbringen wir unsere Mittagspause in einem kleinen Kaffee, um 18 Uhr gehen wir in ein nahe gelegenes Hostel, auf dessen Gelände wir aus Kostengründen in einem Zelt schlafen.

Trotz der Armut hier in diesem Land ist das Preisniveau ungewöhnlich hoch. Als Währung wird der US-Dollar gehandelt, die hohen Preise resultieren noch aus der unmittelbaren Zeit nach dem Bürgerkrieg, als NGOs und UNO-Mitarbeiter in Massen in Dili stationiert waren und sich das Preisgefüge ihrer Zahlungsfähigkeit anpasste. Für uns sind Timorlestes Preise nach den vielen Monaten in Südostasien oftmals ein Schock. Zudem sind wir nicht gewohnt, für Unterbringung Geld auszugeben. Daher haben wir uns, während der Major von uns geputzt wird und die Halle nicht verlassen kann, zunächst im billigsten Hostel eingemietet – was sich als Fehler erweist. In unserem Zimmer bröckelt der Putz, die Matratzen sind so durchgelegen, dass wir jede Strebe des Stahlbettes in unseren Rücken spüren, die Toiletten sind – gewöhnungsbedürftig … Das einzige kleine Fenster ist eigentlich keins. Es mündet skurrilerweise im Wohnzimmer des Nachbarn und sorgt somit nicht für frische Luft. Mehr noch: Dort flimmert von früh bis nachts der Fernseher mit irgendwelchen Verkaufsshows in einer Lautstärke, dass wir nicht schlafen können. Die Klimaanlage funktioniert nicht richtig, es herrscht eine feuchte, muffige Luft. Nach zwei Nächten schauen wir uns nach Alternativen um und stoßen auf das besagte Zelt im Garten des "Da Terra Hostels": Mit einem Ventilator, richtigen Matratzen und sonnengeschützt unter einem Bambusdach aufgestellt, fühlen wir uns darin wohler als in irgendeinem miefigen Mehrbettzimmer. Nach unseren langen Putztagen finden wir dort nette Leute und ein tolles, sehr leckeres Abendessen vor, das wir gemeinsam mit den wenigen anderen Gästen draußen an ein paar Holztischen einnehmen. Danach gehen wir auch beinahe schon wieder ins Bett, um am nächsten Morgen früh unser Tageswerk von Neuem zu beginnen.

Am Ende putzen wir unglaubliche acht Tage zu zweit ein und dasselbe Auto! Unbeschreiblich, wo wir überall noch den Staub aus den Wüsten Kasachstans, Grashalme aus den Steppen der Mongolei oder den verkrusteten Schlamm aus dem Dschungel Malaysias finden. 14 Monate dauert bislang diese Reise, die nicht selten offroad gefahren wurde. Am Auto und der Ausrüstung hat sie ihre Spuren hinterlassen. Alles wird penibel zerlegt und gereinigt: Kocher, Geschirr, Stühle, Tisch und Angelausrüstung, jeder Schlüssel und Schraubendreher unserer Werkzeugkiste. Mit der Zahnbürste reinigen wir auch die hinterletzte Ritze im Armaturenbrett. Jedes Fach wird vollkommen ausgeräumt und ausgewischt. Dabei entdecken wir tatsächlich ein kleines Nest winziger Ameisen in meinem Klamottenfach. Gut, dass wir sie finden und nicht die australischen Behörden. Am Ende sind wir zuversichtlich, dass wir alles Mögliche getan und geputzt haben, um die Inspektoren nicht zu erzürnen.

An einem Samstagvormittag werden wir zum Hafen beordert. Der Port von Dili ist passend zum Rest des Landes ebenfalls klein. Hier gibt es eigentlich nur eine Kaimauer und wenige riesige Gabelstapler, die die Container hin und her transportieren. Selbst Hafenkräne, mit denen man die Container auf die Frachter laden könnte, gibt es nicht. Somit können hier nur Schiffe festmachen, die über eigene Kräne zur Löschung der Ladung verfügen.

Glücklicherweise ist die Einfahrt höchstens zweihundert Meter von der Ford-Werkstatt entfernt. Langsam, um unser Auto nicht zu verschmutzen, rollen wir hinüber. Der Major blinkt, sein Dach ist zusätzlich durch eine grüne Plane geschützt. Dann ist es soweit: Zwei schmale Streifen aus gelben, grob vernähten Netzen werden vor den Rädern ausgerollt. Ich manövriere das Auto darauf, dann werden die Enden der Netze mit Ketten verbunden, die von dem mächtigen Kranhaken herunterhängen. Hoch oben am Kran sitzt in einer kleinen Kanzel der Lademeister. Sicherlich kann er unsere Aufregung sehen. Unser Puls steigt, als sich die Ketten langsam spannen und der Major den Boden unter den Rädern verliert. Wir konnten niemanden finden, der sich mit uns einen Container geteilt hätte, somit haben wir uns für eine containerlose Verschiffung entschieden. "Open deck" zu verschiffen ist zwar etwas riskanter, besonders wegen des gerade stattfindenden Ladevorgangs, dafür aber auch deutlich günstiger. Zehn Meter über uns schwenkt unser Auto langsam hinüber zum Deck des Schiffes. Nicht auszudenken, wenn jetzt etwas schief ginge, eine Schlaufe reißt oder das Netz verrutscht … Langsam und sachte lassen die Männer unsere blaue Kiste aufs Schiff hinab, mehrere Hafenarbeiter ziehen und zerren an Seilen, die am Auto befestigt sind, um den Flug zu steuern. Zielgenau landet der Major wenige Zentimeter neben einem Container, bevor er rundherum mit weiteren Stahlbehältern eingepackt wird. Erleichtert bedanken wir uns bei der Crew, die uns versichert, gut auf das ungewöhnliche Frachtstück aufzupassen. Noch am gleichen Tag wird sich die

"MCP Troodos" mit unserem Auto an Bord auf die Reise nach Australien begeben.

Auch für uns heißt es Abschied nehmen: im Hostel von der herzlichen Belegschaft, mit der wir zwei Wochen die Abende verbrachten und von der Crew bei Ford. Mit einem selbst gebackenen Kuchen und dem versprochenen gerahmten Bild schauen wir noch einmal vorbei und bedanken uns, bevor uns ein Taxi hinaus fährt zum Flughafen. Der hat eher das Flair einer großen Sporthalle als das eines internationalen Airports. Die Abfertigung ist einfach und zügig, unser Flug ist einer von dreien an diesem Tag, die Dili verlassen. Die Maschine der Airnorth ist nicht ausgebucht, langsam rollt sie die Startbahn hinab und wendet. Einige Minuten steht sie da und wartet auf die Starterlaubnis. Unterschiedliche Gefühle und Emotionen durchströmen uns. Da ist die Vorfreude auf den Roten Kontinent, die Freude darüber, schon bald ganz andere Eindrücke und Landschaften erleben zu dürfen, da ist aber auch Wehmut über das Beenden dieses langen, nun zurückliegenden Abschnitts. Der Landweg nach Australien: Er ist geschafft! Südostasien: Was bleibt? Es ist die wunderbare Lebensfreude und Leichtigkeit der Menschen, ihre offene Herzlichkeit, die unglaubliche Gastfreundschaft, die selbstlose Hilfsbereitschaft, es ist die fantastische asiatische Küche, es sind die unendlichen Sorten aromatischen Obstes, die Wildheit und Undurchdringlichkeit des verbliebenen Dschungels und die bunte Vielfalt der Tiere in den Nationalparks. Es ist aber auch die Verschmutzung und Ausbeutung der Umwelt, Berge von Plastikmüll an Stränden und in Städten und das nicht vorhandene Bewusstsein im Umgang mit diesen Stoffen. Es ist die Abholzung der Regenwälder und die unwiederbringliche Auslöschung der Ökosysteme sowie vieler Tierarten. Keine andere Erfahrung auf dieser Reise hat uns so berührt und geschockt wie der offensichtlich rücksichtslose, zerstörerische Umgang mit unserem Planeten, insbesondere aus profitgierigen Gründen.

Die Triebwerke der Embraer 170 heulen auf und lenken unsere Aufmerksamkeit wieder auf das eigentliche Geschehen. Der Schub presst uns fest in unsere Sitze, während die Maschine beschleunigend über die Startbahn schießt. Als sie endlich abhebt, nehmen wir uns bei der Hand und schauen uns an.

Wir lächeln. Wir haben es tatsächlich geschafft!

Typisch Südostasien: Reisterrassen in den Hanglagen.

Personennahverkehr mal anders: begeisterte Indonesier auf Sulawesi.

Obskurer Totenkult: auf Entdeckungsreise im Reich der Toraja.

Jeder für sich: in den Fels gehauene Höhlengräber.

Alles muss mit: Die kleinen Überlandbusse nehmen neben Fahrgästen auch Stückgut mit.

Besser nicht nachts fahren: Solche Straßenverhältnisse sind in Asien keine Seltenheit.

Fast geschafft: auf der letzten Fähre nach Timor.

Bananendampfer-Feeling: Bunte Fracht auf den indonesischen Fähren.

Traditionelles und einfaches Leben: zu Besuch in einem Bergdorf in Westtimor.

Geschickt und flink: Frauen bei der Herstellung von Baumwollfäden.

Spaß auch ohne Räder: Die Menschen in Indonesien sind immer gut drauf.

Mystische Stimmung: einsamer Stellplatz an der Nordküste Osttimors.

Total aus dem Häuschen: Dorfkids entlang unseres Weges in Timorleste.

Auf gehts: putzen für die australische Quarantäne-Inspektion.

Fix und fertig: Bei knapp 40 Grad leiden nicht nur die Schwämme beim Putzen.

Groundcontrol to Major Tom: Unser Reisegefährte macht sich auf den Weg nach Australien.

Freiheit:

„... Zustand, in dem jemand frei von Zwang, Verpflichtungen und Erwartungen ist und seine Entscheidungen unabhängig und uneingeschränkt treffen kann ...“

Wüste(n) Träume

140 l Wasser, 155 l Diesel, 10 l Bier, 1 l Wein: Auf gehts ins Outback

Die Dämmerung ist schon weit fortgeschritten, als die Maschine nach stetem Sinkflug zur Landung in Darwin ansetzt. Neugierig blicken wir auf die ersten Stadtviertel und beleuchteten Straßenzüge der nordaustralischen Stadt, die unser erster Anlaufpunkt auf diesem Kontinent sein wird. Hier werden wir wohl hoffentlich bald unseren Reisegefährten Major Tom wiedersehen. Auf den Straßen unter uns ist nichts los, die Stadt wirkt beinahe wie ausgestorben.

Auch in der Halle des kleinen Airports gehts beschaulich zu: Unser Flug scheint so ziemlich der Einzige, der heute Abend an diesem Terminal abgefertigt wird. Freundlich begrüßt uns die Zollbeamtin, gleicht die Nummern unserer Onlinevisa mit den in ihrem System hinterlegten Daten ab und wünscht uns eine großartige Zeit in Australien. Alles Relevante ist im Computer vermerkt, es gibt nicht einmal mehr einen Einreisestempel für unsere Pässe, was wir tatsächlich schade finden.

Zunächst lassen wir uns in einem Café in der Eingangshalle nieder. In der hell erleuchteten Auslage strahlen uns üppig belegte Baguettes, Kuchen und Croissants an, es gibt Kaffee, Cappuccino und Latte Macchiato: Willkommen zurück im westlich geprägten Kulturkreis. Unsere Buchung für eine Unterkunft hatten wir nach dem Terminchaos in Dili storniert, somit gilt es, uns erst einmal zu orientieren, was am besten bei einem Cappuccino geht. Die Barista kassiert für die zwei mittelgroßen Heißgetränke stattliche elf Dollar ab. Wir beschließen, ins Stadtzentrum zu fahren und uns in einem der zahlreichen Hostels einen Unterschlupf für die Nacht zu suchen.

Draußen vor dem Gebäude ist ebenfalls nichts los. Zwei weiße Taxis warten auf Fahrgäste, ein einzelner Passant schleicht über den Gehweg.

„Where are you going?"

Wir erklären ihm unseren Plan und fragen, wo der Haltepunkt für das – vermeintlich günstigere – Airportshuttle ist.

"You better grab a Taxi, it`s cheaper!"

Und er hat Recht: Das Shuttle soll pro Person 30 Dollar kosten, der Taxifahrer nimmt 30 Dollar für die Tour und setzt uns nach nur zehnminütiger Fahrt vor dem gewählten Hostel ab. Dort haben wir Glück, denn nur noch zwei Betten im Achterschlafsaal sind frei – für je 25 Dollar pro Nacht. Trotzdem lassen wir uns hier nieder, denn der Vergleich im Internet zeigt, dass dieses hier wohl eher noch günstig ist. Im Supermarkt um die Ecke kaufen wir einen Snack zum Abendessen und löhnen nochmals über 20 Dollar. Ernüchtert hocken wir in einem kleinen Park in der Dunkelheit und knabbern an unserem Brot. Wir sind kaum zwei Stunden in diesem Land und haben schon mehr als hundert Dollar ausgegeben! Somit holt uns die Prophezeiung vieler anderer Reisender, die wir auf unserem bisherigen Weg trafen, schneller ein, als uns lieb ist: Australien ist ein teures Reiseziel. Gefühlt sogar sehr teuer, wenn man gerade über zehn Monate in Asien verbracht hat.

Das Hostel ist nicht nach unserem Geschmack. Es hat über 200 Betten, Großraumduschen und Essenssäle, es mangelt eindeutig an Gemütlichkeit und Flair. Zum Frühstück stehen drei Tüten Toastbrot, je zwei Gläser Marmelade und Erdnussbutter neben je einer Packung Tee und Nescafé für die Übernachtungsgäste bereit. Jeder wartet stumm, bis sein Toast goldbraun geröstet ist, geredet wird fast nicht. Eine komische, kasernenartige Atmosphäre.

Bevor wir uns jedoch am folgenden Tag um eine angenehmere Unterkunft kümmern können, haben wir Dringlicheres vor: den Major aus den Fängen der Behörden befreien. Auch hier sind wir gewarnt vor den langsamen Mühlen der Bürokratie von Zoll und Quarantänebehörde. Diese Instanz der Verwaltung hat das letzte Wort bei der Frage, wann und ob unser Auto auf australische Straßen darf. Der Zoll jedenfalls erweist sich als unerwartet kooperativ und zügig arbeitend. Ohne überhaupt den Major gesehen zu haben, stempelt der Beamte nur anhand der Frachtpapiere unser Carnet ab. Erleichtert über die Einfachheit dieser Hürde widmen wir uns gleich der Nächsten und fahren wieder mit dem Taxi zum „Department of Agriculture and Water Resources“. Der Mitarbeiter, der uns hier empfängt, ist genauso nett wie ratlos, was unseren Vorgang betrifft. Dennoch nimmt er sich Zeit, telefoniert mit verschiedenen Stellen und findet heraus, dass man die Quarantäneinspektion nicht mehr so einfach hier bei ihm am Schreibtisch anmelden und bezahlen kann, sondern dass alle hierzu notwendigen Vorgänge seit wenigen Monaten online durchgeführt werden. Die Gebühren müssen über eine Hotline per Kreditkarte bezahlt werden.

Während er an seinem PC uns an unserem Laptop gegenüber sitzt und sich gemeinsam mit uns durch diverse Formulare kämpft, schweifen meine Gedanken ab, zurück nach Dili. Dort trafen wir in unserem letzten Hostel Peter, ein Australier Ende sechzig, dessen Wahlheimat seit vielen Jahren Bali ist. „Australien ist nur für jene großartig, die nicht wissen, wie großartig es früher einmal war! Heute ist es nur noch Bürokratie, Verbote, Schilder, Abzocke und Unfreiheit!“ wettert er über den Roten Kontinent. Er konnte mit seinem Pessimismus unsere Vorfreude nicht brechen, jetzt allerdings ahne ich, was er meinte.

„Ok, that´s it!“

Wir haben gemeinsam alle Formulare ausgefüllt, die notwendigen Kästchen angeklickt und per Telefon die Gebühren für den Antrag beglichen. Jetzt heißt es abwarten, bis wir einen Termin zur Prüfung des Majors genannt bekommen. In diesem Moment zahlt es sich aus, dass wir die Verschiffung durch unseren australischen Agenten David gebucht haben. Er kennt sich aus, ruft die zuständigen Stellen an, um den Prozess zu beschleunigen und um zu verhindern, dass für uns weitere Kosten entstehen. Denn ab dem dritten Werktag im Hafen kostet der Platz, auf dem unser Auto steht, Geld.

In keinem Fall wollen wir noch eine Nacht in das Kasernenhostel zurück, wir überlegen sogar, uns als Notlösung einen Kombi zu mieten, in dem wir auch schlafen können und der uns alle erforderlichen Fahrten erledigen lässt. Bevor es jedoch soweit kommt, registrieren wir uns bei „Couchsurfing“, einer Internetplattform, auf der Einheimische Besuchern ihrer Stadt kostenlos eine Unterkunft anbieten. Hier stellen wir uns vor, erklären unsere Situation und beinahe zeitgleich mit dem Absenden unserer Anfrage lädt Xandi uns auf ihre Couch ein.

Etwas außerhalb hat die 26-Jährige ein kleines Apartment. Sie ist äußerst entspannt. Ohne uns zu kennen, überlässt sie uns ihren Haustürschlüssel, auch ihren Wagen können wir gerne jederzeit benutzen. Sie stellt uns einige ihrer Freunde vor, alle sind sehr interessiert und offen. Wir führen lange und tief greifende Gespräche über wichtige Themen. Es geht um Umweltschutz, ökologische und vegane Lebensweisen oder Spiritualität. Obwohl wir nicht all ihre Ideen teilen, inspirieren uns ihre Sichtweisen und ändern unseren Blickwinkel auf manche Dinge. Ist Xandi auf der Arbeit, wandern wir umher und erkunden das Umfeld. Schicke Häuser mit kurz gemähtem Grün säumen die Straßen, in den meisten Vorgärten kommt ein Hund bellend zum Zaun geeilt, wenn wir vorüber gehen. In den Einfahrten stehen neue dicke Toyota Pick-ups, Trailer mit Motorbooten, Jetskis oder Quads. Die Straßen selbst sind in Topzustand und supersauber. Am Strand gibt es eine schöne Uferpromenade, auf der uns Jogger, Skater und Fahrradfahrer entgegenkommen. In Cafés kann man bei chilliger Musik diverse Tees oder Kaffeespezialitäten mit Soja- oder laktosefreier Milch und braunem Zucker bestellen. Am Beach gibt es Duschen und Wasserhähne, gepflegte öffentliche Toiletten mit Klopapier, Waschbecken mit vollen Seifenspendern. In kleinen Parks sind auf dem automatisch bewässerten Rasen Picknickplätze eingerichtet, neben denen zylindrische Edelstahlsäulen stehen. Als wir einen Australier beobachten, wie er an einer solchen seine Steaks grillt, fragen wir neugierig, wo man denn das Geld für die Benutzung dieser öffentlichen Gasgrills einwerfen muss. „It`s free!" antwortet er wie selbstverständlich. Es gibt riesige Einkaufszentren mit ebenso riesigen Supermärkten, in denen es alles, wirklich alles gibt, was man sich vorstellen kann und von dem wir vielleicht das eine oder andere Mal in Asien sogar geträumt haben. Wahnsinn, was für eine andere Welt im Vergleich zu den letzten Monaten!

Schon nach zwei Tagen meldet sich David mit guten Neuigkeiten. Am folgenden Morgen sollen wir um neun Uhr mit allen Dokumenten am Hafen sein.

Aufgeregt fahren wir in Xandis Ford zum Frachtterminal. Nach der Registrierung am Gate werden wir zum Standplatz des Majors eskortiert. Da steht er: Unbeschädigt hat er die Seereise überstanden. Eine dicke Spur weißen Pulvers fasst sein Äußeres wie eine Feldbegrenzung ein.

„This is salt from the GAS Inspection!“ klärt uns ein Mitarbeiter auf. Salz, GAS? Giant African Snail. Ich weiß zwar nicht, wo diese afrikanische Riesenschnecke in unser Auto gekrabbelt sein könnte, jedenfalls hat unser fahrbarer Untersatz diese Inspektion bereits ohne unser Wissen oder Zutun bestanden. Das Salz stellt ein unüberwindbares Hindernis dar, sollte eine solche Schnecke vor der Kontrolle aus dem Auto plumpsen und zu flüchten versuchen.

Ein weißer Pick-up rollt heran. Zwei Uniformierte mit neongelben Warnwesten steigen aus und stellen sich als die Quarantäneinspektoren vor. Jetzt wirds ernst, unsere Pulsschläge beschleunigen sich. Mit Rollbrett, Taschenlampen und Spiegeln rücken sie dem Major auf die Pelle. Der eine begibt sich sofort unter unser Fahrzeug, seine Kollegin beäugt akribisch das Innere. Stichprobenartig müssen wir Fächer leer räumen und Kisten öffnen. Tatsächlich finden sie in einem Winkel vorne an der Stoßstangenkante eine kleine Verschmutzung. Kurz beraten sie sich, ich schlage vor, ich könne den Dreck ja mit einem Schraubendreher einfach abkratzen. Gute Idee! Eine Tüte mit der Aufschrift „Biohazard“ wird bereitgehalten, ich krabbele unters Auto und schabe die wenigen Gramm Dreck ab, die in die Tüte fallen. Bestanden! Ein riesiger Stein kullert uns von den Herzen! Im Vorfeld konnten wir nur sehr wenige Informationen zu diesem so entscheidenden Vorgang im Netz finden. Zudem war es offensichtlich, dass die verschiedenen Häfen Australiens die Sache unterschiedlich handhaben. Wir sind erleichtert und freuen uns, dass dieses Nadelöhr, das so oft bei uns Gesprächsthema war und uns Sorgen bereitete, nun hinter uns liegt. Nochmals heißt es das Portemonnaie öffnen: Der Hafenbetreiber möchte noch sein Geld und auch die eigentliche circa einstündige Inspektion müssen wir noch bezahlen. Dann dürfen wir endlich unser fahrbares Zuhause mitnehmen.

Einen letzten Termin haben wir aber doch noch, bevor wir losziehen können, um den Kontinent zu entdecken: der australische TÜV und die Zulassungsstelle. Auch hierfür haben wir längst einen Termin gemacht, online versteht sich! Das Gelände ist leer, der Mitarbeiter der Prüfstelle zieht grinsend eine Augenbraue hoch, als wir vor der Halle halten.

„Where are you going? To the moon?“

Interessiert lässt er sich erklären, was unser Auto für ein „Spezialgefährt“ ist, wo wir herkommen und was wir vorhaben. Die Prüfung an sich läuft fast schon nebensächlich und ohne Mängel ab. Dank des Carnets können wir den Major als „Visitor“ zulassen und dürfen somit unsere deutschen Nummernschilder behalten.

Nun können wir endlich los und die grenzenlose Weite Down Unders erschnuppern. Jedenfalls fast. Unsere Lebensmittelvorräte und alles, was wir aus Quarantänegründen hatten wegwerfen müssen, haben wir bereits wieder eingekauft, nur unsere Gasflaschen lassen sich nirgends füllen. Wir verbringen zwei volle Tage mit diversen Versuchen bei unterschiedlichen Dienstleistern, um unsere beiden deutschen Flaschen füllen zu lassen. Das übliche Adapterproblem ist es nicht, denn einen Adapter haben wir schnell gebastelt. „No australian standard!“ heißt es einheitlich. Die Verkäufer dürften aus Sicherheitsgründen keine Gasflaschen füllen, die nicht den australischen Normen entsprechen. Dass unsere Flaschen keine zwei Jahre alt sind und der DIN-Norm entsprechen, beeindruckt niemanden. Entnervt geben wir auf und kaufen in einem Baumarkt eine neue 4 kg-Gasflasche mit Aufsatzkocher, auf dem wir dann wohl für den Rest unserer Reise unsere Gaumenfreuden zubereiten müssen. An den bordeigenen zweiflammigen Kocher lässt sich die Aussie-Flasche nämlich auch nicht adaptieren. Sämtliches Anschlussmaterial wie auch der Druckregler, Gewinde und Durchmesser weicht von dem im Major installierten System ab.

Kaum hat man die Vororte Darwins hinter sich gelassen, ist man quasi mittendrin im australischen Outback. Eine Straße führt schnurgerade in das weite, öde Buschland, durch dessen karge Vegetation der berühmte rötliche Sand schimmert. Unsere ersten Ziele sollen der Litchfield und der Kakadu National Park sein. Obwohl sie beinahe nebeneinanderliegen, sind sie dennoch sehr unterschiedlich. Während man im Litchfield National Park alle Sehenswürdigkeiten bequem an zwei Tagen besuchen kann, muss man sich für den Kakadu schon etwas mehr Zeit nehmen, denn er ist der größte in Australien und eines der ausgedehntesten Schutzgebiete weltweit. Fast eine Woche verbringen wir auf dem riesigen Areal.

Als ich mich abends einem kleinen Sanitärgebäude des Campgrounds nähere, bemerke ich eine Frau und ihren vielleicht achtjährigen Sohn, wie sie aufgeregt unter einen hölzernen Verschlag gleich neben der Toilette blicken. Ich geselle mich zu ihnen und bücke mich ebenfalls, um sehen zu können, was es wohl dort unten Spannendes gibt. Ich blicke direkt in die schwarzen, glänzenden Augen einer Python. Das stattliche Reptil hatte sich wohl durch einen Spalt hier in das Servicegebäude zurückgezogen, um die Nacht fein säuberlich aufgerollt zwischen Eimern und Kehrbesen zu verbringen ...

Viele der Tracks im Norden sind sandige Pisten, manche durchqueren Bäche und Flüsse, weshalb die Befahrung der meisten Strecken nur mit Allradfahrzeugen gestattet ist. Es ist das Ende der Trockenzeit, bald wird es ausgiebig und tagelang regnen und das Wasser weite Teile der Landschaft in ein grünes und blühendes Terrain verwandeln. Die Flüsse werden anschwellen und ein Vielfaches ihrer Breite annehmen. Jetzt aber ist alles öde und verdorrt. Die meisten Flussdurchfahrten meistern wir problemlos und ohne nass zu werden, denn das Bett ist staubtrocken. Trotzdem warnen vor jedem kleinsten Wasserloch oder Fluss Schilder vor der potenziellen Gefahr, einem Salzwasserkrokodil zu begegnen.

Die Leistenkrokodile oder Salties, die hier kurz Crocs genannt werden, wandern über die Flusssysteme bis zu 200 Kilometer landeinwärts. Gerne leben und jagen sie nicht nur in den Mündungsgebieten gleich am Meer, sondern auch in den fischreichen Flüssen selbst, wie hier im Kakadu National Park. Noch finden wir diese allgegenwärtigen Warnungen übertrieben – bis wir ganz alleine im Hinterland des Parks an einem Wasserloch unsere Kaffeepause machen. Wir genießen die Sonne und beobachten einige Wasservögel, als wir es plötzlich gewaltig platschen hören, so als wäre jemand ins Wasser gesprungen. Anja sieht zuerst das vier bis fünf Meter lange Krokodil, das wie ein Stück Holz langsam von der anderen Uferseite auf uns zutreibt. Ich habe gerade noch Zeit, die Kamera zu holen und ein Foto zu schießen, als das Tier völlig geräuschlos wie ein U-Boot abtaucht. Wo ist es hin und wo taucht es auf? Ob es sich so für uns interessiert, wie wir es für das Krokodil tun? Wir sind uns einig, die Pause jetzt für beendet zu erklären und besser weiter zu fahren, am Ufer fühlen wir uns jedenfalls etwas unwohl.

Jedes Jahr geschehen einige „Unfälle“ mit den Salties, die bis zu sechs Meter lang werden können. Erst vor wenigen Jahren wurde eine deutsche Touristin hier im Kakadu National Park von einem Krokodil getötet. Blitzschnell schießen sie aus dem Wasser, packen ihre Beute und zerren sie ins Gewässer, um sie zu ertränken. Daher ist es auch ratsam, nicht zu dicht an Seen und Flüsse heranzutreten oder dort zu campen – vom Schwimmen ganz zu schweigen. In den nächsten Tagen werden wir noch viele weitere Krokodile beobachten können, wie sie langsam und leise einen Fluss hinaufziehen; oft schauen nur die Spitze der Schnauze und die Augen aus dem Wasser.

Was wir nicht wussten ist, dass diese Krokodile nicht nur in Australien beheimatet sind. Auch in Asien sind sie verbreitet, wenn auch weniger. In Dili auf Timor gibt es unter einem Pier ein stadtbekanntes Tier, das von den Bewohnern mit Hühnchen gefüttert wird. Was wie ein harmloses Miteinander wirkt, ist in Wahrheit oft dramatisch: In Timorleste sterben jährlich bis zu zwölf Menschen durch die Wasserreptilien. Daher gingen auch wir dort selten und nur an gut einsehbaren und von anderen Badegästen frequentierten Plätzen baden. Aber Krokodile sind nicht die einzigen interessanten Bewohner dieser australischen Wildnis. Wir sehen Kängurus, und zwar die kleinen Wallabys genauso wie die großen „Red backs“ oder ganze Kolonien von riesigen Fledermäusen, sogenannten Flughunden. Tagsüber hängen sie zankend in den Bäumen, um am Abend wie ein Schwarm Bienen zu Hunderten auszuschwärmen und Insekten zu jagen. Wir sehen viele verschiedene Echsen und Warane, wenige Schlangen sowie Schildkröten und Fische in den Flüssen. Abends campieren wir auf einem der vorgeschriebenen, rudimentären Campplätze. Diese bieten neben einem Plumpsklo und Picknickplätzen mit Feuerstellen gelegentlich auch Wasser. Hier sind wir fast immer alleine, denn die Hauptsaison ist längst vorbei. Dann sitzen wir mit einem kalten Bier in der Hand in absoluter Dunkelheit draußen. Unsere Petroleumlampe erleuchtet schwach den Tisch, Hunderte von Sternen bedecken das gesamte Firmament. Mit kräftigen Schwüngen ziehen große Fledermäuse durch die Nacht. Wir lauschen, wie in der Ferne Kojoten heulen. Traumhaft! Hier brauchen wir nicht zu fürchten, dass gleich ein Roller um die Ecke gebraust kommt oder dass eine Gruppe junger Leute interessiert stehen bleibt und uns beobachtet, oder dass die laute Musik einer Hochzeitsgesellschaft die ganze Nacht aus einer Ortschaft herüberschallt ... Hier ist niemand. Ganz alleine genießen wir die Stille und Einsamkeit dieser Weite.

Neben den Besonderheiten an Flora und Fauna haben die ursprünglichen Bewohner Australiens, die Aborigines, zahlreiche kulturelle Schätze hinterlassen. Außer Höhlen, die als Wohnung dienten, sehen wir umfangreiche jahrhundertealte Felsmalereien. In einem Infocenter informieren wir uns über Lebensweise und Geschichte der in dieser Wildnis ehemals lebenden Menschen.

Das letzte Highlight, das wir uns anschauen möchten, ist ein abgelegener Wasserfall. Die Strecke dorthin besteht aus circa 28 Kilometern übelster Waschbrettpiste, „Corrugations“, wie es auf Englisch heißt. Darüber zu fahren ist kein Genuss. Wir werden kräftig durchgeschüttelt, die Vibrationen gehen durch das ganze Auto, es rattert wie ein Maschinengewehr. Eine Tortur für Fahrer und Fahrzeug. Als wir auf der Rückfahrt den Major in ein trockenes Flussbett steuern, möchte ich bremsen, um die Geschwindigkeit zu drosseln. Das Bremspedal lässt sich ohne jede Bremswirkung oder Gegendruck bis zum Bodenblech durchtreten. Zum Glück sind wir nicht allzu schnell, wir rauschen durch das Flussbett hinauf auf die andere Uferböschung, wo der Major ausrollt.

Den Fehler brauchen wir nicht lange zu suchen. Beim Blick unter das Auto ist sofort ersichtlich, wohin sich der Bremsdruck verflüchtigt hat: Die vordere rechte Bremsleitung ist gebrochen, sauber und glatt gleich hinter der Verschraubung. Eine offensichtliche Folge der dauerhaften Vibrationen, die unser Landy auf dieser Reise hier nicht zum ersten Mal erleidet. Mit einer Arterienklemme drücke ich den Bremsschlauch ab, um den totalen Verlust der Bremsflüssigkeit zu vermeiden. Theoretisch haben wir ja noch drei Räder mit funktionierender Bremse, allerdings hält die Klemme dem Druck bei der Betätigung des Pedals nicht stand und leckt. Somit sind wir ab jetzt ohne Bremse unterwegs, abgesehen von der Handbremse. Bis zum Highway sind es um die zwölf Kilometer, folgen wir diesem in südliche Richtung, erreichen wir nach weiteren 25 Kilometern ein Roadhouse. Das sind Raststationen, die neben einer Tankstelle, einem Laden, einem Motel und einem Restaurant auch manchmal kleine Werkstätten angeschlossen haben. Hier können wir vielleicht unseren Schaden reparieren. Glücklicherweise ist die Landschaft eben und es gibt keinen Verkehr. Mit um die 50 Kilometer in der Stunde rollen wir langsam mutterseelenallein den Stuart Highway herunter.

Unsere Hoffnungen auf eine Reparatur im Roadhouse werden gleich nach unserer Ankunft zunichtegemacht. Weiter geht unsere Fahrt bis zur nächsten Ortschaft, die ungefähr 60 Kilometer entfernt liegt. Aber auch in Pine Creek kann man uns nicht helfen, die Werkstatt, die es hier einmal gab, ist vor einigen Jahren nach Katherine umgezogen. Das ist die nächste größere Stadt und genau da fahren wir nun hin – weitere 135 Kilometer ohne Bremse.

Könnte man von Köln nach Kaiserslautern ohne Bremse fahren? Fast unvorstellbar! Hier ist es aber überhaupt kein Problem, denn der Highway ist leer und schnurgerade. Gemächlich rollen wir der Seitenlinie folgend die Straße hinunter. Als wir das Städtchen erreichen, ist es Viertel vor zwölf. Da heute Samstag ist, schließen die meisten Gewerke um zwölf. Was soll ich sagen: Bis wir eine Werkstatt ausfindig gemacht haben, ist alles zu – wir bleiben bis Montag.

Nach insgesamt über 250 ungebremsten Kilometern und zwei Tagen Wartezeit ist das defekte Stück Bremsleitung gleich am Montagmorgen im Nu ausgetauscht und die Bremse entlüftet.

Mittlerweile haben wir – technisch gesehen – die Erde einmal umrundet. Beinahe 42.000 Kilometer haben wir zurückgelegt, seit wir Deutschland verlassen haben. Die Fahrt kann weitergehen, und zwar nach Alice Springs im „Red Center“. Was wie ein Abstecher in die nächste Stadt klingt, ist vergleichsweise eine Reise durch halb Europa. Knapp 1.200 Kilometer liegen zwischen Katherine und Alice, der Stuart Highway verbindet die beiden Städte und nicht nur das. Er ist sozusagen die 2.700 Kilometer lange Lebensader, die sich einmal quer durch das zentrale Australien zieht und Darwin im Norden von Port Augusta im Süden aus mit dem Auto erreichbar macht – mit meist schnurgeradem Verlauf. Schier unendlich führt das Asphaltband durch dieses karge, trockene und topfebene Land. Dazu brennt eine unbarmherzige Sonne vom Himmel, mittags sind es über 40 Grad. Oft springe ich sofort nach dem Aussteigen zurück ins Auto, wenn ich wieder einmal barfuß gefahren bin und mir bei einer Pause am unerträglich heißen Wüstenboden die Füße verbrannt habe. Entlang der Strecke gibt es nicht viel: ein bis zwei kleinere Städte, ebenso ein paar Sehenswürdigkeiten. Ansonsten lediglich wenige Roadhouses, bei denen man den Diesel- oder Wasservorrat auffüllen kann und auch sonst fast alles bekommt, was unterwegs nützlich oder begehrenswert ist.

Wir sitzen stoisch im Major, rollen mit 75 km/h Stunde um Stunde Richtung Süden und lauschen dem monotonen Surren unserer Offroadreifen auf dem groben Asphalt. Alle Fenster sind weit geöffnet, um so viel wie möglich von dem warmen und trockenen Fahrtwind einzufangen, der doch ein wenig Abkühlung verspricht. Manchmal schweift mein Blick über dieses enorm weite und unwirtliche Land, ich beginne zu träumen. Vor meinem geistigen

Auge reitet der Pionier früherer Zeiten, nach dem diese Straße benannt ist, neben uns her.

John McDouall Stuart war ein echter Teufelskerl. Er und seine Mannen zogen zu mehreren Expeditionen aus, um eine Passage zu finden, die den Kontinent von Süden her mit dem Norden verbindet. 1861 schafften sie den Durchbruch, ohne Karten, ohne zu wissen, was vor ihnen lag und – ohne Wasserhahn. Dieses Land ist so unsagbar trocken und heiß. Vier Wüsten musste er durchqueren, und trotz allem erreichte er nicht nur nach knapp drei Monaten die Nordküste, sondern fand auch die gesuchte Route. Mit seinem exzellenten Gespür für Topografie und Vegetation führte er seine kleine Crew über Hunderte Kilometer durch diese Ödnis, ohne je einen Mann verloren zu haben. Im Gegensatz zu einigen anderen Expeditionen, deren Ausgang oft dramatisch und für viele Männer wie auch deren Pferde tödlich endete. Draußen im Feld ein Genie mit überragenden Fähigkeiten war McDouall Stuart in der Zivilisation der frühen Städte an der südöstlichen Küste alles andere als ein Gentleman mit herausragenden sozialen Kompetenzen: Wortkarg und versoffen soll er den Verführungen des Alkohols bei jeder Gelegenheit erlegen sein und tagelang im Rausch im Bett verbracht haben. Und dennoch: was für eine unglaubliche Leistung – alles auf dem Rücken seines Pferdes und nicht bequem im Land Rover mit Bett, Küche, Kühlbox und Wasserkanistern …

Gäbe es nicht den Tourismus im Land und jene Firmen, die die Urlauber mit Wohnmobilen, Campern und Minivans versorgen, wären wir hier schlichtweg alleine unterwegs. Durch ihre Schriftzüge „Apollo“, „Britz“ oder „Maui“ sind sie schon von Weitem als Mietmobile zu erkennen. Viele von ihnen sind sogar Toyota Geländewagen mit einem Aufstelldach, wie wir es haben. Australien per Auto zu erkunden, insbesondere mit einem 4x4, macht absolut Sinn. Die Infrastruktur dafür ist hervorragend. Nicht nur in den Nationalparks gibt es gemütliche, kleine Campsites mit einfachen, aber stets intakten und sauberen Toiletten und Grillplätzen sowie Bänken und schattenspendenden Unterständen. Auch entlang der Highways gibt es großzügig eingerichtete Übernachtungsplätze, die man zumindest jetzt in der Nebensaison fast immer alleine benutzt. Nur das Mieten eines solchen 4x4-Campers, das ist ganz schön teuer! So teuer, dass die Verschiffung unseres eigenen Autos sich schon nach fünf Wochen Reisedauer rentiert hätte – hin und zurück, versteht sich! Hinzu kommt, dass die Mieter solcher Allradmobile manche Offroad-Strecken aus Sicherheitsgründen gar nicht fahren dürfen. Per GPS-Ortung wacht der Vermieter darüber, wohin seine Kunden fahren und droht mit saftigen Strafen. Freiheit auf Rädern sieht anders aus, und die Frage nach der Sinnhaftigkeit ein Allradfahrzeug zu mieten, das man dann nicht „artgerecht“ benutzen darf, bleibt auch offen.

Wir jedenfalls hören Musik oder zählen die Känguru- und Kuhkadaver, die häufig am Straßenrand liegen. Die Zahl übersteigt an manchen Tagen schnell ein Dutzend. Sie sind Opfer der „Roadtrains“. So nennt man die mehreren Hundert PS starken Lkw, die jeden Winkel des Landes mit Gütern versorgen – auch ohne Schienennetz. Anders als in Deutschland ist bei ihnen nicht mit einem Anhänger und 40 Tonnen Schluss. Gerade auf dem Stuart Highway sehen wir oft bis zu vier Anhänger mit einer Zuggesamtlänge von knapp 55 Metern und bis zu 100 Tonnen Gewicht! Da dauert ein Überholvorgang schon einmal länger. Nicht wir überholen, sondern wir werden von diesen über 100 km/h schnell fahrenden Giganten der Landstraße überholt. Bereits der Blick in den Rückspiegel ist furchteinflößend: Schwer gepanzert mit „Bullfängern“ und Gittern gegen eben jene Kollisionen, mit vielen Scheinwerfern und zwei rauchenden, verchromten Auspuffrohren kommen sie angerauscht. Auch sämtliche Pick-ups und Geländewagen der Australier haben eine solche „roo bar“. Dieser umgangssprachliche Begriff leitet sich aus "kangaroo bar" ab und umschreibt ebenfalls einen massiven Rammbügel am Auto, der Fahrzeug und Insassen vor den Folgen eines – offensichtlich häufigen - Wildunfalls schützen soll. Die geschehen in der Regel in der Dämmerung oder nachts, wenn die Tiere aktiv werden und die Sicht eingeschränkt ist.

Neigt sich unser Fahrtag dem Ende entgegen, biegen wir auf eine Piste ab, die zu einer „station“ gehört. „Cattle stations“ sind riesige Rinderzuchtbetriebe. In Australien ist alles XXL und so auch diese Farmen, die mitunter die Größe deutscher Bundesländer haben.

Die Rinderzucht war einer der bedeutendsten Wirtschaftszweige, der maßgeblich zur frühen Entwicklung des Landes beigetragen hat und noch immer eine wichtige Rolle spielt. Auf schier grenzenlosen Flächen ziehen die Herden umher, nur "gesteuert" durch die oft angelegten Wasserlöcher und die Cowboys. Hier zählt man nicht wie in Europa „Rinder pro Hektar“, sondern „Hektar pro Rind“. Gehts zum Schlachter, werden die Tiere mithilfe von

Quads, Geländewagen und manchmal sogar Helikoptern zu den „mustering points" getrieben, wo sie sortiert und anschließend verladen werden. Wir sind froh um diese Pisten, führen sie doch immer weit ins unberührte einsame Hinterland und bieten uns somit ideale Bedingungen für ruhige Schlafplätze.

Wenn da nicht Australiens heimliches Wappentier Nummer eins wäre. Wir wissen nicht, warum es das Känguru und manchmal auch das Krokodil ist, welche verschiedene Wappen hier im Land zieren – eigentlich müsste es die gemeine Stubenfliege sein. Und gemein ist sie: Kurz nach dem Verlassen unseres Autos fallen die Fliegen in Schwärmen über uns her und versuchen stets mit dreister und nicht nachlassender Penetranz in unsere Augen, Ohren und Nasen zu krabbeln. Glücklicherweise ist es nicht überall gleich schlimm. Im Kakadu National Park war es aber stellenweise so übel, dass wir uns nach zwei Tagen ein Netz kauften, das wir uns notfalls mit Hut über den Kopf stülpen. Am Abend dann, wenn die Sonne ihren tiefsten Stand erreicht, scheint es ein heimliches Signal zu geben, das wir nicht hören können. Mit einem Schlag sind alle Fliegen weg. Komplett. Erleichtert seufzend ziehen wir uns die Netze vom Kopf und genießen die wiedererlangte Freiheit. Auch ist mir nun vollkommen klar, dass das Hand-vor-den-Mund-Halten, wenn man Gähnen muss, keine Eigenheit ist, die einem Benimmbuch für gute Manieren entsprang. Nein, diese Angewohnheit wurde hier in Australien erfunden und hat ihren pragmatischen Ursprung darin, beim Gähnen nicht zu viele Fliegen einzuatmen – ganz sicher …

Alice Springs ist für den Norden schon eine große Stadt und bildet fast den geografischen Mittelpunkt des Kontinents. Dennoch unterscheidet sie sich in ihrer Erscheinung nur unwesentlich von den meisten Städten, die wir hier bisher gesehen haben und auch entlang der Westküste sehen werden. Die Städte sind nicht besonders ansprechend, weder hübsch noch hässlich. Sie sind vor allem eines: praktisch. Außen liegt immer ein kleines Industriegebiet, in dem die Handwerksbetriebe angesiedelt sind, um den Stadtkern herum befinden sich die flachen Gebäude der Wohnblocks. Das eigentliche Zentrum wird von einem Shopping Center dominiert, in dem man das meiste des täglichen Bedarfs erledigen kann. Dazu ein paar Werkstätten, zwei bis drei Tankstellen, Sportanlagen, hier und da sieht man mal einen Park oder ein Museum. Fertig. Keine Altstadt, keine alten Kirchen oder Festungsanlagen, selten so etwas wie eine Fußgängerzone. Aber woher auch? Diese Art der Zivilisation gibt es in Australien im Grunde genommen erst seit 150 Jahren – eine Zeit, in der sehr viel geschaffen und vorangetrieben, aber auch zerstört wurde und verloren ging, insbesondere im Hinblick auf die Aborigines.

Im Northern Territory leben überdurchschnittlich viele der Ureinwohner. Der Eindruck, den sie bei uns erwecken, ist häufig beschämend. Oft sitzen oder liegen sie im Schatten von Bäumen in Parks und auf Grünstreifen. Nicht selten streiten sie sich und schreien herum, einige sind mittags offensichtlich betrunken, einmal werden wir selbst von ihnen wegen unserer Hautfarbe lauthals beschimpft. Andere lungern vor den Supermärkten herum und betteln. Und dennoch erregen sie unser Mitleid. Die Zweiklassengesellschaft ist krass spür- und sichtbar. In diese weiße Kultur gehören sie nicht, von ihrer eigenen wurden sie entwurzelt. Über 50.000 Jahre lang lebten sie unbehelligt auf diesem Kontinent, besiedelten und nutzten die Lebensräume mit einer Nachhaltigkeit, die sich eben über jene unvorstellbar lange Zeit bewährt hatte. Ihr unerschöpflicher Wissensschatz über dieses Land, der ein Überleben ohne Technologie ermöglichte und die Ressourcen nicht zerstörte, geht langsam verloren. Binnen kürzester Zeit wurden sie durch das Eintreffen der Europäer fast vernichtet. Nie hätten wir gedacht, dass die Probleme in dieser Gesellschaft, gerade im Zusammenleben der beiden Kulturen, noch immer so gravierend sind und diese schier unüberwindbar spaltet. Natürlich liest man auf den Schautafeln in den Nationalparks vom Respekt vor den „traditionellen Besitzern" des Landes. Natürlich hören wir von den zahlreichen Programmen der Regierung, welche den Ureinwohnern wieder mehr Rechte und Besitzansprüche an Grund und Boden zusichern soll. Natürlich gibt es große Areale, die unter Verwaltung der Aborigines stehen und für deren Betreten man Genehmigungen braucht. Aber Harmonie und Akzeptanz in einer Nation füreinander sieht anders aus. Nur selten sehen wir Ureinwohner, die den Spagat zwischen der neuen Welt und ihren Wurzeln scheinbar gut hinbekommen. Doch die vielen Touristen, die hier nach Alice kommen, werden davon nicht allzu viel spüren, denn die meisten sind ohnehin nur kurz in der Stadt auf der Durchreise zu einem, sagen wir zu DEM Wahrzeichen des Kontinents: dem Uluru.

Bis vor wenigen Jahren hieß dieser Fels Ayers Rock. Er ist ein Symbol dafür, wie aus Gründen des Respekts und vielleicht auch aus Schuldgefühl

Landmarken wie Bergen, Gipfeln, Flüssen oder Tälern auch offiziell wieder der Name der Ureinwohner zurückgegeben wird. Natürlich wollen auch wir ihn sehen und machen uns auf, den ungefähr 500 Kilometer westlich gelegenen Felsklumpen zu besuchen. Er ist ohne Frage eine wahre Erscheinung. Wie ein Laib Brot auf einem weißen Tischtuch, so steigt dieser Fels aus der sonst leeren und bis zum Horizont flachen Landschaft empor. Dazu die rötliche Farbe, die ihn besonders im Licht des Sonnenuntergangs regelrecht glühen und strahlen lässt. Einzigartig! Derzeit ist eine Besteigung des heiligen Bergs noch möglich. Nächstes Jahr soll das Klettern auf seinem Rücken aus Respekt vor der Kultur und dem Glauben der Ureinwohner vollständig verboten werden. Trotzdem sehen wir vom Aufstieg ab. Es gab genügend Berge entlang unseres Weges, von deren Gipfel aus wir die Aussicht genossen, ohne jemanden damit zu verletzen. Daher fällt es uns leicht, an dieser Stelle darauf zu verzichten.

Auch im Umland dieses Monolithen gibt es einiges zu entdecken: Nur etwa 50 Kilometer entfernt liegen die Olgas, heute wieder Kata Tjuta genannt. Diese harmonisch rund geformten Felsformationen erstrahlen ebenfalls in rotleuchtenden Farben. Grüne Bäume und der tiefblaue Himmel mit sanften, weißen Cumuluswolken bieten eine tolle Stimmung und ein kontrastreiches Panorama.

Weshalb wir beinahe auf direktem Südkurs von Norden herunter ins „Red Center“ gedüst sind, hat einen guten Grund: Mit dem nahenden Sommer steigen die Temperaturen hier im Kern des Kontinents schnell auf über 50 Grad. Ein Besuch dieser Region zu einem späteren Zeitpunkt unserer Reise wäre somit deutlich strapaziöser. Daher nehmen wir die über 2.500 Kilometer „Umweg“ in Kauf, denn natürlich haben wir mit dem Norden noch nicht abgeschlossen. Unsere Route wird uns also wieder nordwärts führen, erst nach Alice Springs und von dort quer durch die Wüste. Wir wollen uns Zeit lassen für den Weg zurück in die Stadt und uns ihr entlang des West-MacDonnell-Gebirgsrückens allmählich nähern.

Als wir an einer T-Kreuzung den Blinker setzen, um von der Hauptroute abzubiegen, winkt uns eine junge Frau vom Straßenrand aus zu, um uns anzuhalten. Kati kommt aus Namibia und bereist seit vielen Monaten mit einem großen bunt bestickten Rucksack den Roten Kontinent. Als Tochter einer weißen Farmerfamilie der ehemaligen deutschen Kolonie spricht sie perfektes, akzentfreies Deutsch. Wir können erst gar nicht glauben, dass sie nicht aus unserer Heimat stammt. Natürlich nehmen wir sie mit, auch sie möchte zurück nach Alice Springs, und zwar am liebsten ebenfalls durch die West MacDonnell Ranges. Da sie kein Zelt bei sich hat, fragen wir sie, wo wir sie denn absetzen sollen oder wo sie übernachten will. „Kein Problem, stoppt, wo immer ihr übernachten wollt, ich finde schon ein Plätzchen!"

Dass sie die waschechte Tochter eines Farmers aus dem afrikanischen Busch ist, stellt sie gleich am ersten Abend unter Beweis. Wir haben uns auf einer schmalen Sandpiste weit ins Hinterland und weg von der Hauptroute vorgearbeitet, um einen ruhigen Stellplatz für die Nacht zu finden. Auf einem größeren Flecken Gras, umrahmt von einigen Büschen und Bäumen, richten wir uns für die Nacht ein. Der Himmel ist bereits seit dem späten Nachmittag dicht bewölkt. Die dunklen Wolken sinken immer tiefer, auch das Thermometer fällt. Kaum hat Kati ihre Hängematte zwischen zwei Bäumen gespannt, fallen auch schon die ersten Tropfen. Noch während wir mit Spanngurten und unserer Plane ein Behelfszelt über ihrer Hängematte errichten, grollen in nicht allzu großer Ferne die ersten Gewitter. Zu dritt flüchten wir in den Major, gespannt und argwöhnisch hocken wir vor den Fenstern und beobachten, was draußen geschieht. Ein richtiges Unwetter zieht auf. Wenig später ist es stockfinster, der Regen prasselt auf unser Dach. In dichter Folge erhellen Blitze überall um uns herum für den Bruchteil einer Sekunde den Himmel und beleuchten silhouettenhaft die Wolkendecke und den Gebirgsrand in der Ferne, während ein kräftiger Wind unseren Landy schüttelt. Nach einer knappen Stunde zieht das Gewitter allmählich weiter. Der Regen lässt nach, ebenso der Wind, der Donner wird leiser und auch die Blitze erscheinen weiter weg.

„Ok, dann gute Nacht!" verabschiedet sich unser Gast, um sich draußen in ihre Hängematte zu schwingen ...

Gemeinsam verbringen wir die nächsten Tage und erkunden die Berge. Es gibt ein weitläufiges Netz an Wanderwegen, deren unterschiedliche Längen in 30 Minuten bis zu 20 Tagen zu bewältigen sind. Sie verbinden außer den verschiedenen Gebirgsrücken auch die zahlreichen Quellen und Wasserlöcher, in denen man problemlos schwimmen kann, denn Krokodile gibt es hier keine mehr.

Am letzten gemeinsamen Abend lodert ein gemütliches Campfeuer zwischen den roten Felsen unseres Lagerplatzes. Stumm liegen wir zu dritt auf unserer Bastmatte, lauschen dem knisternden Feuer und beobachten die unzähligen Sterne über uns. Plötzlich erschreckt uns Kati mit dem Ausruf „Schlange!“ Rasch springt sie auf. Alle sind auf den Beinen, keiner sieht etwas. Es dauert einige Sekunden, bis die Taschenlampe gefunden ist und sich tatsächlich eine Schlange im hellen Licht der Lampe auf unserer Matte schlängelt, quasi dort, wo wir noch vor wenigen Augenblicken gelegen haben. Eigentlich ist es vielmehr ein „Schlängchen“ als eine richtige Schlange. Etwa 30 Zentimeter lang und fingerdick wirkt sie eher wie ein großer Wurm. Scheinbar ebenso erschrocken und etwas orientierungslos versucht sie, sich dem Lichtschein zu entziehen. Vermutlich wollte sie sich einfach nur zu uns gesellen, als sie vorhatte, im Bereich des Nackens unter Katis Kopf hindurch zu krabbeln. An diesem Abend gibt es keine Büsche, zwischen denen man die Hängematte unserer Anhalterin aufspannen könnte. Es bleibt ihr nichts anderes übrig, als ihr Lager direkt auf dem Boden neben dem Feuer aufzuschlagen. Für uns wäre das, insbesondere nach der Erfahrung des heutigen Abends, zumindest mit einem unguten Gefühl verbunden. Für Kati ist es kein Problem, sie ist halt ein richtiges Mädel aus dem Busch.

Zurück in Alice trennen sich bald unsere Wege. Während Kati hier eine Weile jobben möchte, ist es für uns mehr ein Servicestopp, denn schon morgen wollen wir uns auf den Tanami Track begeben. Diese circa 1.700 Kilometer lange Piste führt auf direktem Wege quer durch die gleichnamige Wüste und verbindet Kununurra im Norden mit Alice Springs. Wir legen einen üppigen Wasservorrat an, füllen Tank und zwei Reservekanister randvoll auf, kaufen Lebensmittel für über zwei Wochen. Außerdem überprüfe ich Achsen, Bremsen, Kühlsystem und Motor auf Undichtigkeiten oder sonstige Auffälligkeiten.

Die ersten 180 Kilometer des Tracks sind noch geteert, wenn auch nur einspurig. Somit kommen wir sehr gut voran. Erwartungsgemäß gibt es so gut wie keinen Verkehr. An der Strecke selbst liegen nur zwei kleine Ortschaften, jedoch mehrere Cattle Stations und auch Minen, das zweite Standbein, das Australien nachhaltig zu Wohlstand verhalf und seinen Aufstieg und seine Erschließung beschleunigte. Insbesondere der Abbau von Gold, Eisenerz und Opalen sorgt für einige zigtausend Arbeitsplätze und üppige Devisen, denn ein Großteil insbesondere des Erzes wird exportiert. Das „Plündern“ der Bodenschätze ist ein zweischneidiges Schwert. Auf der einen Seite beschert es dem Land einen enormen Wohlstand, von dem wohl alle profitieren. Auf der anderen Seite führt die Ausbeutung zu Konflikten, sowohl mit Aborigines als auch mit Naturschützern. Denn nicht immer wird in unwirtlichen, abgelegenen Gebieten wie hier in der Tanami-Wüste gegraben. Manchmal sind auch den Aborigines heilige Plätze und Berge betroffen oder aber ökologisch wertvolle oder sensible Regionen. Der Karjini-Nationalpark zum Beispiel, einer der schönsten in Western Australia, ist durch eine Zuglinie in zwei Hälften zerschnitten, die den Abtransport der Erträge aus den Minen, die dicht bis an die Grenzen des Parks graben, sicherstellt. Das ist nur ein Beispiel von vielen, die Wirtschaftszweige, die unmittelbar mit den Minen verknüpft sind, genießen oberste Priorität. Hier in der Tanami-Wüste wird insbesondere nach Gold gesucht. Wir sind doch etwas verwundert, dass die von uns gewählte Strecke gar nicht so einsam und unbefahren ist. Pick-ups der Minenarbeiter, aber auch Road Trains, die über die breite, gut instand gehaltene Piste auf ihren vielen Anhängern Treibstoff, Chemikalien und andere Versorgungsgüter herbeischaffen, sehen wir öfter.

Die Szenerie um uns herum lässt den Horizont in zwei gleichen Hälften erscheinen: Die obere ist der tiefblaue und wolkenlose Himmel, die untere das weite, flache und karge Land. Der Boden schimmert mal rötlich, mal bräunlich, um dann in verschiedene Ockertöne überzugehen. Dürre, niedrige Büsche, die locker verteilt hier wachsen, sind die einzige Vegetation. Die am meisten verbreiteten Tiere sind die Termiten. Ihre Bauten, die nicht selten über zwei Meter hoch sind, wirken wie rote Sahnebaiser, die wohl ein Riese mit einem gigantischen Spritzbeutel gleichmäßig über das weite Land verteilt hat. Obschon diese Umgebung sehr monoton ist und wir uns bald eher langweilen als das abenteuerliche Flair einer Wüstendurchquerung zu verspüren, freuen wir uns, nach einem langen Fahrtag ohne Mühe einen ruhigen Stellplatz zu finden.

Am zweiten Abend auf dieser Route campieren wir wenige Kilometer entfernt von einer kleinen Siedlung. Als wir in der Dunkelheit sitzen und uns mit einem kalten Bier nach den Strapazen des heißen, langen Fahrtages belohnen, meine ich, in einiger Entfernung vor uns ein Tier zu sehen. Ich richte die Taschenlampe darauf, im Lichtkegel schleicht sich ein Hund oder Kojote langsam davon. Wenig später sehen wir noch einen, diesmal ist es definitiv ein größerer schwarzer Hund. Wir denken uns nichts dabei, ohnehin scheint dieser Platz von den Minenarbeitern oder wem auch immer als Campplatz genutzt zu werden – jedenfalls erwecken einige Feuerstellen und leere Bierdosen diesen Eindruck. Vielleicht hoffen diese beiden halb verwilderten Gesellen, etwas vom Barbecue abzubekommen. Das fällt jedoch aus, wir kochen und essen in unserem Wohnzimmer. Nach dem Essen möchte ich mir in der Dunkelheit den Luxus einer Dusche gönnen.

„Hast Du meine zweite Sandale gesehen?“ frage ich Anja.

„Nein, aber standen sie nicht beide draußen auf der Stufe?“

Ja, das taten sie und nun fehlt die Linke. Es braucht nicht viel Fantasie, um die Hunde von eben als Verdächtige im Visier zu haben. Welcher Geruch auch immer sie dazu verleitet haben mag, anzunehmen, dass dies eine lohnende Beute sein könnte, sie haben sie wohl „erlegt“. Beinahe eine Stunde suche ich am nächsten Morgen das ganze Gebiet um unseren Lagerplatz ab in der Hoffnung, dass sie ihren Irrtum bemerkt haben und meine altgediente Sandale fallen ließen. Fehlanzeige! Grummelnd steige ich ins Auto und starte den Motor. Über acht Jahre waren diese – zugegeben nicht mehr besten – robusten Outdoorsandalen treue und bequeme Begleiter auf all meinen Reisen. Ein solches Ende haben sie nicht verdient. Zurück auf der Piste haben wir unsere Fahrt vielleicht für 200 Meter Richtung Norden fortgesetzt, als etwas Schwarzes auf unserer Fahrbahn liegt. Ich werde langsamer, vornübergebeugt starren Anja und ich auf das, was da im Sand liegt – meine Sandale! Wir können es kaum glauben, aber irgendwie ist dem Köter auf dem Weg nach Hause meine Schlappe im Maul dann doch unangenehm geworden und er hat sich von ihr getrennt. Zum Glück hatte er den gleichen Weg wie wir …

Sechs Tage sind wir in der Tanami-Wüste unterwegs. Bereits am dritten Tag der Durchquerung haben wir die Route auf kleine Nebenpisten verlegt, welche quasi menschenleer sind. Vielleicht ein bis zwei andere Fahrzeuge sieht man hier am Tag. Wenige Kilometer vor Kununurra verlassen wir das Northern Territory und erreichen Western Australia. Es ist schon verwunderlich, dass es innerhalb eines Landes so eine Art Grenzstation mit einer Quarantänekontrolle gibt. Alles Frische muss weg: Fleisch, Obst, Gemüse, Milchprodukte und vieles mehr. Streng schaut uns die Beamtin an.

„Any vegetables, fruits or eggs?“

Sie drückt uns eine Checkliste in die Hand.

“Oh yes, we have some honey in our kitchen!“ Der Honig ist unser auserkorenes Bauernopfer, den wir über die Klinge springen lassen, um zumindest einen Rest Obst und Müsli fürs nächste Frühstück zu retten.

„Give it to me“, werden wir aufgefordert. Kurzerhand wandert die kleine Tube in den Müll, zufrieden wünscht uns die Dame eine gute Fahrt.

Der Ort selbst ist eine kleine Minenstadt am Rande der Kimberley Mountains. Überschaubar und ruhig sind solche Siedlungen der ideale Platz, um unsere Vorräte aufzufrischen, Informationen über die weitere Strecke einzuholen und über das Internet Kontakt mit der Familie und den Freunden aufzunehmen. Von hier wollen wir auf die Gibb River Road fahren, eine Strecke, die in den späten Fünfzigern des letzten Jahrhunderts angelegt wurde, um das Schlachtvieh von den entlegenen Stations in den Bergen nach Derby am Rande des Gebirgszuges zu transportieren. Dabei quert die Strecke mehrere Flüsse, in denen jederzeit mit Krokodilen zu rechnen ist. Die Region ist sehr abgelegen, neben den erwähnten Farmen gibt es zwei Roadhouses, die auch Treibstoff und Lebensmittel verkaufen. Wenn man nur auf „der Gibb“ bleibt und keine Abstecher in die zahlreichen eindrucksvollen Schluchten links und rechts der Strecke unternimmt, liegen dennoch über 600 Kilometer Strecke vor einem, natürlich als Schotterpiste unterschiedlichsten Zustandes.

Dieses Abenteuer werden wir nicht alleine angehen. Michael und David wollen uns begleiten. Die beiden deutschen Motorradfahrer haben wir schon in Dili, Osttimor, getroffen. Sie sind auf ähnlichen Wegen wie wir bis hier runter gefahren, haben jedoch später nach Darwin verschifft. Einiges an Komplikationen beim Zoll und der Quarantäneinspektion ließ sie über zwei Wochen in Darwin auf ihre Mopeds warten. Eigentlich hatten sie die Gibb River Road schon abgeschrieben, wollten auf direktem Weg über den Highway nach Perth fahren, denn sie sind spät dran. Die Regenzeit steht unmittelbar bevor. Wenn es richtig losgeht, werden weite Teile der Strecke überflutet, die Flüsse werden unpassierbar und nicht selten sind die wenigen Menschen, die hier leben, für einige Wochen auf sich gestellt und zeitweise sogar von der Außenwelt abgeschnitten. Dann leben sie von dem, was in ihren Kühlräumen lagert. Leider schließen während der Regenzeit auch die Roadhouses und die wenigen Campingplätze, die es in der Region gibt. Somit hätten die beiden Biker ein Versorgungsproblem. Sie könnten weder genügend Treibstoff noch Lebensmittel für diese Passage bunkern, selbst wenn sie nur auf der Hauptstrecke blieben. Da kommen wir ins Spiel. Über das Internet hatten wir seit ihrer Ankunft in Australien Kontakt und bieten uns als ihren „Versorgungstruck“ an. Wir werden für die beiden Treibstoff in Reservekanistern und ihren Lebensmittelvorrat transportieren.

Alles läuft einwandfrei, die Motorräder fahren voraus, wir können in unserem Tempo gemütlich hinterhertingeln. An wichtigen Punkten treffen wir uns, entscheiden, wo lang es weitergeht und wo wir gemeinsam campieren wollen. Die Strecke ist anfänglich recht gut. Der Schotter ist nicht zu grob, die Wellblechabschnitte halten sich in Grenzen. Hier oben gibt es die Boab Trees, Bäume, die eine witzige Erscheinung haben. Ihr Stamm sieht aus wie eine Flasche, die Krone ist recht kurz und knorrig verästelt, wodurch diese Bäume eine rustikale Gestalt haben. Je mehr sie altern, umso dicker und unförmiger werden sie. Zusammen mit der Mischung aus weiten Graslandschaften, Felsen und Bergen wird uns ein tolles Panorama geboten. Die Flüsse, die wir passieren, sind allesamt trocken – wir sind halt vor der Regenzeit unterwegs. Es ist unerträglich schwülheiß, zudem kommen Fliegenschwärme, sobald man das Auto verlässt.

Am Abend des zweiten Tages schließen wir auf die beiden Motorräder auf. Die haben an einer unspektakulären Stelle mitten auf der Strecke geparkt, und so ahnen wir, dass etwas nicht in Ordnung ist. Michaels Hinterreifen verliert Luft – und nicht zu knapp. Mit unserem Bordkompressor pumpen wir ihn wieder auf und fahren langsam weiter, um zu sehen, wie lange der Reifen den Druck hält, bevor er unfahrbar wird. Alle zehn Minuten stoppen wir, um ihn wieder zu füllen. So schleppen wir uns zwölf Kilometer weiter, bis wir einen geeigneten Campplatz finden, wo wir am nächsten Tag den Reifen flicken können. Michael ist früh auf den Beinen und macht sich an seinem Moped zu schaffen. Er hatte uns bereits gewarnt, dass dies vielleicht eine unlösbare Aufgabe wird, denn er hat einen Spezialreifen mit verstärkter Seitenwand verbaut. Anfänglich habe ich noch gelächelt, so einen Motorrad-Mantel bekommt man doch immer von der Felge. Dieser Reifen ist aber tatsächlich so steif und stabil, dass man ihn ohne Maschine kaum abgezogen bekommt. Wir mühen uns zu dritt mit allerlei Hilfsmitteln fast eine Stunde ab, bis wir den kaputten Schlauch in den Händen halten. Dabei sind es schon seit Sonnenaufgang um die dreißig Grad, auch die Plagegeister sind wieder da. Dieses

Mal sind es kleine Bienen, die zwar nicht stechen, dafür aber zu Dutzenden ständig auf uns herumkrabbeln und uns umschwirren. Durch die Trockenheit bleibt der verbleibende Abschnitt eher unspektakulär, nur zunehmende Wellblechabschnitte strapazieren Nerven und Material. Am Ende gilt es, zwei Wasserstellen zu durchqueren, was auch für die Mopeds kein Problem ist.

Über Broome führt uns der Weg weiter an der Küste entlang. Unser nächstes großes Ziel heißt Perth. Von der Wüste haben wir noch nicht genug, schließlich haben wir nicht das Gefühl, das richtig große, weite und einsame Outback schon erlebt zu haben. Für mich wäre die Canning Stock Route ein Traum, um dieser Erfahrung nachzuspüren. Die Route wurde im ausgehenden 19. Jahrhundert erschlossen. Über beinahe 1.800 Kilometer führt sie durch gleich drei Wüsten: Tanami, Great und Little Sandy Desert. Auch ihr Zweck war es, Vieh aus dem Norden in den Süden zu schaffen. Aus diesem Grund wurden damals entlang der Strecke circa alle 50 Meilen Brunnen gebohrt, die zum Teil auch heute noch intakt sind. Die Strecke ist unter Offroad-Fans legendär – und nicht ohne. Über tausend Dünen und Dünchen gilt es mit dem Auto zu erklimmen, auf der gesamten Strecke liegt etwa auf halben Weg eine einzige unbemannte Tankstelle, bei der der Dieselbedarf vorangemeldet werden muss. Erleidet das Fahrzeug einen Schaden, der an Ort und Stelle nicht reparabel ist, muss der Fahrer genau wissen, wie viel ihm sein fahrbarer Untersatz wert ist, denn eine Bergung geht in die Tausende. Grundsätzlich wird für den Notfall das Mitführen eines Satellitentelefons dringend empfohlen. Es ist also ohne Frage unabdingbar, dieses Abenteuer genau zu planen, einiges an Erfahrung mitzubringen und sich und sein Fahrzeug gut zu kennen. Die gesamte Strecke ist uns allerdings zu lang und passt auch nicht zu unseren Routenplänen durch Western Australia, aber die Hälfte, das wäre schon spannend.

Wer nun also glaubt, Australien sei das Land der rauen Burschen, grenzenlosen Freiheit und ebensolcher Möglichkeiten, der irrt. Einfach auf eigene Faust losfahren und sich selbstverantwortlich seinen Weg durch die Wüste suchen, um auf Entdeckungsreise zu gehen oder der Gründerzeit auf alten Tracks nachzuspüren, das geht nicht. Es gibt gewisse Regeln und bürokratische Hürden, an die sich jeder Neo-Pionier halten muss. Für die Canning Stock Route ist nicht nur eine Registrierung zwingend notwendig (und das hat nichts mit etwaigen Notfallsituationen zu tun), sondern es müssen auch gleich drei Genehmigungen eingeholt werden. Für diese gilt es, tief in die Tasche zu greifen – ganz tief. Wieder denken wir an den alten Australier in Dili, der uns sein Loblied auf die Freiheit des vergangenen Australiens vorsang … Kurz bevor wir bereit sind, diese Hürden zu überwinden und den Geldbeutel zu öffnen, erfahren wir, dass ein Abschnitt des Tracks geschlossen wurde, wegen Überschwemmungen in einem zu querenden Flusstal. Somit wird uns die Entscheidung abgenommen.

Wir suchen Alternativen und stoßen auf den Kidson Track, auch Wapet Road genannt. Diese einsame Piste führt von der Küste beinahe senkrecht in die Great Sandy Desert hinein, um nach circa 700 Kilometern auf die Canning Stock Route zu treffen. Nach 600 Kilometern gibt es jedoch einen Abzweig, über den man nach insgesamt 1.350 Kilometern wieder eine geteerte Straße erreichen kann. Das klingt gut, das sieht nach großem Outbackabenteuer aus – das wollen wir machen!

Am schier ewig langen Eighty Mile Beach bereiten wir uns vor. Der Strand ist vermutlich viel länger als achtzig Meilen. Links und rechts von uns erstreckt sich breiter schneeweißer Sandstrand, vor uns türkisblaues Meer, dessen hohe Wellen in weißen Schaumkronen vor unseren Füßen brechen. Zahlreiche Schildkrötenspuren führen zu Gelegen in den nahen Dünen. Weit und breit ist keine Menschenseele zu sehen. Oberhalb von hier gibt es am Highway das "Sandfire Roadhouse". Hier füllen wir ein letztes Mal alle verfügbaren Kapazitäten mit Diesel und Wasser. Dann gehts endlich los.

Der Kidson Track ist zu Beginn breit genug für zwei bis drei Fahrzeuge und in gutem Zustand, da er zugleich die Zufahrt zu einer Mine ist. Nach ungefähr 80 Kilometern aber werden die Bedingungen wechselhaft. Mal gute Piste, dann tiefer Sand, dann wieder fieses Wellblech oder tiefe Auswaschungen von der letzten Regenzeit. Auch für den Kidson Track mussten wir uns registrieren und eine Genehmigung kaufen. Die ersten 350 Kilometer führen durch Aborigines-Land. Es gibt zwei ausgewiesene Campstellen, nur an diesen dürfen wir übernachten. Das alles scheint etwas lächerlich, sieht doch das Gebiet um uns herum stets gleich aus: Ewige flache Weite, ein sanfter Hügel oder ein einzelner Fels sind die einzigen Unregelmäßigkeiten in dieser großen Leere. Auch gibt es keinen, den wir hier stören könnten. Die vorgenannten „Campsites“ sind einfach nur von den niedrigen Büschen befreite Plätze, vor denen ein Schild steht. Sonst gibt es dort nichts. Dennoch halten wir uns aus Respekt vor den Ureinwohnern und möglichen verborgenen spirituellen Stätten an die Vorgaben. Während wir auf diesem Track unterwegs sind, begegnen wir niemandem. Drei Tage scheinen wir die einzigen Menschen zu sein, die sich langsam aber stetig ihren Weg durch dieses einsame, karge und monotone Land suchen. Aus der Vogelperspektive muss der Major wie ein Schiff wirken, das diesen weiten Ozean aus Sand, Stein und vereinzeltem Buschwerk durchquert. Auch Tiere gibt es nur wenige. Außer die uns

Gut vorbereitet: Im Major lagern reichlich Vorräte an Diesel und Wasser für die Wüstendurchquerung.

schon bekannten und allgegenwärtigen, lästigen Fliegen sehen wir vorwiegend Echsen, die in der Sonne baden oder vor unserem Gefährt flüchten.

Nachts glühen am Horizont Buschfeuer, die über das Land hinwegfegen und das trockene Gras vertilgen. Schon seit den Mittagsstunden riecht es verbrannt. Da wir die Gefahr nicht einschätzen können und die Windrichtung häufig wechselt, stellen wir im Zweistundentakt unseren Wecker und halten so Wache, ob die Feuer näher kommen.

Am dritten Tag überraschen wir tatsächlich drei Kamele, als wir über eine kleine Anhöhe in eine Senke fahren. Hier unten suchen sie offenbar in einem ausgetrockneten Flussbett unter einer salzigen Kruste nach ein paar Tropfen Wasser. Australien ist das Land mit der größten Dichte an wilden und frei lebenden Kamelen. Die Tiere wurden im 19. Jahrhundert hierher gebracht, um in langen Karawanen das Land zu durchqueren und die ersten Siedlungen im Inland mit Nachschub zu versorgen. Als Australien erschlossen war und die Tiere zunehmend durch die Technik verdrängt wurden, ließ man sie einfach frei. Seitdem vermehren sie sich prächtig und haben den Roten Kontinent zu ihrer Heimat gemacht. Und dennoch: Zu Gesicht bekommt man sie nur äußerst selten. Der Track selbst ist schon lange zu einer einspurigen Piste verkommen, die mancherorts mit Vorsicht zu genießen ist. Dicke scharfkantige Steine, tiefe Rinnen oder tückischer feiner roter Sand fordern unsere Aufmerksamkeit. Meist wächst einfach nur helles Spinifex-Gras oder krüppelige Büsche, selten sieht man höher gewachsene Eukalyptusbäume. In den Niederungen aber, wo es am längsten nach der Regenzeit feucht bleibt, ist das Buschwerk manchmal so dicht und an den Weg gedrängt, dass der Major sich quietschend und kratzend hindurchdrücken muss und die trockenen Äste ein wildes Muster aus langen Striemen und Streifen auf seinen Seiten hinterlassen. Trotz aller Einsamkeit, Kargheit und Stille genießen wir die grenzenlose Freiheit und die Möglichkeit, dieses ursprüngliche, unverfälschte Stück Erde zu erkunden.

Dennoch schwingt auch immer etwas Bedrohliches mit: Erleiden wir eine Panne oder einen Notfall, sind wir auf uns gestellt. Kurz nachdem wir die Gibb River Road verlassen hatten, ging die Tragödie eines einzelnen Motorradfahrers durch die Medien. Wir sind ihm sogar noch kurz vor Derby begegnet, drei Tage später war er tot. Er ist nicht gestürzt oder verdurstet.

Vielmehr hatte er sich im weichen Sand eines Flussbetts festgefahren. Beim Versuch, seine schwere Maschine in der sengenden Sonne freizubekommen, erlitt der 31-Jährige einen Hitzschlag und verstarb – trotz genügend Wasser, Erfahrung, Vorräten und guter Ausrüstung. In der gleichen Woche überlebte ein 27-jähriger Wanderer eine Tour mit seinen Freunden durch die Berge nicht. Auch er starb an der Hitze und Dehydration, obwohl die Gruppe Wasser mit sich führte. Das Terrain ist also alles andere als ungefährlich und wer weiß, wann hier das nächste Mal jemand vorbeikommt?

Im Grunde sind die Größenordnungen und Maßstäbe, die man in Australien erleben kann und die beinahe einzigartig sind, für uns Europäer unfassbar: Wir fahren 600 Kilometer in die Große Sandwüste hinein, ohne einen Ort, eine andere Straße oder einen Menschen zu sehen. 600 Kilometer, das entspricht in etwa einer Strecke von Köln nach München – und erst der Hälfte der Gesamtdistanz! Abgesehen davon, dass sich nördlich und südlich zwei weitere Wüsten anschließen, die nur durch einen flachen Gebirgszug abgetrennt sind. Wir werden über 750 Kilometer zurücklegen, um die nächste Ortschaft zu erreichen.

Punmu ist eine Aboriginessiedlung mitten im Nirgendwo. Es gibt einen kleinen Supermarkt und eine Tankstelle, an dessen einziger Säule der Liter Diesel drei Australische Dollar kostet, also circa 2,10 Euro! Das dreckige Örtchen ist runtergekommen. Auf den Straßen sieht man keinen der circa 150 Einwohner, wie und wovon die Menschen hier leben, ist uns rätselhaft. Um den Ort und an seinen Zubringern liegen viele Autos auf dem Dach oder auf der Seite, manche sind vollständig ausgebrannt. Auch das haben wir schon in einigen der anderen indigenen Siedlungen gesehen. Genau wie die Tatsache, dass die Schlüsselpositionen in solchen Kommunen immer von Weißen besetzt sind: Der Tankwart ist genau wie der Shopbetreiber Weißer. Obwohl wir fast vier Tage draußen in der Einsamkeit der Wüste alleine waren, bleiben wir kaum eine halbe Stunde in diesem Kaff und verschwinden, nachdem wir eben so viel aufgetankt haben, wie wir benötigen. Von hier führt uns die Telfer Mine Road wieder gen Westen. Entlang der Strecke gibt es gleich mehrere trockene Salzseen, die so groß sind, dass man ihr Ende nicht sehen kann. An einigen Stellen kann man diese sogar befahren und ein Foto schießen. Das machen wir auch, ich fahre, Anja fotografiert.

„Fahr doch noch ein kleines Stück weiter vor!" ruft sie. Mach ich, und:

Zack! Der Major sackt fast gleichzeitig mit allen vier Rädern ein. Unter dem Salz verbirgt sich schmierigweicher Lehm. Alle Räder drehen durch, es geht nur nach unten. Wir wollen den Spaten zur Hilfe nehmen, um die Räder freizulegen. Gemäß Murphys Gesetz klemmt das Schloss, mit dem er an der Hecktür gesichert ist. Alle Versuche, es zu öffnen, bleiben erfolglos. Wir denken an den armen Motorradfahrer, der wohl in einer ähnlichen Situation umgekommen ist. Uns wird bewusst, wie schnell aus einem harmlosen Spaß in wenigen Augenblicken mitunter tödlicher Ernst werden kann. Es gilt, Ruhe zu bewahren und erst einmal bei einem tiefen Schluck aus der Wasserflasche nachzudenken, was zu tun ist. Der Major steckt bombenfest, schlimmer kann es ohnehin nicht mehr werden, daher ist sämtliche Hektik und Panik überflüssig. Aus der Werkzeugkiste hole ich den großen Schlüssel, einen Hammer. Ein kräftiger Schlag, und das Schloss ist offen. Bei 44 Grad grabe ich langsam die Räder frei, Anja schleppt vom Ufer trockene Büsche herbei, um den Reifen im weichen Lehm Grip zu verleihen. Mit Gefühl fahre ich im Kriechgang die kleine Rampe hinauf, die wir mit dem Spaten präpariert haben. Es klappt, der Major kommt frei und steht wenige Minuten später wieder auf der Telfer Mine Road.

Wie der Name schon sagt, ist sie die Hauptversorgungsstraße zur Telfer Mine, einer Gold- und Kupfermine. Sie ist sehr breit und top in Schuss, somit flitzt der Major mit knapp 80 Sachen über die staubige Schotterpiste. Laut unserem GPS müssen wir für ein kleines Stück sogar durch das Gebiet der Mine fahren. Somit wundern wir uns nicht, als wir auf einmal vor einem Schlagbaum und einem Pförtnerhäuschen stehen. Wir erklären, was wir vorhaben und wo wir hin möchten. „No worries!“ bedeutet uns der Pförtner, klar können wir durch – aber nicht alleine. Aus Sicherheitsgründen werden wir bis zur Abzweigung zum Karlamilyi-Nationalpark eskortiert. Kaum liegt die Mine hinter uns, wird die Piste sehr anstrengend. An vielen Stellen zwängt sich die einspurige Fahrbahn in ein schmales Flussbett. Der sandige Untergrund ist lose und tief. Immer weiter senken wir den Luftdruck, um uns nicht festzufahren und überhaupt noch vorwärtszukommen. Der Lüfter läuft fast ununterbrochen, der Major wühlt sich tapfer hindurch. An anderen Stellen fahren wir bis zu vierzig Kilometer über eine krasse Wellblechpiste. Die Rippen sind so hoch, dass unser Auto von links nach rechts wandert. Alles rappelt und vibriert.

Als wir eine Pause machen und im Schatten eines Eukalyptusbäumchens einen Kaffee kochen, hört Anja es leise zischen. Das rechte Hinterrad verliert durch das Ventilloch Luft. Ich vermute, dass sich der Reifen durch den niedrigen Luftdruck beim Beschleunigen oder Bremsen auf der Felge verdreht hat. Da der Schlauch jedoch im Ventilloch auf der Felge fixiert ist, scheint es so, als wäre das Ventil nun angerissen, quasi abgeschert, da es die Drehbewegung des Reifens auf der Felge nicht mitgehen konnte. Das Rad verliert nicht viel Luft, dennoch beschließen wir, das Ersatzrad zu montieren. Mittlerweile haben wir den Karlamilyi National Park erreicht. Obschon er der größte in Western Australia ist, sind seine Ausstattungen ebenso karg wie das Umland. Es gibt kein „Visitor Center", keine bunten Tafeln, die das Gelände erklären oder Tiere zeigen, keine Picknickplätze, keine Klos – nichts von all dem, was wir aus den bisher besuchten Parks kennen. Nicht einmal Mitarbeiter, genau genommen sind wir auch hier absolut alleine. Die Kulisse ist dabei grandios: Flache, rötliche Tafelberge umrahmen unseren Standplatz, tief hängende bauschige Wolken streifen darüber und kündigen dramatisch ein aufziehendes Gewitter an. Von einem nahen Berg aus betrachtet sieht es so aus, als wäre der Major ein blaues Ufo, welches auf einem unbewohnten Planeten gelandet ist. So langsam haben wir das Gefühl, das Outback kennengelernt zu haben, es zieht uns zurück in die Zivilisation. Aber der Weg dorthin ist noch weit.

Als wir an einer Gabelung stoppen, um uns über die richtige Strecke zu beraten, meine ich, es wieder zischen zu hören. Tatsächlich: Dieses Mal ist es das linke Vorderrad, das Luft verliert. Wir steigen aus, inspizieren den Schaden. Wieder pfeift es aus dem Ventilloch. Mist, langsam gehen uns die Reserveräder aus! Augenblicklich werde ich an die vielen Diskussionen mit anderen Reisenden über die Notwendigkeit, zwei Reserveräder mitzuführen, erinnert. Ich gehörte immer zu der Fraktion, die den Standpunkt vertrat, eines sei vollkommen ausreichend. Jetzt aber würde ich gerne noch eins irgendwoher zaubern. Nach zwei Minuten ist der beschädigte Reifen vollkommen platt. Wir nehmen noch einmal das andere defekte Rad vom Träger, schließlich hatte das nicht so viel Luft verloren. Es kommt anstelle des Plattfußes zum Einsatz, und vorsichtig pumpen wir es auf vier Bar auf. Zwar pfeift es ganz gut, trotzdem fahren wir los. Bei langsamer Fahrt beobachte ich durch das geöffnete Fenster die Verformung des Reifens aufgrund des schwindenden Drucks. Nach einer halben Stunde liegt der Druck nur noch bei zwei Bar, ich habe kaum Hoffnung, dass dieser angeknackte Schlauch die restlichen gut 180 Kilometer bis nach Newman durchhält. Wenn er es wenigstens bis zur Asphaltstraße schafft, dann könnten wir zur Not die restlichen Kilometer per Anhalter mit dem abmontierten kaputten Rad in die Stadt fahren, um es reparieren zu lassen ... Am Ende schaffen wir es bis auf den Hof einer großen Reifenwerkstatt. Sieben Mal mussten wir anhalten, um den Druck wieder zu erhöhen. Die Profis ziehen die Reifen von den Felgen. An allen fünf Rädern lassen wir die Schläuche durch Schlauchlosventile ersetzen.

Die letzten Tage haben wir fast ununterbrochen im Auto gesessen, daher sind wir ganz glücklich, dass der Karijini National Park vor uns liegt. Hier können wir bei ausgiebigen Wanderungen unsere eingeschlafenen Glieder bewegen und uns dabei in einigen Wasserlöchern der vielen tollen Schluchten abkühlen. Dieser Nationalpark gilt als einer der schönsten im Land. Jahrtausende währende Erosion durch Wind und die zeitweise fließenden Flüsse haben eine einmalige Landschaft mit steilen Canyons und Gräben geschaffen. Das tiefrote Gestein macht den Eisenerzreichtum im Boden auf den ersten Blick ersichtlich und lässt vermuten, was in den Minen rund um den Park abgebaut wird. Als wir von einer unserer Wanderungen zum Major zurückkehren, parkt ein grauer alter Nissan Patrol mit einigem Reiseutensil auf dem Dachträger neben uns. Davor sitzt eine Frau im Campingstuhl und genießt mit einem Buch in der Hand die Nachmittagssonne. Katrin Drecoll und ihr Mann Henno haben sich vor über 25 Jahren in den Roten Kontinent verliebt. Seitdem verbringen sie so viel Zeit „Down Under“ wie möglich, meist auf mehrmonatigen Trips mit Zelt, Campingküche und eben „Patroli“. Ihre Erlebnisse und Erfahrungen schildern sie schon seit den Neunzigern in aufwendigen Multivisionsvorträgen, die bald so erfolgreich wurden, dass deren Präsentation zu ihrem Hauptberuf wurde. Wir sind uns sympathisch, campieren gemeinsam und verbringen schöne Abende am Lagerfeuer. Wir profitieren von den Kenntnissen der Australienprofis, sie lotsen uns zum „Steep Point“, Australiens westlichstem Punkt. Obwohl wir beinahe 20.000 Kilometer von unserer Heimat entfernt sind, werden wir ihr wohl vorläufig nicht näher kommen als hier. Doch bevor es so weit ist, gilt es Nerven zu beweisen, denn wir ahnen, dass der Name dieses Flecken Erde wohl vielmehr eine Prophezeiung ist. Ein

Schild mahnt „Four wheel drive only!“ Die 80 Kilometer Wellblechpiste zu Beginn machen uns schon fast nichts mehr aus. Der tiefe, weiche weiße Sand der Dünen, die wir überqueren müssen, ist allerdings eine Herausforderung. Stellenweise gehts nur mit Schwung die Steigung herauf, manchmal fliegt unser Landy über Hindernisse und Kuhlen hinweg. An anderen Stellen ist die Fahrbahn seitlich weggesackt, wodurch der Major bedenkliche Schräglage bekommt, sodass die Fahrt nur mit stockendem Atem und verkrampfter Miene weiter geht. Das Schwitzen lohnt jedoch. Am Ende bestaunen wir von Felsplateaus aus das ungestörte Leben der Meeresfauna: Aus gut 40 Metern Höhe sehen wir große Gruppen Mantarochen, Stachelrochen, Meeresschildkröten und sogar Seekühe, die die Seegraswiesen abweiden. Auch stattliche Haie kann man von hier oben beobachten. Unfassbar, wie nah diese an die zwei Meter großen Fische ans Ufer kommen. Das Meer ist an dieser Stelle so flach, dass die Rückenflosse aus dem Wasser schaut, während die weit abgespreizten Brustflossen fast den Grund berühren. Außerdem gibt es an diesem besonderen Punkt ein Jubiläum zu feiern: Heute sind wir seit 500 Tagen „on the road“.

Allmählich nähern wir uns der ersten richtigen australischen Großstadt. Perth gilt als die abgelegenste Metropole der Welt. Die rund 1,5 Millionen Menschen, die dort leben, müssen über 2.700 Kilometer zurücklegen, um in die nächste australische Großstadt zu kommen. Jakarta, die Hauptstadt Indonesiens, liegt näher als die landeseigene. Gewohnt gemächlich schleichen wir ihr in unserem blauen Gefährt entgegen und erleben sagenhaft schöne Strände. Der Sand und die Dünen sind gleißend weiß wie Schnee, an manchen Stellen kann man sogar „Sandboards“ mieten, um die Dünen skiähnlich hinunter zu gleiten. Das Wasser ist absolut glasklar mit einer türkisblauen Färbung, darüber spannt sich ein tiefblauer Horizont. Noch zwei weitere Dinge sind hier besonders: Zum einen sind wir auf diesen Bilderbuchstränden fast immer alleine, zum anderen darf man sie oft sogar befahren und darauf campieren – was nicht ohne Tücken ist. Als wir versuchen, ein Stück unseres Weges komplett am Strand zurückzulegen, müssen wir den Major beinahe unfreiwillig der See übergeben. Wir haben schon einige Kilometer geschafft, als der Sand immer tiefer wird und das Ufer sich zunehmend dem Meer entgegenneigt. Die Folge ist, dass unser Auto nicht nur sehr große Mühe hat, überhaupt voranzukommen, zeitgleich driftet es auch immer weiter der Wasserkante entgegen. Wir beschließen umzukehren, was nicht so leicht ist. Es ist Flut, das Wasser kommt mit jeder Welle ein Stückchen näher. Ich versuche ein klassisches Wenden-in-drei-Zügen-Manöver. Beim Zurückstoßen gräbt sich der Major ein. Noch mal Luftdruck senken, inzwischen sind wir bei knapp 1,2 Bar. Mit bloßen Händen graben wir die Reifen frei. Ein Stück kommen wir vorwärts, dann stecken wir wieder fest. Die Wellen lecken nun schon beinahe an den Reifen, immerhin stehen wir jetzt schon mal parallel zur Wasserlinie. Nervosität und Hektik machen sich breit, wird der Major seitlich wegsacken, wenn das Wasser seine Reifen unterspült? Wieder buddeln wir, was das Zeug hält, und legen eine Art Graben an, der in einem flachen Winkel vom Wasser wegführt. Wir haben die Hoffnung, dass er dem Landy Führung geben und die seitliche Drift verhindern wird. Langsam und gefühlvoll nehmen wir Fahrt auf um zu verhindern, dass die Reifen erneut durchdrehen. Es klappt, wir schaffen es zurück auf die Piste und atmen tief durch. Es reicht uns erst mal an Offroad-Abenteuern, den restlichen Weg werden wir auf Asphalt zurücklegen. Je mehr wir uns Perth nähern, umso veränderter zeigt sich die Landschaft. Zum ersten Mal überhaupt sehen wir hier Äcker und Traktoren, nun gibt es Hecken und richtige hohe Bäume.

Bevor wir uns jedoch ins Großstadtgetümmel stürzen, besuchen wir einen Bekannten, der 40 Kilometer außerhalb in einem Vorort lebt. Hier soll der Major „in die Box“, schließlich haben wir in den drei Monaten auf australischem Boden fast 14.000 Kilometer zurückgelegt. Es gibt einige Kleinigkeiten zu reparieren und Wartungsarbeiten durchzuführen. An erster Stelle steht der Tausch eines Filzdichtrings des Differenzials. Der ist defekt, das Öl aus dem Differenzial gelangt in die Radnabe und von dort in die Bremstrommel. Da bekannt ist, dass Öl auf der Bremse das Bremsverhalten nicht unbedingt verbessert, sind wir im Moment faktisch nur auf drei gebremsten Rädern unterwegs. Das rare, wenige Euro teure Ersatzteil haben wir vor knapp einer Woche in England zu Joes Adresse bestellt.

Joe lebt mit seinem alten dicken Hündchen Butch alleine auf einem sechs Hektar großen Anwesen. Neben einem rustikalen und mit vielen antiken Gegenständen eingerichteten Haus steht eine Blechhalle auf dem riesigen Grundstück. Der Rest ist Wald. Von hier aus verdient Joe seine Brötchen mit dem Verkauf und der Reparatur von Industriemotoren. In seiner Freizeit restauriert er alte Land Rover – was für jede Menge Gesprächsstoff sorgt. Sein Bruder war uns in Kambodscha begegnet und hatte den Kontakt hergestellt. Er war auf umgekehrter Mission unterwegs wie wir: Er fährt in einem Land Rover Serie IIA des Baujahrs ´66 von Australien nach England.

Bei Joe fühlen wir uns wohl, er ist sehr entspannt. Er überlässt uns einen Haustürschlüssel und auch gleich den Schlüssel für sein Postfach, sodass wir jederzeit selbst in das fünf Kilometer entfernte Chidlow fahren können, um nachzusehen, ob das ersehnte Ersatzteil beim Postamt eingetroffen ist. Eigentlich müsste es längst da sein – ist es aber nicht. Jeden Morgen fahren wir also in den Ort, und schon bald fühlen wir uns an den Film „Und täglich grüßt das Murmeltier" erinnert. Da wir aber jedes Mal nur in die gähnende Leere des Postfachs blicken oder aber Post für Joe abholen, machen wir Tag ein, Tag aus halt an einem kleinen See, um diesen zu umrunden, schwimmen zu gehen oder sonst wie die Zeit totzuschlagen. Auch auf Joes Anwesen gibt es nicht viel, bei dem wir uns nützlich machen könnten.

Nach knapp einer Woche sind wir wieder morgens unterwegs in den Ort. Als ich in die Straße einbiege und der Major in einer sanften Senke leicht einfedert, gibt es einen lauten metallischen Schlag. Erschrocken halten wir an und schauen nach. Ungläubig müssen wir feststellen, dass die linke vordere Blattfeder gebrochen ist. Tausende Kilometer haben wir unseren treuen Gefährten im Gelände strapaziert, über Wellblechpisten gejagt, durch Gräben gezwungen, über Geröllpisten hinweg gescheucht. Und jetzt bricht die Feder ironischerweise einfach beim Einbiegen in eine geteerte Straße. Eine weitere Baustelle, die wohl nicht einfach zu beheben sein wird.

Doch wir haben Glück: Durch Joes langjährige Kontakte in die Autoszene der Stadt vermittelt er uns nicht nur eine Firma in Perth, die Federn herstellt, sondern fährt uns die ausgebaute Feder auch gleich dorthin, um zu schauen, was man machen kann. Zwar können die Mitarbeiter keine originale Feder besorgen oder herstellen, jedoch finden sie anhand der Maße heraus, dass die Feder eines Ford Pick-ups fast identisch ist. Drei Tage später haben wir unsere Feder umgebaut und wieder repariert – der Dichtring ist allerdings immer noch nicht eingetroffen. Auch hier weiß Joe eine Lösung: Er hat Kontakte zu einem Betrieb, der Dichtungen anfertigt und bringt uns von dort das passende Filzmaterial als Meterware mit. Kurzerhand fertigen wir unseren Dichtring selber an. Zwar vielleicht nur ein Provisorium, aber es funktioniert!

Schwimmen? Lieber nicht: Krokodil im Kakadu National Park.

Uralte Kultur: Felsmalereien der Aborigines.

Übelstes Wellblech: Solche Pisten quälen Mensch und Maschine.

Schnurgerade und endlos: Der Stewart Highway verbindet Nord- mit Südaustralien.

Beeindruckendes Wahrzeichen: der Uluru im Zentrum des Roten Kontinents.

Aufgetankt? Der Tanami-Track führt in eine spärlichst besiedelte Region.

"Fahr noch ein Stück vor": Die Suche nach dem perfekten Motiv endet in einer Buddelaktion.

Nicht immer einfach: tückische Passage auf dem Kidson Track.

Boab-Baum mit Geschichte: Im Prison Tree wurden einst Gefangene über Nacht eingesperrt.

Kaum zu ertragen: unfassbare Temperaturen in der Great Sandy Desert.

Wie ein Raumschiff auf dem Mond: der Major inmitten einer endlos leeren Landschaft.

Beeindruckende Farben und Formen: Canyon im Karijini National Park.

Wahrzeichen oder Plage? Stattliches Kängurumännchen nahe der Westküste.

Gleich kippt es: unterwegs zum Steep Point.

Stachelritter: Dornenteufel leben nur in bestimmten Regionen Australiens.

Outdoor, campen, fischen: die Lieblingsbeschäftigungen der Australier in ihrer Freizeit.

Nach elf Tagen zu Gast bei Joe sind wir wieder startklar und können noch rechtzeitig vor den Weihnachtsfeiertagen verschwinden.

Eigentlich braucht man nicht zu erwähnen, dass der Dichtring einen Tag später bei Joe eintrifft ...

Ja, Weihnachten: Auch in Australien wird Weihnachten gefeiert, schließlich ist es ein christlich geprägtes Land. In den Supermärkten läuft „Jingle Bells“ und „Rudolph the red nosed reindeer“, die Regale sind mit Lametta geschmückt. Zwischen ihnen hindurch schlappen die Aussies in Shorts, Flipflops, Muskelshirt und Sonnenbrille. Mit unserer heimeligen festlichen Weihnachtsstimmung daheim hat das hier alles nicht im Geringsten zu tun. Wie auch, schließlich ist Sommer. Die großen Schulferien haben am 14. Dezember begonnen, vergleichbar mit unseren Sommerferien. Wie bei uns haben die australischen Kids für sechs Wochen frei. Statt sich bei sanften Tönen im Kreise der Familie unterm Christbaum zu versammeln, ist hier eher Partystimmung angesagt. Die Leute fahren in Urlaub, genießen die heißen Temperaturen, verbringen die Zeit am Beach oder werfen ein fettes Steak auf den Grill, während sie ein kaltes Bier schlürfen. Von Festlichkeit keine Spur. Unsere Stimmung ist gedämpft. Das liegt nicht nur an der fehlenden Weihnachtsstimmung, irgendwie werden wir allmählich etwas reisemüde. Wir fühlen uns träge, können uns nur noch schwer begeistern, verlieren den Blick für die großartigen Dinge um uns herum, vermissen unseren Antrieb. Der Kopf ist übervoll mit Bildern von atemberaubenden Landschaften und spannenden Erlebnissen. Der Mensch braucht Ziele und Herausforderungen, denen er sich stellt. Seit knapp eineinhalb Jahren sind wir nun auf Achse, unser gestecktes Ziel Australien haben wir erreicht, die Mission, es auf dem Landweg zu schaffen, ist erfüllt. Abgesehen von den Herausforderungen, die die Offroadpisten des Outbacks an uns stellen, ist Australien ein supereinfach zu bereisendes Land mit einer hervorragenden Infrastruktur. Sicher, sauber, westlich – das macht es nicht unbedingt spannender.

Wir blicken mit einem Auge Richtung Heimat, fragen uns zunehmend, was uns erwartet, wenn wir heimkehren. Wir haben weder eine Wohnung noch einen Job, unser gesamtes Hab und Gut steht in Kartons verpackt in einer Garage. Somit werden wir bei null starten – wie und wo wollen wir diesen Neubeginn wagen?

Noch aber ist es nicht soweit, noch sind wir in Australien. Noch gibt es viele Kilometer zu fahren, viele tolle Orte zu bestaunen und sicherlich noch viele nette Menschen, denen wir begegnen werden. Der Süden des Kontinents liegt vor uns, mit ihm malerische kleine Küstenorte, imposante Baumriesen, weltberühmte Weingegenden und – natürlich wieder epische Wüsten ...

Unendlichkeit:

„... Raum oder Zeit,
deren Begrenztheit unermesslich ist ...“

Goodbye Nanny

Der Heimweg beginnt

Plopp! Der Korken knallt aus der Flasche, schnell gieße ich den überschäumenden Sekt in die bereitstehenden Gläser. Es ist Sylvester. Wir befinden uns circa 320 Kilometer südöstlich von Perth am Fuße des 411 Meter hohen Mount Franklands, der höchsten Erhebung des gleichnamigen Nationalparks. Draußen ist es stockfinster, absolut still und sternenklar, Hunderte Quadratkilometer urzeitlicher Karri-Wald umgeben uns. Inmitten dieser Baumriesen parkt der Major, drinnen hocken wir und feiern mit selbst gekochten Leckereien und als die einzigen Gäste auf dieser Party den Beginn des neuen Jahres.

Einen solchen Platz zu finden war gar nicht so leicht. Um Weihnachten beginnen die großen Sommerferien in Down Under, die bis Ende Januar dauern. Genau wie bei uns nutzen viele Australier die schöne Sommerzeit hier auf der Südhalbkugel, um mit ihren Familien in Urlaub zu fahren, am liebsten in den üppig grünen Süden Westaustraliens. Dabei steht Camping hoch im Kurs. Hoch aufgerüstete 4x4-Fahrzeuge sieht man überall, fast immer Toyota Pick-ups, ausgestattet mit Schnorcheln, Seilwinden und Sandblechen. Hinten auf der Ladefläche befindet sich oft eine Art Aluminiumaufbau, in dem das ganze Campingequipment untergebracht ist. Entweder wird ein spartanischer, dafür geländegängiger Campingtrailer hinterhergezogen, ein größerer Wohnanhänger für die ganze Familie oder aber ein Anhänger, auf dem Motorboote, Jetskis, Motorräder oder Quads thronen. Wie dem auch immer sei: Ein Boot muss in jedem Fall mit und es scheint, als hätte mindestens jeder zweite Aussie eins. Oft ist es ein sogenanntes „Tinny“, ein leichtes Aluboot mit Außenborder, welches neben Kajak, Angelausrüstung, Fahrrädern, Golfequipment und Kinderspielzeug noch oben auf dem Pick-up seinen Platz findet. Oder halt größere Kaliber, die eben mit einem Trailer transportiert werden müssen. Angesichts dieser gigantischen Beschäftigungsmöglichkeiten während ihres normalerweise zweiwöchigen Urlaubs fragen wir uns, ob die Leute zu Hause einen Stundenplan ausgearbeitet haben, wann sie welches „Spielzeug" für wie lange benutzen werden ... Die Straßen sind voll, auch Orte wie Margaret River und die der Umgebung, welche zu den besten Weinanbaugebieten auf dem Kontinent zählen, sind hoffnungslos überfüllt. Es ist schwer, einen Parkplatz zu finden. Für uns eine neue, quirlige Seite dieses Landes, die wir aus den kargen und oft menschenleeren Weiten des Nordens und nördlichen Westens gar nicht kennen. Auch die Campingplätze sind nun immer voll, egal wann man eintrifft. Mit ein Grund dafür ist sicherlich, dass man in den meisten Nationalparks die Campsites schon vorab und – australientypisch online – buchen muss. Unserem freien unbestimmten Reisestil steht das eher entgegen, müssten wir uns doch mindestens einen Tag zuvor entscheiden, wo wir am nächsten Tag übernachten wollen.

Die Northern Territories sind der einzige Staat, in dem man sich auf den Campingplätzen noch per Selbstregistrierung anmelden kann. Hierzu werden auf einem bereitliegenden Umschlag Datum und Fahrzeugkennzeichen notiert, ein paar Dollar hineingesteckt und das Ganze dann in einen blechernen Briefkasten geworfen. Der hohe Verwaltungsaufwand, aber auch die Fälle von Missbrauch und Unterschlagung sowohl vonseiten der Camper wie auch der Parkranger, führten dazu, dass dieses System nur noch selten anzutreffen ist. Somit fahren wir umher und hoffen, dass wir mit unserem Gespür für nicht so frequentierte Plätze auch weiterhin schöne und ruhige Übernachtungsmöglichkeiten entdecken werden – wie eben diesen Parkplatz hier am Mount Frankland, wo sich am frühen Abend des 31. Dezember außer uns niemand weiteres einfindet.

Erst kurz vorher waren wir aus der Gegend um Lake Jasper hierher gekommen, ein Terrain, das ganz anders aussieht als diese urigen Wälder hier. In einem breiten, unübersichtlichen Dünengürtel entlang der Küste liegen mehrere Seen und Teiche, der größte ist Lake Jasper. Die Hügel selbst sind mit niedrigem, dichten Buschwerk und halbhohen Bäumen bewachsen. Dorthin zu gelangen ist nicht so einfach: Wieder ist es tiefer und weicher Sand in Kombination mit steilen Dünenkämmen, die es zu überwinden gilt, was die Temperaturanzeige des Majors rasch nach oben schnellen und den Motor kreischen lässt. Die heißen Außentemperaturen tun ihr Übriges. Wir wühlen uns entlang des schmalen Pfades, als plötzlich in aller Abgeschiedenheit ein junges Pärchen auf Flipflops am Wegesrand steht und uns zuwinkt, um uns anzuhalten.

„Gott sei Dank, ihr seid auch Deutsche", rufen sie uns verschwitzt entgegen. Die Erschöpfung ist ihnen anzusehen.

„Wo kommt ihr denn her?" fragen wir, überrascht, hier mitten im Nirgendwo auf Wanderer zu treffen. Kurz schildern sie uns, dass sie sich nicht weit von hier mit ihrem Mietcamper im Sand festgefahren hätten und nun auf der Suche nach Hilfe wären. Wir nehmen die beiden auf und fahren zu ihrem Wagen. Gut bis zum Felgenrand steckt der Toyota im Sand.

„Wir haben schon auf 4WD geschaltet, geht aber nicht, der kommt da so nicht mehr raus."

„Habt ihr denn auch schon Luft abgelassen?"

„Nee, warum?"

Wir senken den Luftdruck der Reifen auf knapp über ein Bar, ich bugsiere das Auto aus seiner Zwickmühle und wende es sogar mühelos, damit sie zurück zum Highway fahren können. Den beiden sitzt der Schreck in den Knochen, diese Erfahrung war genug Abenteuer für heute. Sie wollen ihre Fahrt lieber auf Asphalt fortsetzen. Wir wundern uns, mit wie wenig Vorbereitung und Unterweisung die Kunden von den Vermietern mit den Allradfahrzeugen hier auf die Reise geschickt werden. Die beiden haben so ziemlich alles falsch gemacht, was man in einer solchen Situation falsch machen kann, weil sie es nicht besser wussten. Nicht nur, dass sie gar keine Ahnung hatten, dass man im Sand den Luftdruck drastisch senken muss, damit es weiter vorangeht. Sie haben auch unmittelbar nach der Havarie das Fahrzeug verlassen, anstatt zu warten, dass Hilfe kommt. Im Falle einer Suchaktion findet man das Fahrzeug am ehesten, zudem spendet es Schatten und beherbergt Lebensmittel, Decken und andere Dinge, die vielleicht überlebenswichtig werden können. Auch zufällig vorüberfahrende Fahrzeuge sind wohl auf der Piste am wahrscheinlichsten anzutreffen. Zu allem Überfluss sind die zwei dann in die vollkommen falsche Richtung losmarschiert, kaum ausgerüstet und mit zu wenig Wasser. Hätten sie den Weg weiter verfolgt, von dem wir kamen, wären sie vermutlich für einen ganzen Tag niemandem begegnet ...

Albany ist ein schönes Städtchen am westlichen Rand der großen australischen Bucht. Der Ort mit seinem netten Flair hat ein Relikt aus anderen Zeiten zu bieten, für das wir uns interessieren: Hier gibt es die letzte Walfangstation des Kontinents, die heute als Museum fungiert und die Geschichte dieser Zeit eindrücklich erzählt. Während der Saison brach von hier aus fast täglich die Flotte der Walfänger auf, um zum Kontinentalschelf hinaus zu fahren, an dessen Kante die Wale auch heute noch vorüberziehen. Hatten die Schiffe diese Gegend fast erreicht, startete vom Festland zusätzlich ein kleines Flugzeug. Dieses "spotterplane" hatte die Aufgabe, aus der Luft die Walherden ausfindig zu machen und durch Vermittlung ihrer Position den Walfängern die Jagd zu erleichtern. Der Kapitän des Dampfschiffes brachte die Crew so nah wie möglich an die Säuger heran. Über Sonar wurden Richtung, Tiefe und Geschwindigkeit der Gruppe ermittelt. Eine Schätzung, wann die Tiere das nächste Mal auftauchen, war präzise möglich. Dann nahm der "gunner" mit einer riesigen Harpune den größten Wal ins Visier und feuerte den ungefähr 1,20 Meter langen, stählernen und mit einem Sprengkopf bewehrten Pfeil auf das Tier ab. Sechs Sekunden nach dem Schuss detonierte per Zeitzünder der Sprengkopf im Körper des getroffenen Tieres und fügte diesem so erhebliche innere Verletzungen zu, dass es binnen kürzester Zeit verendete. Nun nahm das Schiff den Kadaver längsseits, befestigte eine Boje mit Peilsender an dem Tier und pumpte mithilfe einer Lanze Druckluft in den Körper, damit dieser an der Oberfläche trieb und nicht sank. Anschließend wurde die Jagd auf weitere Tiere der Gruppe fortgesetzt. Gegen Mittag kehrte die Flotte um und sammelte die Beute des Jagdzuges ein. Zurück in Albany wurden die toten Körper an einer Boje vor dem Hafen vertäut. Von hier aus brachten kleinere Boote die Wale einzeln an eine hölzerne Rampe, über die die Tiere mittels Seilwinden auf das sogenannte "flensing deck" gezogen wurden. Jetzt begann der zweite Teil dieser blutrünstigen und stinkenden Arbeit. Während die "flenser" den Wal abzogen und zerlegten, kam es häufig vor, dass mehrere Dutzend Haie sich draußen an den noch im Wasser verbliebenen Kadavern zu schaffen machten und die Ausbeute der Walfänger empfindlich reduzierten. In solchen Fällen wurde versucht, die Haie ebenfalls mit Gewehren zu schießen, um sie aus dem Wasser zu fischen und ihnen das bereits gefressene Walfleisch aus den Mägen zu schneiden.

Was brutal und sinnlos klingt, hatte seinen Grund: Die Kalkulation der ganzen Operation wurde über die Jahre immer knapper, jedes Kilogramm zählte. Das Walfleisch wurde in riesigen Kesseln gekocht, um das Fett zu extrahieren, auf das es diese Industrie in erster Linie abgesehen hatte. Aus finanziellen Gründen wurde diese letzte "whaling station" in Australien 1978 geschlossen und die Jagd auf Buckel- und Pottwale eingestellt. Aufkommende synthetische Fette und Öle machten den Walfang zunehmend unrentabel. Jedoch wuchs zeitgleich ohnehin der Druck der Öffentlichkeit auf die Jäger dieser Meeresriesen, deren Bestände bereits bedroht waren. Privatleute und Organisationen wie Greenpeace demonstrierten regelmäßig für einen Stopp der Jagd. Heute sind alle Arten von Walen in australischen Gewässern strengstens geschützt. Die Station ist vollkommen erhalten und restauriert, selbst einer der Walfangdampfer kann besichtigt werden. Es herrscht hier eine aufklärende, fast schon mahnende Stimmung, die ausbeuterischen Tage sind vorüber – zumindest was den Walfang angeht ...

Unser Kurs ist nun unbeirrbar auf Ost festgenagelt. Am 26. Januar wollen wir in Melbourne eine Fähre nehmen, die uns samt Major für knapp vier Wochen nach Tasmanien bringen soll. Doch bis es so weit ist, liegen nicht nur viele Hundert Kilometer vor uns, sondern auch die öde flache Ebene der Nullarbor Plains. Wer im Lateinunterricht ein wenig aufgepasst hat, weiß, was "null arbor" bedeutet: kein Baum. Diese schier unendliche, circa 1.200 Kilometer lange Karstwüste zwischen Esperance im Westen und Ceduna im Osten ist kaum bewohnt. Entlang des Highways gibt es lediglich Raststationen und nicht mal eine Handvoll kleinerer Ortschaften. Gleich zu Anfang biegen wir auf den längsten, vollkommen geraden Straßenabschnitt Australiens ein. Für rund 147 Kilometer ändert das Asphaltband seine Richtung nicht um ein einziges Grad. Kurz überlegen wir, ob wir nicht das Lenkrad festbinden und einen Stein aufs Gaspedal legen, um uns hinten ein wenig aufs Ohr zu hauen. Der spärliche Verkehr jedenfalls würde das fast zulassen.

Erwartungsgemäß werden die kommenden Tage eher dröge, zäh und langweilig – insbesondere, wenn man in der langsamsten Raumkapsel des Universums unterwegs ist. Die Zeit vergeht schleppend, die Landschaft bleibt unverändert flach und spärlichst bewachsen, auch die Soundkulisse ist monoton und durch ein sonores Dröhnen geprägt. Kurz: Es gibt keine Abwechslung für die Sinne. Wir hören Musik, Anja zählt tote Kängurus per Strichliste, was stellenweise eine richtige Beschäftigung ist, denn der Highway gleicht mancherorts einem Schlachtfeld. Zwischen Cocklebiddy Roadhouse und Madura beispielsweise – das sind um die 100 Kilometer – zählt sie 329 tote Beuteltiere am Straßenrand, vom Skelett bis zum frisch überfahrenen Tier. Unglaublich!

Die Zeit verstreicht und je näher wir Port Agusta kommen, umso mehr kehrt die Vegetation zurück. Vor allem landwirtschaftliche Flächen mit abgeernteten, goldleuchtenden Kornfeldern sehen wir. Je mehr der Abstand zur Stadt allerdings schrumpft, desto heißer wird es auch. Der Wind weht direkt aus den zentralen Wüsten des Kontinents herüber und bläst uns wie mit einem Föhn die über 40 Grad heiße Luft durch das geöffnete Seitenfenster in die Gesichter. Eigentlich ist unser Plan, von hier aus nördlich in die Flinders Ranges zu fahren, doch die Mitarbeiter der Touristeninformation raten uns davon dringend ab: In den kommenden Tagen sollen es dort bis zu 47 Grad heiß werden, es besteht zudem höchste Waldbrandgefahr. Vielleicht nicht die idealen Bedingungen für eine Bergwanderung. Hier erfahren wir auch, dass ausgerechnet morgen früh das erste Mal in dieser Saison „The Ghan" durch die Stadt kommt. Dies ist ein Zug, der auf einer historischen Linie einmal wöchentlich Adelaide im Süden mit Darwin im Norden verbindet. Früher, als der Bahn in Australien noch wesentliche Aufgaben des Personen- und Güterverkehrs zugeschrieben wurden, hatte diese Linie einen wichtigen Anteil an der Erschließung des Outbacks und wurde vielerorts durch Kamelkarawanen ergänzt und erweitert. Diese Karawanen wurden von Afghanen geführt – die "Ghans" – und so kam der Name des Zuges zustande. Wer in Deutschland gerne die Bahn nutzt, um von A nach B zu kommen und sich selbst auf den längsten Strecken in unserem Heimatland ein Ticket der Ersten Klasse gönnt, wird vermutlich dennoch vom "Ghan" die Finger lassen. Mit Personenverkehr im zweckmäßigen Sinne hat diese Verbindung nämlich längst nichts mehr zu tun: Eine Fahrt mit "The Ghan" ist ein Event, und zwar ein Kostspieliges. Ein Ticket für diese Passage kostet pro Person und one-way rund 4.000 Dollar – umgerechnet um die 2.800 Euro! Immerhin sind alle Speisen und Getränke auf der Tour inbegriffen, auch die Unterbringung in den Abteilen soll ganz angenehm sein.

Schwitzend versuchen wir uns der Hitze zu entziehen, fahren über schmale Nebenstrecken durch unzählige kleine, nette Dörfer. Viele sind wie ausgestorben, denn die Bewohner sind ebenfalls im Urlaub. In Wilmington erwecken eine Reihe geparkter Land Rover unsere Aufmerksamkeit. Die Landys unterschiedlicher Baujahre stehen vor einem Spielzeugmuseum. Alles ist ruhig, niemand ist zu sehen, bis die Türe von innen entriegelt wird und ein leicht untersetzter Kerl mit fettigem Haar heraustritt, der uns hereinbittet.

David ist ein absoluter Land Rover-Freak. Sein kleines Museum beherbergt nicht nur eine Menge an alten Kinderspielzeugen, sondern seiner Einschätzung nach die größte Land Rover-Modellsammlung in ganz Australien, vielleicht sogar in der Welt! Selbst unseren Major gibts hier in Miniatur zu sehen. Hinter dem Gebäude geht die Sammlung weiter, allerdings im Maßstab 1:1. Einige Dutzend alte Landys, meist im schlechten Zustand und den Elementen ausgesetzt, warten hier auf die Rückführung in den stofflichen Kreislauf der Natur. Zumindest hat es nicht den Anschein, als wäre für die zum Teil raren Exemplare eine Restaurierung in Planung.

Die Flinders laufen hier nach Süden sanft aus. Unser Weg führt bei flirrender Hitze durch weites Farmland. Kleine vereinzelte Backsteinhäuser mit Wellblechdächern, umgeben von Viehtränken, landwirtschaftlichem Gerät und Windrädern heben sich wie Farbtupfer von den umliegenden abgeernteten Feldern ab. Erst wenige Kilometer nördlich von Adelaide ändert sich das Bild wieder, wird die Landschaft grün und saftig. Grund sind verschiedene Flüsse, die besonders im Mündungsgebiet fruchtbare Böden und beste Bedingungen für den Weinanbau bieten. So kommt es, dass das Barossa-Tal mit rund 10.000 Hektar das größte Weinanbaugebiet des Kontinents ist. Stilvolle Weingüter, üppige Rebstöcke, grüne Wiesen und alte knorrige Bäume bestimmen das Bild. Überhaupt empfinden wir die Städte Südaustraliens als deutlich ansprechender, als sie es im Norden waren. Zwar war auch in diesem Gebiet alles sehr gepflegt, ohne Müll oder Graffitis und mit stets kurz gemähten Grünflächen. Jedoch gibt es hier hübsche alte Steinhäuschen, viele Orte haben einen netten Kern mit Einkaufsstraßen und Cafés und sind nicht so funktionell ausgerichtet wie in anderen Teilen des Landes. Die Begründung für den Unterschied liegt wohl in der Besiedlungsgeschichte dieses Kontinents, die im Süden und Südosten begann. Beim Blick auf die Landkarte sticht ein Ortsname besonders hervor, zumindest wenn man aus einem deutschsprachigen Land kommt: Hahndorf. Tatsächlich gibt es in der Region östlich von Adelaide einige Dörfer, deren Gründungen auf deutsche Siedler zurückgehen. Hahndorf hat sich sein Erbe bewahrt und bietet in alter Tradition vermeintlich heimische Spezialitäten an: Bienenstich, Brezeln, Apfelstrudel mit Sahne. Die Touristen erfreuen sich an den Gaumenfreuden, Deutsch spricht hier allerdings längst keiner mehr.

Langsam nähern wir uns der Küste und somit der Great Ocean Road. Diese Küstenstraße ist weltweit bekannt und bietet grandiose Ausblicke auf die zerklüftete Steilküste mit ihren Felsformationen, die durch ihre Formen an Bauwerke erinnern. Unweigerlich wird klar, dass auch wir nun im australischen "Hauptstrom der Touristen" angekommen sind, der von der Ostküste bis hier herunter reicht. Nur wenige Unerschrockene wagen sich noch weiter nach Westen über die Nullarbor-Wüste hinaus.

An den Highlights wie den "12 Apostels" oder der "London Bridge" reihen wir uns ein in die zahlreichen Urlauber aus Asien und Europa. Es gibt große Parkplätze, auf denen Reisebusse, Wohnmobile und Mietautos parken und Straßenunterführungen, um den Besuchern einen sicheren Weg zu den Aussichtsplattformen zu bieten. Um Unfälle mit selbstfahrenden Touristen zu vermeiden, wird an jeder Einmündung darauf hingewiesen, dass man in diesem Land auf der linken Seite der Fahrbahn fährt.

Aufgrund des erheblichen Touristenaufkommens wird es für uns eine Herausforderung, einen ruhigen Platz für die Nacht zu finden. Überall stehen Schilder wie "No camping" oder "No overnight stay". Überhaupt lieben die Australier Schilder. Es gibt Schilder für und gegen alles Erdenkliche. Ständig wird man auf Selbstverständliches oder eigentlich Offensichtliches aufmerksam gemacht – und vor sich selbst geschützt. Fährt man auf den Strand, wird darauf hingewiesen, dass man sich festfahren könnte, steigt man auf einen Aussichtspunkt, um über einen Canyon zu blicken, wird man daran erinnert, dass man hinunterstürzen könnte, spaziert man entlang der Felsen am Meer, mahnen Schilder, dass man auf den glatten Steinen ausrutschen könnte. Wandern wir durch den Wald, gibt es ein Schild, das uns deutlich macht, dass Äste herabfallen könnten. In die Seen der Nationalparks darf man nicht hineinspringen, nicht darin tauchen, nicht an den Felsen hinaufklettern, nichts herunterwerfen, nicht reinpinkeln, nicht angeln, nicht Boot fahren. Man muss eine Schwimmweste tragen, seine kleinen Kinder beaufsichtigen, darf keinen Hund mitbringen oder er muss ständig an der Leine sein und so weiter … Auf Parkplätzen soll man sein Auto abschließen, auf Wanderungen genügend zu Trinken mitnehmen, natürlich auch einen Hut tragen, Sonnencreme benutzen und festes Schuhwerk tragen. Schilder, Tafeln, Aufkleber – überall! Dieser Schilderwald und die übertriebene Fürsorge durch den Staat hat Australien bei Kritikern den Spitznamen "Nanny State" eingebracht. Ein Staat, der durch Verbote und Gebote den Leuten das Denken abnimmt und zunehmend eigenverantwortliches Handeln aberzieht – so die Kritiker. Die Befürworter halten dagegen, dass die Leute die Risiken ihrer Freizeitgestaltung schon längst nicht mehr selbst erkennen und der Staat hier Verantwortung übernehmen muss. Am Ende bleibt die Frage: Was war zuerst da? Das Huhn oder das Ei? Bei uns löst es eher eine Mischung aus Schmunzeln und Fluchen aus. Wir fluchen immer dann, wenn wieder einmal ein unnötiges Schild ein Fotomotiv verschandelt.

Rechtzeitig einen Tag vor unserer Verschiffung nach Tasmanien kommen wir in Melbourne an. Zunächst kundschaften wir einen Stellplatz für die Nacht aus, der in der Nähe des Fährterminals liegt und den wir erst nach Einbruch der Dunkelheit ansteuern werden. Streng genommen darf man eigentlich auch nicht im Auto übernachten. Wir treffen uns mit Ryan, einem alten Bekannten, den wir in Darwin kennenlernten. Er ist hier großgeworden und führt uns herum. Wir landen auf der hippen Strandpromenade der Stadt. In unseren verschlissenen Campingklamotten, dem dringenden Bedarf, bald mal einen Friseur aufsuchen zu müssen und den Rasierer mal wieder seiner Bestimmung zuzuführen, fühlen wir uns fast schäbig zwischen all den schönen Menschen in ihren schicken, stylishen Outfits. In einer Bar lassen wir uns nieder und bestellen erst mal drei große Bier. Wir plaudern, genießen das Flair der Großstadt, nebenbei werden zwei kleine Portionen Pommes serviert, und eine Kugel Schokoladeneis bildet das Dessert. Dann kommt die Rechnung: 78 Dollar! Peng – innerhalb von einer halben Stunde haben wir mehr als unser Tagesbudget ausgegeben. Obacht: Angesagte Großstädte sind halt teuer!

Früh am nächsten Morgen klingelt der Wecker. Wir reihen uns wenig später in die Schlange der wartenden Passagiere der Fähre ein. Es gibt erst eine Quarantäneinspektion, dann eine Sicherheitskontrolle. Bei Ersterer wird überprüft, ob sich frisches Gemüse, Obst, Nüsse, Samen oder Ähnliches im Auto befinden. Der Sicherheitsbeamte interessiert sich viel mehr für unsere Gasflasche. Ein kleiner Aufkleber, der daran erinnert, dass wir die Flasche nicht an Bord benutzen dürfen – was ohnehin unmöglich ist, da das Auto für die Dauer der Überfahrt nicht zugänglich sein wird – überzeugt ihn. Nun sind wir sicher genug für diese Passage.

Endlich gehts an Bord des großen Schiffes, auf dem siebten Deck suchen wir uns einen gemütlichen Sitzplatz mit Tisch und lassen uns in den roten, gepolsterten Sesseln nieder. Schmunzelnd müssen wir an unsere Fährerfahrungen in Indonesien denken. War dort ein Klo mit Waschbecken die einzige "Annehmlichkeit" auf den oft deutlich längeren Überfahrten, so hat die "Spirit of Tasmania" für ihre lifestyle-verwöhnten Gäste mehr zu bieten. Restaurants, Bars, Cafés, Duty-free-Shops, Kinderbespaßung, Kino, Musik und Alleinunterhalter sollen die zwölf Stunden so angenehm wie möglich machen. Wir sitzen da, schlürfen Cappuccino, freuen uns auf das vor uns liegende Abenteuer und beobachten sogar einmal ein Rudel Delfine, das das Schiff eine Weile begleitet.

Anja entdeckt eine kleine, aber gut sortierte Touristeninformation mit sehr engagierten Mitarbeitern. Während sie sich über die verschiedenen Sehenswürdigkeiten und Nationalparks der Insel beraten lässt, sticht mir eine kleine Broschüre ins Auge, auf deren Cover eine schön gezeichnete Bachforelle aus einem Fluss springt: "Trout fishing Tasmania". Neugierig blättere ich durch das Heftchen, bald ist mein Jagdinstinkt geweckt. Ich könnte doch während unseres Aufenthalts in den zahlreichen ursprünglichen Flüssen und Bächen des Eilandes diesem leckeren Speisefisch nachstellen, vor allem, weil es in dem Heftchen so einfach und erfolgversprechend aussieht. "One of the best trout fishing spots in the world!" Alles klar, ich kaufe für immerhin stattliche 60 Dollar eine Lizenz und darf ab heute in jedem Gewässer auf der Insel angeln – so viel wie ich will.

Gegen acht rollt der Major an einem kühlen, klaren Abend von Bord. Die kleine Hafenstadt Devonport erinnert auf den ersten Blick mit seinen flachen ordentlichen Holzhäusern an eine Siedlung in Nordeuropa, auch die feuchtkühle Luft, der Wald in der Gegend und die grünen Wiesen des hügeligen Umlandes verstärken diesen Eindruck. Das Klima in Tasmanien ist ganz anders als auf dem Mainland. Ausgeprägte Jahreszeiten mit warmen Sommern, aber auch kalten, schneereichen Wintern sind typisch. Zudem kann das Wetter rasch umschlagen, üppige Regenfälle sind nicht selten.

Gleich am nächsten Morgen fahren wir auf südlichem Kurs in Richtung

Levan-Tal. Die Landschaft besticht durch ein wunderschönes Idyll. Saftig grüne Weiden, die am oberen Rand in Wald oder Felsen übergehen. Zwischen den frisch gepressten Rundballen grasen Schafe oder Rinder. Die kleinen Farmen mit ihren Wellblechdächern sind aus Holz errichtet, die Straßen sind im Hinterland oft einspurig. Verkehr gibt es beinahe keinen, am blauen Himmel hängen einige Wolkenfetzen. Im Tal selbst schlängelt sich der Levan mit seinem durch Huminsäure bräunlich verfärbten Wasser über Felsen rauschend langsam der Küste entgegen. Bevor ich aber gleich zum ersten Mal die Angel auswerfe, fahren wir die steile Straße hinauf zum Levan-Canyon – und sind überwältigt. Von einem schmalen Lookout blicken wir hinab in ein schroffes wildes Tal, welches sich vor unseren Augen beinahe in einem 180-Grad-Bogen windet. An seinen Flanken wachsen aus Felsspalten vereinzelt Kiefern, über der Kulisse kreist ein Adler. Tief unter unseren Füßen fließt in der Talsohle der Levan. Ein leichter Wind trägt sein Rauschen bis nach hier oben an unsere Ohren. Eine faszinierende Stimmung, Stille gemischt mit den feuchten, moosigen Gerüchen des dichten Waldes.

Mit einem unauffälligen "Plitsch" taucht der mittelgroße blaugetupfte Spinner mit goldenem Blatt zwischen zwei Felsbrocken in die Stromschnellen des Flusses ein. Aufgeregt, aber dennoch langsam führe ich den Kunstköder verführerisch nicht weit der Uferkante entlang. Dieses Spiel wiederholt sich für die nächsten knapp drei Stunden an dieser und an anderen Stellen – bis ich aufgebe, für heute jedenfalls. Vielleicht führt der Fluss im Moment doch zu wenig Wasser, vielleicht ist es den Forellen einfach zu warm, jedenfalls interessiert sich keine für meine Auswahl an Ködern, es gibt keinen Biss, ich bekomme nicht einmal eine zu sehen.

Es ist ungewöhnlich heiß auf Tasmanien, schon seit Wochen. Spärlicher Niederschlag über Monate hat zu einer weiträumigen Trockenheit geführt, in deren Folge im Westen und im Zentrum der Insel einige Waldbrände ausbrachen. Viele von ihnen lodern noch immer kräftig, sodass jene Landstriche weiträumig abgesperrt und momentan nicht zu bereisen sind. Was tun? Wir planen, uns zunächst die freien Gebiete anzusehen und uns langsam an der Ostküste entlang nach Süden vorzuarbeiten in der Hoffnung, dass die Feuer in der Zwischenzeit von den zahlreichen Feuerwehren gelöscht werden und uns dann auf dem Rückweg der Zugang in diese Gebiete nicht mehr verwehrt sein wird. Tasmanien hat einige beeindruckende Postkartenmotive, die alle seiner urwüchsigen wilden Natur entspringen. Eines ist der "Cradle Mountain". Angeblich erinnert dieser Granitbergrücken an ein Kind in seiner Wiege. Zwar fehlt uns offensichtlich das nötige Maß an Fantasie, um dieses Motiv zu erkennen, trotzdem sind wir scheinbar mit viel Glück gesegnet: Normalerweise ist der Berg die meiste Zeit im Jahr von dichten Wolken umhüllt. Als wir uns aufmachen, um ihm auf einer Wanderung näher zu kommen, ist der Himmel strahlend blau, keine einzige Wolke ist zu sehen. Wir freuen uns über dieses Glück und schlagen am späten Nachmittag am Lake Mackintosh unser Camp auf. Obwohl die Waldbrände weit weg sind, ist der Geruch nach verbranntem Holz und Rauch in der Luft deutlich wahrnehmbar.

Dieser Stausee ist einer von vielen, die insbesondere in den Sechziger- und Siebzigerjahren angelegt wurden, um durch Wasserkraftwerke die Stromversorgung der Bewohner, aber auch den Energiebedarf der zahlreichen Minen zu sichern. Nicht nur auf dem Mainland sind Minen ein dickes Geschäft, auch hier auf der überschaubar großen Insel gibt es zahlreiche Bohrlöcher, Schächte und Stollen. Ausgebuddelt wurde besonders zu Beginn Gold, was wie überall auf der Welt nach der Entdeckung des Vorkommens zu einem Goldrausch führte. Später kamen Eisenerz und Zinn hinzu. Nicht nur die Stollen und Siedlungen brauchten Holz für Abstützungen und allerhand Bauwerke, auch in Übersee, besonders in England, war Holz aus Tasmanien sehr gefragt. Zudem ist das Land fruchtbar und mit regelmäßigen Regenfällen gesegnet, was bereits in der zweiten Hälfte des 19. Jahrhunderts viele Farmer auf den Plan rief. All diese Bedingungen führten dazu, dass die Baumriesen der Regenwälder Stück für Stück abgeholzt wurden. Mit übergroßen Zweimannsägen in Stücke zersägt, transportierten kleine Dampfloks auf extra hierfür errichteten Gleistrassen das Holz zur Küste, um es dort weiterzuverarbeiten oder abzutransportieren. Trotz der frühen, anhaltenden und strukturierten Nutzung der Wälder gibt es heute noch vergleichsweise große und streng geschützte Restbestände. Der Westen der Insel ist nur an wenigen Stellen durch Straßen erschlossen und ein riesiges Schutzgebiet, das nur per Flugzeug oder Boot erreichbar ist. Hier werden wir uns wenig später auf einer Wanderung winzig vorkommen, denn die hier heimischen Bäume sind 70 bis 80 Meter hoch. Ihr Umfang lässt sich mit zwei Menschen noch lange nicht umfassen. Baumfarne von fast drei Metern Höhe, dicke Moosteppiche am Boden und auf umgestürzten Bäumen, riesige Pilze und dichte Flechtenbestände an Baumstümpfen, so groß wie Lkw, lassen uns in einer lang vergangenen Zeit wähnen, in der der Mensch die Bühne der Evolution noch nicht betreten hatte.

Noch sind wir aber nicht dort, noch sind wir am Lake Mackintosh – und da bricht die Dämmerung herein, ideal zum Fischen! Bald wird mit einem kräftigen Schwung der Köder wieder hinaus befördert, um zuckend, blitzend und blinkend den Raubfisch zum Angriff zu reizen.

Es ist schon lange dunkel, als ich hungrig zum Major zurückkehre. Glücklicherweise hat Anja bereits was Leckeres zum Essen bereitet, denn Fisch gibt es auch heute keinen ...

In Rosberry machen wir halt. Sicherlich liegt mein Misserfolg in Sachen "Mission Forelle" am falschen Köder. Ich suche ein Angelgeschäft, um nachzusehen, womit die "locals" hier auf die Pirsch gehen. In einem blauen Pick-up sitzt offensichtlich wartend ein dicklicher älterer Mann. Ich frage ihn, wo wir einen solchen Laden finden können. Leider gibt es vor Ort und auch in den nächsten Dörfern keinen, jedoch erklärt er mir, wie hier die typischen Forellenköder aussehen, denn auch er hat viele Jahre Forellen gefischt. Wenig später parken wir in der Nähe des Ortes unterhalb einer Brücke für eine Kaffeepause an einem Fluss. Wieder mal versuche ich mein Glück, ich brauche nicht zu erwähnen, wie der erfolgfreie Verlauf ist. Aber mittags ist ohnehin eine schlechte Zeit zum Angeln ... Plötzlich rumpelt ein blauer Pick-up die Auffahrt herunter. Es ist Dennis, der Kerl von eben. Er hat zu Hause in seiner Köderbox gekramt und wollte kurz anhalten, um mir zwei seiner Blinker zu schenken.

Von Westen her nähern wir uns der Stadt Burnie. Noch vor wenigen Jahren war eine riesige Papierfabrik der Hauptarbeitgeber im Gebiet. Mittlerweile ist diese geschlossen, was für einige Zeit zu erheblichen Strukturproblemen in der Stadt führte. Ein kreatives Zentrum erinnert im Herzen Burnies nicht nur an diese Zeit, sondern lädt Interessierte zu einer Führung ein. Hier erfährt man, wie aus allerhand recyceltem Material und Naturprodukten kunstvolle Papierwerkstoffe in Handarbeit hergestellt werden. Am Ende schöpfen wir selbst unser eigenes Papier von Hand. Heute sorgt der kleine Hafen in Burnie für einiges an Beschäftigung. Das viele Holz, das ehemals zu Papier verarbeitet wurde, wird heute verladen und teils weiterverarbeitet. Forstwirtschaft und Rundholzlogistik sind ein großes Geschäft – und ein großes Thema. Auf Burnies Hauptstraße rauscht alle paar Minuten ein mit Baumstämmen beladener Lkw an uns vorbei. Zwar stammt das meiste heute geerntete und vermarktete Holz aus Eukalyptusplantagen, die zur Holzerzeugung angepflanzt und später abgeerntet werden. Trotzdem gibt es viele Gegner in diesem Bereich. Das Holz der Urbestände ist immer noch begehrt, das Bewusstsein und der Stolz der meisten Tasmanier über ihre erhaltene wilde Natur ist groß und somit auch der Widerstand gegen jede Aktivität, die diese bedroht.

Auf einem zerfetzten Papierplakat außen am Supermarkt lesen wir "Saturday 02-02 Ulverstone Rodeo". Ein richtiges Rodeo? Das klingt interessant und es ist schon morgen! Ulverstone ist nicht weit von hier, somit finden wir uns nach etwas Suchen am späten Nachmittag auf dem beschriebenen Gelände ein. Security und Einweiser regeln den Andrang der Schaulustigen. Es riecht nach Pferd, in der Arena präpariert ein Traktor den Boden für das bevorstehende Ereignis. Das verspricht sehenswert zu werden, mindestens genauso wie der Großteil der Zuschauer, der sich neben den mitgebrachten Eisboxen auf seinen Campingstühlen niederlässt. Es gibt allerhand Stereotypen zu beobachten: üppig tätowierte klassische Cowboys mit Hut, Jeans, Stiefeln und Sporen und die dazugehörigen Cowgirls in Top, Minirock und Lederboots – oder im Jogginganzug. Dazu gibt es Büchsenbier und Country Music. Was gibts zu sehen? Zunächst geschickte Männer und Frauen, die zu Pferde verschiedene Aufgaben – natürlich auf Zeit – erledigen müssen. Mit unglaublicher Geschwindigkeit und Geschicklichkeit treiben da Reiterinnen ihr Pferd um ein aus Ölfässern aufgestelltes Muster. Es scheint, als würden sie gar nicht mehr im Sattel sitzen, sondern darüber schweben, während das Pferd der Ziellinie entgegen galoppiert, als würde es um sein Leben gehen. Dann sind da die Cowboys, die innerhalb kürzester Zeit einen in der Arena umherlaufenden Jungbullen mit dem Lasso einfangen müssen. Hastig springen sie vom Pferd, reißen den Bullen von den Hufen, um sie an je einem Hinter- und Vorderlauf über Kreuz zusammenzubinden. Je mehr der Abend seinen Lauf nimmt, desto rauer werden die Disziplinen – auch für die Reiter. Da ist zum Beispiel jene, bei der sich der Cowboy im vollen Galopp aus seinem Sattel auf einen fliehenden Jungbullen stürzt, um diesen umzureißen, was nicht immer gelingt. Wir sehen, wie einer das Kalb verfehlt und mit voller Wucht in einer großen Staubwolke im Dreck landet. Mit schmerzverzerrtem Gesicht schleppt er sich hinkend vom Platz, die Menge johlt. Zum großen Finale gibt es wahre Männer und das klassische Rodeo zu sehen: Die Kerle setzen sich in einer engen Box auf einen Hengst oder gar einen ausgewachsenen Bullen, dann wird dem Tier eine Schlinge um die Weichteile gelegt und zugezogen, bevor eine Türe zur Arena aufgeht. Der Reiter darf sich nur mit einer Hand an einem Strick festhalten, während die Kanonenkugel unter ihm schnaufend und wild durch die Arena tobt, springt, buckelt, sich schüttelt. Bewertet wird hierbei nicht nur, wie lange der Cowboy sitzen bleibt, sondern auch, wie sehr sich sein Reittier wehrt. Ohne Frage leiden die Tiere bei dieser Show, zumindest solange der Gurt angelegt ist. Der Umstand, dass die Tiere zum Vergnügen sagen wir "gezankt" werden, teilt die Australier in zwei Lager. Die eine Hälfte lehnt diese Art der Belustigung ab und findet es widerlich, den Pferden und Bullen zum Spaß Schmerzen zuzufügen. Die andere Hälfte feiert die Helden des Rodeozirkus, eine Gemeinschaft von Akteuren, die zu den über den ganzen Kontinent verteilten Events reist und versucht, mit den möglichen Preisgeldern ihren Lebensunterhalt zu verdienen. Ausgeschlagene Zähne, gebrochene Rippen oder Arme und natürlich mächtige blaue Flecken und Prellungen gehören dabei zum Tagesgeschäft. Mir jedenfalls flößt ein friedlich auf der Wiese grasender Bulle schon so genug Respekt ein. Nie käme ich auf die Idee, auf seinem Rücken zu reiten und mich seinem Zorn auszusetzen, während ihm jemand in die Hoden kneift.

Seit einiger Zeit beschäftigen wir uns mit der Frage, wie wir unseren treuen Reisegefährten, den Major Tom, per Seefracht wieder nach Europa bekommen. Glücklicherweise kamen wir bereits im Dezember mit einem Schweizer Pärchen in Kontakt. Die beiden sind ebenfalls mit ihrem mitgebrachten Auto in Down Under unterwegs und wollen es ebenso im Container zurück nach Hause verschiffen. Halber Container heißt halbe Kosten. Schnell hatten wir mithilfe Davids, dem Broker, der uns bereits half, von Dilli nach Darwin zu verschiffen, gemeinsam eine preiswerte Passage nach Italien gefunden und diese festgezurrt. Nun, sechs Wochen vor dem geplanten Termin, erhalten wir von den beiden Schweizern eine Nachricht mit der Bitte, ob wir nicht früher verschiffen könnten.

„Notfalls können wir ein oder zwei Wochen früher los!“

„Nein, wir müssen schon nächste Woche verschiffen!“ lautet ihre Antwort.

Was? Nächste Woche? Selbst wenn wir wollten – wir können nicht. Wir sind erst seit gut sieben Tagen auf Tasmanien, früher zurück nach Melbourne wollen wir nicht und können wir auch nicht, da die "Spirit of Tasmania" restlos ausgebucht ist. Eine Umbuchung auf einen früheren Rückreisetermin ist schlichtweg ausgeschlossen. Die zwei haben dringende gesundheitliche Gründe und scheinbar keine Wahl. Somit zerspringt unser sorgfältiger Plan zu Scherben, unsere Planung startet von vorne. Obwohl wir ihre Lage verstehen, sind wir enttäuscht und sehen nun erhebliche Mehrkosten auf uns zukommen. Wir studieren Schifffahrtslinien und Fahrpläne und finden eine interessante Verbindung – dieses Mal innerhalb von 35 Tagen nach Piräus, Griechenland. Mehr aus dem Gefühl heraus, keinen Versuch ausgelassen zu haben, schalten wir in zwei Internetportalen eine Anzeige, in der wir nach anderen Leuten suchen, die etwas nach Europa versenden wollen. Wir haben nur wenig Hoffnung, dass sich so kurz vor der geplanten Verschiffung noch jemand finden wird. Aber wir irren: Nach wenigen Tagen meldet sich Stacey. Sie und ihr Freund Jordan sind Australier und wollen Europa bereisen, und zwar mit ihrem Toyota Land Cruiser. Eigentlich wollten sie erst später los und auch nach England verschiffen, aber die Gelegenheit, den Container zu teilen, kommt ihnen genauso gelegen wie uns. Dann wirds eben Piräus! Wir werden uns einig, am 13. März soll verladen werden. Erleichtert, dass sich das Blatt doch noch gewendet hat, setzen wir unsere Reise durch die östliche Hälfte der Insel fort.

Mittlerweile hat sich das Wetter geändert. Es ist nicht mehr heiß und wolkenlos, sondern frisch und grau, dazu regnet es an manchen Tagen fast unaufhörlich. Es ist beinahe acht am Abend und es dämmert bereits, als wir auf dem Weg zum Halls Creek-Wasserfall sind. Anja fährt, der Regen prasselt auf die Scheibe, als passiert, was vermutlich passieren musste. Im letzten Moment sehe ich im Augenwinkel, wie von rechts das Känguru angesprungen kommt. Das Tier hat seinen Fehler bemerkt, versucht die Geschwindigkeit zu verringern, die Richtung zu ändern, rutscht aus, schlittert über die nasse Fahrbahn und ist im nächsten Moment unter unserem Auto verschwunden. Es gibt keinen Aufprall, keinen spür- oder gar hörbaren Kontakt. Alles passiert im Bruchteil einer Sekunde, ich presse gerade noch ein „Achtung!“

hervor. Anja hatte das Känguru ebenfalls gesehen und eine Vollbremsung eingeleitet. Mit weit aufgerissenen Augen und vor Schreck erstarrtem Blick schaut sie mich an.

„Ich hab ein Känguru überfahren!"

Wir wenden, fahren zurück. Auf der Fahrbahn ist nichts zu sehen, kein lebloser Körper, nicht mal Blut.

„Ich habe es im Rückspiegel ganz normal von der Straße springen sehen", sagt sie.

Wieder wenden wir, fahren ganz langsam die Stelle ab und überprüfen den Straßengraben und das Umland. Nichts, von dem Beuteltier fehlt jede Spur. Kann es sein, dass das Tier dank der großen Bodenfreiheit unseres Majors diese Begegnung unbeschadet überlebt hat? Ist es quasi einfach unten durchgerutscht, ohne erfasst zu werden? Wir haben keine andere Erklärung, denn auch an unserem Auto ist nichts zu sehen. Trotz der fehlenden Gewissheit sind wir erleichtert und hoffen, dass das Känguru tatsächlich unverletzt ist.

Der Regen lässt auch in den nächsten Tagen nicht nach. Dicke Wolken hängen in den Tälern, die Flüsse sind stark angeschwollen. An Angeln ist vorläufig nicht zu denken. Natürlich ist dies nicht das beste Wetter, um ausgedehnte Wanderungen zu unternehmen, aber wir sehen es auch mit einem lachenden Auge, wird der Regen doch sicherlich die Bemühungen der Feuerwehrleute unterstützen und helfen, die Waldbrände zu löschen. Erst als wir fast schon am südlichen Ende der Insel angekommen sind und in den Freycinet-Nationalpark einbiegen, macht der Regen ab und an längere Pausen, sodass wir uns vornehmen, die "Wineglas Bay" zu besuchen. Die Bay ist eine malerische Bucht, die mit ihrer runden Form, dem weißen Sandstrand und den umliegenden bewaldeten Berghängen zu einem der meistfotografierten Motive auf Tasmanien gehört – und leider auch auf der Liste der "must sees" aller Touranbieter steht. Obschon wir späten Nachmittag haben, ist der Andrang auf dem Parkplatz am Fuße des Aussichtspunkts, den man von hier aus nach einer einstündigen Wanderung erreichen kann, immens. Froh, eine Parkmöglichkeit gefunden zu haben, wollen wir bald aufbrechen, als erneut starker Regen einsetzt. Also gut, Rückzug. Im Major schlürfen wir gemütlich eine Tasse Kaffee, während draußen die meisten Touristen flüchten, sich der Parkplatz Stück für Stück leert und Busse ihre Gruppen wieder einsammeln. Nach einer dreiviertel Stunde ist der Regen vorüber, wir ziehen los und sind beinahe alleine auf der Plattform, als wir oben ankommen. Die Bucht liegt zu unseren Füßen, beschienen von den rötlichen Strahlen der Abendsonne. Die Kulisse der Küste ist wunderschön: schroffe Klippen, zackige bizarre Felsformationen, glasklares Wasser, Höhlen und im Hintergrund bewaldete Hügel.

Hobart ist die Hauptstadt von Tasmanien und im Vergleich zu den eher beschaulichen Kleinstädten und Siedlungen eine richtige Großstadt mit vierspurigen Autobahnen und wenigen Hochhäusern. Auf viele Hügel verteilt befindet sie sich an der Mündung des Devent Rivers. Hier gibt es das MONA – Museum of Old and New Art. Es ist ein heißer Tipp von anderen Reisenden, die wir auf unserem Weg trafen, allerdings auch nie ohne irgendeinen versteckten Hinweis, dass es teilweise recht speziell sein soll. Das weitläufige, auf mehreren Stockwerken und Zwischenebenen vollkommen unterirdische Museum ist allein architektonisch schon spannend. Es gibt einige aufwendige Licht- und Bewegungsinstallationen, die uns in ihren Bann ziehen. Bei anderen Exponaten allerdings fehlt uns wohl ein ausgeprägtes Kunstverständnis, um in ihnen wirklich etwas Künstlerisches zu entdecken. Da ist der kleine lebendige Goldfisch, der in einer Art tiefen, weißen Suppenschale voll klarem Wasser schwimmt, in der sich auch ein Messer befindet. Oder zwei lebensgroße menschliche Kunststoffskelette, die in eindeutiger Pose angeordnet sind und durch kleine elektrische Stellmotoren ebenso eindeutige Bewegungen machen. Oder die 156 fein säuberlich aufgereihten und angestrahlten Porzellanabformungen von Vaginas ... Kunst? Für uns jedenfalls nicht.

Unsere Hoffnung geht auf: Der Regen hat einen Großteil der Brände gelöscht. Im Internet sehen wir, dass ein Teil der Straßen wieder für den Verkehr freigegeben ist. Wir machen uns auf in die Wildnis um den Lake Pedder, ebenfalls ein Stausee – zumindest heutzutage. Bis in die Sechzigerjahre war der See ein natürliches Gewässer, der von mehreren Zuflüssen gespeist wurde. Er galt als Juwel, als Schönheit des Westens, den nur wenige per Wasserflugzeug besuchten. Die Straße, die wir nutzen um zu ihm zu gelangen, wurde erst später gebaut als beschlossen worden war, auch hier einen Staudamm zur Elektrizitätsgewinnung zu errichten. Sie war nötig, um das Baumaterial und das Personal zur Baustelle befördern zu können. Lake Pedder wurde zur Ikone jener Aktivisten, die sich für den Erhalt der Natur und den freien Lauf der Flüsse engagierten. In einem erbitterten Kampf versuchten sie bis zum Schluss abzuwenden, was längst beschlossen war. Das mediale Interesse wuchs und führte schließlich nicht nur zu einer großen Bewegung gegen Hydropower, sondern auch zu einem neuen Bewusstsein für die Natur und die Empfindlichkeit ihrer Systeme. Heute ist der Stausee viele Male so groß wie die ursprüngliche Wasserfläche. Die circa 130 Kilometer der B61, die von Hobart zum See führt und dort als Sackgasse endet, sind umrahmt von dichtem, undurchdringlichem Wald, der sich bis nahe an den Fahrbahnrand drängt – sattes, saftiges Grün links und rechts der schmalen kurvigen Straße. Sie führt zum Teil durch das von den Waldbränden betroffene Gebiet. Der Waldboden ist nun ganz schwarz, es gibt kein Laub und kein Gras mehr. Gespenstisch stehen die dicken Bäume da, ihre Stämme sind vollständig verkohlt, die meisten Blätter sind verbrannt. Viele von ihnen sind umgestürzt oder wurden aus Sicherheitsgründen gefällt. Wir erreichen das Gewässer am späten Nachmittag und finden einen abgelegenen Campplatz gleich am See. Wir sind beinahe die einzigen Besucher, was zum einen an der lange gesperrten Straße liegen mag, zum anderen vielleicht aber auch an dem immer noch sehr durchwachsenen Wetter. Auch jetzt regnet es wieder, dazu fegt ein ordentlicher Wind über die Oberfläche des aufgewühlten Lake Pedders. Das alles kann mich nicht davon abhalten, mein Anglerglück zu versuchen, schließlich ist der See in meiner Broschüre als eines der Topgewässer ausgewiesen. Fast drei Stunden trotze ich in meine Regenjacke eingepackt den Widrigkeiten der Witterung, bevor ich mich durchnässt und frustriert ohne Fisch in den Major zurückziehe. Hier läuft sogar die Standheizung, denn draußen sind es nur knapp 14 Grad. Morgen aber wirds besser laufen, denn dann werde ich zur besten Zeit im Morgengrauen wieder am Ufer sein.

Gegen 5:30 Uhr schleiche ich mich aus unserem Gefährt. Anja murmelt ein „Viel Erfolg“, bevor sie sich wieder herumdreht und in ihre Decke einkuschelt.

Der Wind hat sich gelegt, still und spiegelglatt liegt die Oberfläche vor mir. Dicke tief über dem See hängende Wolken werden von den ersten Sonnenstrahlen durchbrochen. Es herrscht absolute Stille, nur ein kleiner Bach plätschert leise sein Bett herunter, eine magische Stimmung. Draußen auf dem Wasser kann ich einige Ringe ausmachen, es gibt also Fische! Etwas über zwei Stunden später habe ich die meisten erreichbaren Partien des Ufers abgefischt, ohne Erfolg. Hungrig sehne ich mich nach einem gemeinsamen Frühstück. Langsam zweifle ich sowohl an meinen anglerischen Fähigkeiten als auch daran, dass es auf Tasmanien überhaupt Forellen gibt. Auch die Anstrengungen des restlichen Tages bringen keine Hoffnung auf ein schmackhaftes, selbst gefangenes Abendessen.

Tasmanien ist Heimat einiger ganz besonderer Tiere, die es zum Teil nur hier auf dieser Insel gibt. Da wäre zum Beispiel der Tasmanische Teufel, ein kleines, nachtaktives Raubtier mit spitzen Zähnchen von der Größe eines kleinen Terriers. Bei einbrechender Dunkelheit zieht es los, um Aas und andere Beute zu suchen und dabei die ganze Nacht unterwegs zu sein. Einmal sehen wir sogar einen dieser scheuen Gesellen im Scheinwerferlicht. Oder das Schnabeltier: irgendwie eine witzige Mischung aus Biber und Ente. Der Kopf gleicht mit seinem flachen, breiten Schnabel eher eben jenem Federvieh, es legt sogar Eier, säugt aber seine daraus geschlüpften Jungen. Der Körper hat ein dichtes kurzes Fell und gleicht eher dem eines Bibers oder Otters. Besonders im Morgengrauen und während der Abendstunden kann man das Schnabeltier in kleinen Flüssen beobachten, wie es umherpaddelt, um dann wieder abzutauchen und auf dem Grund nach Nahrung zu suchen. Außerdem gab es hier den Tasmanischen Tiger. Ebenfalls von der Statur her an einen mittelgroßen Hund erinnernd, war es einst das größte Raubtier in den Wäldern der Insel und vermutlich hauptverantwortlich für die Regulierung des Wildbestandes. Nicht nur sein hübsch gestreiftes Fell, welches eben an einen Tiger erinnert, wurde ihm zum Verhängnis. Auch die Bedrohung für die ausgedehnten Schafherden, die von ihm ausging, führte dazu, dass er zunehmend vor die Büchse der Farmer und Jäger geriet – bis er 1936 für ausgerottet erklärt wurde.

Als wir eines Abends auf einer kleinen Lichtung im Wald campieren, knackt und raschelt es im Gebüsch. Aufmerksam und still beobachten wir, was sich da seinen Weg durchs Unterholz sucht, bis ein Wombat vor uns auftaucht. Diese Tiere reichen etwa bis zur Wade, sie scheinen fast so hoch wie breit zu sein und haben ein hellbraunes Fell. Alles an ihnen scheint viereckig, sogar ihr Kot, der wie winzige, gepresste Strohballen ausschaut. Uns erinnert er auf jeden Fall an unseren Major. Hätte dieser nicht schon einen Namen, würde er fortan „Wombat“ heißen ...

Allmählich führt uns unsere Route wieder gen Norden, denn schon bald heißt es Abschied nehmen von diesem wunderschönen Eiland. Entlang des Great Lakes reisen wir durch das zentrale Inland. An einem viel kleineren See halten wir, um uns die Beine zu vertreten. Der Pine Lake liegt auf circa 1.200 Metern, es bläst ein kalter Wind. Die Vegetation hier oben wird durch Flechten und Moose geprägt, einige Büsche und uralte krüppelige Kiefern trotzen den rauen Bedingungen. Es gibt einen kleinen Boardwalk, der hinüber führt zum Ufer des nierenförmigen Gewässers. An seinem Ende steht eine Informationstafel, die von Flora und Fauna der Region berichtet. In einer Zeile heißt es sinngemäß: „Mit etwas Glück können Sie vielleicht eine Forelle beobachten, wie sie nach Insekten auf der Oberfläche springt!" Forellen …? Es ist bitterkalt, die Sonne steht schon ziemlich tief, dennoch will ich ein letztes Mal den Schuppenträgern nachstellen. Mit Mütze, Schal und Regenjacke bekleidet, klettere ich über die Felsen, die das glasklare Wasser umgeben. Es vergeht eine gute halbe Stunde, aufmerksam beobachte ich die Oberfläche, um kein Anzeichen auf die Anwesenheit von Fischen zu verpassen. Beinahe schon automatisch werfe ich den Köder immer wieder aus, um ihn dann mal langsam, mal schnell wieder einzuholen. Plötzlich passiert es: Ich spüre einen Ruck, die Schnur spannt sich, die Rutenspitze biegt sich stark nach unten. Wenige Augenblicke später liegt eine schöne, blau und rot getupfte Forelle im Moos. Ich kann mein Glück kaum fassen, auch wenn der Fisch meine Freude offensichtlich nicht teilt. Da ist sie: meine 60-Dollar-Forelle! Stolz mache ich mich auf den Weg zurück zum Major. Es wird ein herrliches Festmahl.

Wir genießen die Tage auf dem Weg zurück nach Devonport. In der Region des Mercey Rivers saugen wir ein letztes Mal die Ursprünglichkeit und Unberührtheit dieser Wildnis auf, freuen uns an glasklaren Wildbächen mit kiesgesäumten Ufern, dichten Wäldern und schroffen Bergen und den Luxus, dies alles für uns alleine zu haben.

Die Überfahrt zurück nach Melbourne ist ruhig und lang, glücklicherweise brauchen wir uns in dieser riesigen Stadt heute Abend keinen Stellplatz zu suchen, denn wir können bei Ryans alten Herrschaften in der Einfahrt stehen. Hier werden wir mit Wein und Barbecue empfangen, müssen den reisebegeisterten Eltern von unseren Abenteuern entlang unseres langen Weges erzählen. Gleich am nächsten Morgen fahren wir weiter, heraus aus der geschäftigen Stadt. Der dichte, laute Verkehr auf den mehrspurigen Highways, die flächige Bebauung, die vielen Menschen und Temperaturen um die 40 Grad machen uns zu schaffen und stehen in jeder Hinsicht in krassem Kontrast zu den letzten vier Wochen. Daher meiden wir die stärker frequentierten Küstenstraßen und suchen uns auf kleinen und kleinsten Nebenstrecken unseren Weg Richtung Brisbane. Die Great Dividing Range ist ein Gebirgszug, der von der südlichen Ostküste dieser fast vollständig bis in den Norden folgt. Auf der Küstenseite befindet sich das pulsierende Leben der Ostküste mit vielen der bekanntesten großen Städte wie eben Melbourne, Canberra, Sydney und Brisbane. Auf der "Rückseite" der Berge dominieren hingegen kleine Städte und Landwirtschaft das Bild. Einige jener Siedlungen stammen aus der Gründerzeit und halten ihr historisches Andenken in Ehren. Beechworth ist ein solcher Ort. Diese Kleinstadt kann auf eine fast zweihundertjährige Geschichte zurückblicken. Richtigen Aufwind erhielt sie allerdings, als hier in einem Bach in den 1850er-Jahren Gold gefunden wurde und die Population sich rasch verzehn- und dann verhundertfachte. Viele alte toprestaurierte Gebäude und einige Museen erzählen von dieser Zeit. Heute wird hier kein Gold mehr gewonnen. Kaum vorstellbar, dass gleich neben dem Stadtkern damals Tausende in Zeltlagern und Bretterbuden hausten und tagein, tagaus mit Schaufel, Hacken und Pfannen die Bäche umwühlten, in der Hoffnung, den großen Reichtum zu finden.

Auf der Höhe von Sydney, jedoch westlich der Great Dividing Range, liegen die Blue Mountains, eine urzeitliche und wilde Canyon-Landschaft, die grandiose Ausblicke über unendliches Land und tolle Bergpanoramen bietet. Natürlich nutzen viele Wochenendausflügler und Touristen aus Sydney die Nähe der Stadt, um sich hier am Wochenende zu erholen. Heute ist Sonntag – es ist viel los! Dennoch machen wir eine recht anstrengende dreistündige Wanderung in den „Grand Canyon“, bei der es über schmale Felsstufen tief in die Schlucht hinunter geht und anschließend natürlich auch wieder rauf, und das bei über 30 Grad.

Erschöpft setzen wir unsere Fahrt fort, erst spät bemerken wir auf der kleinen Landstraße die Polizeikontrolle. Wir werden hinaus gewunken, allgemeine Alkoholkontrolle! Stoisch tritt der Polizist ans Beifahrerfenster und hält Anja den Alkoholtester vors Gesicht. „I am not the driver, no steering

Ab in die Ferien: voll ausgerüstetes australisches Gespann auf dem Weg in den Urlaub.

Ungezählte Sterne: absolut stille Traumnächte in der Wüste.

Street-Art in XXL: Silokunst in South Australia.

Giganten der Straße: Road Trains sind wichtige Bindeglieder bei der Versorgung des Kontinents.

Karg und endlos: Blick auf die Steilküste entlang der Nullarbor Plains.

Es gibt immer was zu tun: Reparaturen und Service erfolgen oft einfach auf Parkplätzen.

Auf Forellenjagd: fischen in den Traumgewässern von Tasmanien.

Unvorstellbar groß: Stamm eines Urwaldriesen auf Tasmanien.

Der mit dem Kalb kämpft: Das Rodeo ist nichts für "Weicheier".

Putziger Zeitgenosse: Ameisenigel sind Säugetiere, legen aber wie das Schnabeltier Eier.

Unberührte Natur: Baumgespinste im Lake Mercey auf Tasmanien.

Endlich mal wieder richtig malochen: Wir helfen bei der Farmarbeit im Granite Belt.

Da ist er wieder: Ankunft unseres Majors in Griechenland.

Nichts für Leute mit Höhenangst: Die Meteora Klöster thronen allesamt in schwindelerregenden Höhen.

Ein letztes Mal offroad: unterwegs im Theth-Tal, Albanien.

Merkwürdiger Moment: Wir sind zurück in Deutschland.

wheel!“ sagt sie und deutet vor sich aufs leere Armaturenbrett. Der kleine Polizist reckt sich, um einen Blick ins Führerhaus zu werfen. Dann kommentiert er ohne jede Verwunderung das fehlende Lenkrad mit einem „Oh“, bevor er rasch wieder in seine Routine zurückfindet und zu mir rübergetrottet kommt. 0,0 – alles okay, weiterfahren!

Wenige Tage später halten wir voller Freude vor der Türe unseres Freundes Andreas in Ipswich östlich von Brisbane. Das letzte Mal sahen wir ihn zu Hause auf unserer Hochzeitsparty, wie er dort mit vollem Einsatz als Teil der Band das Keyboard bediente. In der Zwischenzeit hat sich einiges getan: Durch ein entsprechendes Jobangebot erfüllte sich für ihn ein Lebenstraum, er wanderte nach Australien aus. Gute zehn Monate lebt er nun schon hier. Sein Holzhaus hat reichlich Platz, und gleich nachdem er hier eingezogen war, hatte er uns zu sich eingeladen. Für uns absolut optimal: Wir wollten ohnehin von Brisbane aus den Major zurück nach Hause verschiffen. Es kommt sogar noch besser. Bei der Suche nach einem fahrbaren Untersatz für die Zeit, in der wir ohne Major unterwegs sein werden, konnte er seinen Chef überzeugen, uns einen alten Firmen-Pick-up auszuleihen. Mit einer festen Bleibe und sogar einem Auto sind wir bestens aufgestellt, um alles vorzubereiten und den Major auf die Reise nach Griechenland zu schicken. Wir freuen uns über ein großzügiges Schlafzimmer mit eigenem Bad und viel Platz, um unsere Habseligkeiten auszubreiten, alles zu putzen und das Auto noch mal durchzusehen. Die Abende verbringen wir gemeinsam mit Andreas, kochen für ihn oder gehen zusammen in ein Pub um die Ecke.

Alles ist organisiert, eine knappe Woche vor dem eigentlichen Verschiffungstermin fahren wir den Major die letzten Meter auf australischem Boden zum Depot der Frachtfirma. Hier soll er in den Container geladen und verzurrt werden, bevor dieser dann zum Hafen transportiert wird. Alle Bemühungen, unseren Landy selbst in den Container fahren zu dürfen und zu warten, bis dieser verplombt ist, helfen nichts: Aus Sicherheitsgründen geht das nicht. Uns bleibt nichts anderes übrig, als unser fahrbares Zuhause auf dem Parkplatz abzustellen und dem Personal unseren Schlüssel zu überreichen. Mit einem Kloß im Hals drehen wir uns noch einmal um, sagen goodbye und hoffen, dass alles gut geht.

Erst als wir wenig später nur mit einem kleinen Rucksack ausgerüstet stumm nebeneinander in der Bahn zurück nach Ipswich sitzen, wird uns schlagartig klar: Die Heimreise beginnt.

Ungewissheit:

„... das mangelnde Wissen über zukünftige Entwicklungen der Umwelt, beispielsweise von Parametern der eigenen Lebenswirklichkeit ...“

Take me home country roads

Die blaue Raumkapsel im Anflug auf das Heimatuniversum

Wir hätten es weitaus schlechter antreffen können als mit Ute. Sie ist eine ruhige, entspannte Zeitgenossin, erledigt alle Aufgaben ohne Murren und ist sehr zuverlässig. Wenn man sie richtig fordert, dann kann sie tatsächlich unerwartetes Temperament entwickeln. Zwar ist sie nicht besonders sexy, aber wie immer im Leben: Man kann nicht alles haben ...

Die Rede ist von unserem ersatzweisen fahrbaren Untersatz, ein Toyota Hilux Doppelkabiner aus dem Jahr 1998. Warum müssen die motorisierten Protagonisten auf einer solchen Reise immer männliche Namen tragen? Im Zeitalter von Gender und Gleichberechtigung wollen wir diese auch beim Overlanding einziehen lassen. Zugegeben: Besonders große Kreativitätsschübe und tagelange Überlegungen hat es für die Namenswahl nicht gebraucht. Die Australier nennen in ihrem Land jeden Pick-up schlichtweg „Ute“, was sie natürlich viel cooler und gedehnter etwa „Juud“ aussprechen, vermutlich die Abkürzung von „utility“ – nützlich.

Wir bleiben jedoch bei der deutschen Form, der Ute – und die gondelt uns, seit wir den Major auf die Reise geschickt und Ipswich verlassen haben, durch die Great Dividing Range entlang der Ostküste. Zunächst hatten wir bei einem Campingausrüster halt gemacht, um jene Dinge zu beschaffen, die wir uns für die bevorstehenden Wochen „wahren Camperdaseins“ weder leihen konnten noch in unserem Gepäck haben. Ganz oben auf der Liste stand da ein Zelt. Die Auswahl bei „Anakonda“ war überwältigend: Vom Highend-Ultraleicht-Einpersonen-Bergsteigerzelt bis hin zum faltbaren Familienpalast mit acht Schlafplätzen war alles vertreten und das in allen Preisklassen. Wir orientierten uns eher am unteren Rand der preislichen Auswüchse, schließlich haben wir zu Hause ein tolles Zelt und außerdem soll das neue „nur“ für drei oder vier Wochen unser Zuhause sein. Was anschließend damit passiert war noch unklar. Wir wählten eine leichte, unscheinbare, blaue Rolle mit der Aufschrift „Tent-2-person“ – sonst nix. Auffällig war da nur noch das Preisschild: 15 australische Dollar! Wahnsinn, wir konnten unser Glück über dieses Schnäppchen in dem sonst so teuren Australien gar nicht fassen und schlugen zu. Noch schnell zwei Isomatten aus dem Regal gegriffen und schon waren auf dem Highway unterwegs Richtung Süden.

Bald fragen wir uns, warum alle immer von der Ostküste schwärmen. Zwar haben wir wohl bisher von der Region noch nicht richtig viel gesehen, aber im Vergleich zur kargen und stillen Westseite des Kontinents ist hier die Hölle los. Entlang der Küste ist alles eng besiedelt und bebaut, auf den dreispurigen Highways fährt man dicht an dicht. Einfach mal irgendwo abbiegen und an einer schönen Stelle einen Kaffee genießen oder – aus aktuellem Anlass viel interessanter – ein Zelt aufbauen, das ist hier nicht drin. Es geht trubelig und hektisch zu, zudem ist es bedeckt und regnerisch. Wir beschließen, für unsere erste Nacht eine Straße hinauf in die Berge zu nehmen, und die führt uns in den Springbrook-Nationalpark. Nach zwei kleineren Wanderungen durch den feuchten Wald lenken wir Ute auf den einzigen winzigen Campingplatz im gesamten Park. Kurz orientieren wir uns auf der großen Tafel an der Einfahrt, schon lernen wir, dass der Campground vorgebucht werden muss, online versteht sich. Glücklicherweise gibt es hier oben Netzempfang, und auf der Seite des Nationalparks ist das Buchungsformular schnell gefunden. Nur buchen können wir den Platz nicht, denn er ist mit seiner lächerlichen Anzahl von elf Stellplätzen vollständig ausgebucht, mitten in der Woche, außerhalb der Ferien. Was jetzt? Es wird bald dunkel, weit zu fahren, um eine Alternative zu suchen, ist keine gute Idee, denn jetzt in der Dämmerung wimmelt es von Wallabys auf der schmalen Straße. Wir entschließen uns, auf der Wiese eines nahe gelegenen Parkplatzes zu übernachten. Obwohl in Sichtweite zum eigentlichen Campingplatz und mit Toiletten ausgestattet, mahnt ein hölzernes Schild, dass Campen hier verboten ist. Wir zwängen uns in eine kleine Nische zwischen einige Sträucher und bauen unser flammneues Zelt auf. Dies passiert erstaunlich schnell wie einfach. Das Ding besteht im Grunde aus einer Außenhülle, die hoffentlich wasserdicht mit dem Zeltboden vernäht ist, und zwei elastischen Kunststoffstangen. Deren Job ist es, das Konstrukt in die gewünschte Igluform zu stemmen. Die Zeltstangen erwecken keinen besonders stabilen Eindruck. Wenn wir sie biegen, hören wir leise knackende Geräusche, so als würden sie gleich bersten. Der Zeltstoff scheint aus Kunststoff zu sein und ist auf keinen Fall atmungsaktiv. Dürfen wir den Reißverschluss des Zeltes ganz schließen oder findet man dann morgen die Leichen von zwei erstickten deutschen Campern …?

Egal: Es ist frisch und es regnet, somit schlüpfen wir flott in unsere irgendwie mickrig und winzig wirkende Behausung und bereuen fast im selben Moment, dass unser geschärftes Budgetbewusstsein uns zu diesem Billigkauf verleitet hat. Eigentlich lautet eines unser Mottos: „Always buy second cheapest!“ Dieses Zelt war aber mit umgerechnet neun Euro ohne Frage das billigste – und das rächt sich nun. Aber was will man für einen solchen Preis auch erwarten? Augenscheinlich stammt das Produkt wie vieles in Australien aus China und wurde nach asiatischen Maßstäben konfektioniert, keinesfalls aber für zwei recht groß gewachsene Mitteleuropäer. Soll heißen: Es ist zu kurz … und eigentlich auch zu schmal. Die Innenlänge bemisst maximal 1,85 Meter, was bei meiner Körpergröße von 1,88 Meter zu einer leichten, rundlichen Ausbeulung am Kopfende führt. Nach zwei schlaflosen Stunden offenbart sich die Einschicht-Kunststoffhautkonstruktion als weiteres Manko dieses Produktes: Durch die Kühle der Nacht und die mangelnde Belüftung tropft bald, fast im Takt des Regens draußen, unser kondensierter Atem von der Decke und überzieht die Wände mit einem nassen Film. Die Lektion aus dieser Erfahrung heißt: Kaufe niemals ein Zelt, auf dessen Verpackung nicht die Maße beschrieben sind!

Irgendwie geht auch diese Nacht vorüber, immerhin hat der Regen gegen Morgen aufgehört. Reichlich verknittert krabbeln wir aus dem Zelt und löffeln wortkarg auf dem Dach der Ute unser Müsli aus der Schale. Wir haben nicht einmal das Zelt vollständig leer geräumt, als sich ein weißer Pick-up mit der Aufschrift „Ranger“ nähert und vor Ute hält. Oha, wir ahnen, was nun kommt. Zwei Kerle mit breitkrempigem Hut und in schweren Arbeitsstiefeln steigen aus. Nach einer förmlichen Begrüßung werden wir gefragt, ob wir hier übernachtet hätten. Nun, da wir gerade dabei sind, unser Zelt abzubauen, verzichten wir auf irgendwelche Ausreden und antworten schlicht mit „Ja“. Ob wir denn das Schild nicht gesehen hätten und nicht wüssten, dass auf Wildcampen im Nationalpark 140 Dollar Strafe stünde – pro Kopf …? Wir zeigen uns reumütig, versuchen mit Ehrlichkeit ihr Verständnis zu gewinnen. Wir erklären, dass wir erst spät hier ankamen, dass wir nicht wussten, dass man die Plätze hier vorbuchen muss, dass wir überrascht gewesen seien, dass mitten in der Woche der Platz ausgebucht sei, dass wir es für das Beste und Sicherste hielten, in der Dunkelheit nicht mehr zu fahren und hier, quasi gleich neben dem Campground, zu übernachten. Schließlich gäbe es hier ja auch Toiletten. Die Ranger halten unsere Argumentation für schlüssig, erklären einsichtig, dass der Platz hier für den gesamten Nationalpark auch viel zu klein sei und sehen von einer Strafe ab. Dennoch werden wir mündlich verwarnt und das Kennzeichen von Ute sowie unsere Passdaten in die Kartei der Wildcamper aufgenommen – beim nächsten Mal wird es teuer!

Am folgenden Abend suchen wir nur halbherzig nach einem wilden Stellplatz, zu dicht ist die Gegend besiedelt, zu viele „No camping"-Schilder stehen an eigentlich geeigneten Plätzen. Wir quartieren uns auf einem geräumigen Campingplatz ein. Dieses Mal schläft Anja alleine im Zelt, was ihr diagonal genügend Platz verschafft, ich penne auf dem Fahrersitz von Ute, was wiederum mehr schlecht als recht funktioniert.

Übernächtigt und mit schmerzenden Gliedern halten wir am nächsten Morgen bei einer Tasse Kaffee Krisensitzung. Schnell wird klar, dass wir in dieser Region in jedem Fall auf das uns so vertraute Wildcampen verzichten sollten. Wir beschließen, erst einmal runter zur Küste zu fahren. Ein bisschen typischer Strandurlaub kann der Stimmung nur zuträglich sein. Byron Bay ist unser Ziel. Der Ort mit dem hübschen Leuchtturm auf seinem Kap ist bei Urlaubern sehr beliebt. Das Städtchen selbst ist gut besucht, die Parkplätze der umliegenden Strände sind überlaufen. Auf dem schier ewig weißen Sandstreifen entlang des blauen Meeres verlieren sich die Urlauber jedoch schnell. Unzählige Surfer paddeln auf ihren Brettern hinaus, um die hohen, gleichmäßig heranrollenden Wellen eindrucksvoll abzureiten. Bei Broken Head finden wir am Ende einer Sackgasse einen idyllischen Campingplatz gleich am Strand, gesäumt von schattenspendenden Bäumen. Heute ist Samstag und wir können uns glücklich schätzen, hier überhaupt noch die erforderlichen zwei Quadratmeter für unsere blaue Behelfsunterkunft buchen zu können. Familien und Surfer aus dem Großraum Brisbane kommen am Wochenende in die Gegend und tummeln sich mit ihren Zelten und Caravans auf dem

Rasen. Die Autos parken kreuz und quer, es wird gegrillt, Kinder laufen umher und spielen in dem Getümmel. Gelächter und Gespräche, streitende Kids, leise Musik und das Klirren anstoßender Bierflaschen bilden die Soundkulisse. Wir hocken mittendrin und finden uns in einem Campingerlebnis wieder, wie wir es eigentlich hassen. Trotzdem wissen wir den Platz zu schätzen: Neben perfekten sanitären Anlagen gibt es einen geräumigen Unterstand mit kostenlosen Kochmöglichkeiten, Sitzbänken und Tischen und sogar einem riesigen Kühlschrank. Immerhin regnet es auch nicht mehr, sodass wir den Eingang unseres Zeltes einfach offenlassen und unsere Köpfe beim Schlafen nun auch genügend Platz finden.

Unsere Geduld zahlt sich aus: Bereits am späten Vormittag des nächsten Tages wird überall fleißig zusammengepackt, am späten Nachmittag haben wir den gesamten Platz fast vollständig für uns allein. Nun genießen wir die Stille, lesen, schwimmen, kochen, entspannen … Trotzdem bleibt die Frage, wie wir die nächsten Wochen bis zu unserer Abreise verbringen wollen. Wir sind müde vom Sightseeing. Wir haben in den vergangenen Monaten ungezählte Trails bewandert, haben in Dutzende Canyons und Schluchten geblickt, sind auf steile Berge gekraxelt, zwischen riesigen Bäumen und durch urzeitliche Wälder gewandelt, haben uns Gebäude aus der Gründerzeit angesehen und zig Kilometer bei Spaziergängen auf wunderbaren Stränden zurückgelegt. Der Mensch gewöhnt sich an fast alles: an die schönen Dinge genauso wie an ein zu kleines Zelt.

Wir erinnern uns an die begeisterte Erzählung einer anderen Reisenden, die von spannenden Erlebnissen und Begegnungen erzählte, während sie gegen Kost und Logis auf Farmen und in Haushalten bei täglichen Arbeiten aushalf. Auf einer Internetplattform könne man entsprechende Angebote einsehen und was Passendes finden. Ja, das wäre noch eine ganz andere Erfahrung. Wir registrieren uns und bewerben uns auf das Gesuch einer Schaf- und Rinderfarm, die Unterstützung bei den täglich anfallenden Arbeiten benötigt. Siehe da: Schon einen Tag später erhalten wir eine begeisterte Antwort, man freut sich auf unsere Hilfe!

Eine entspannte Tagesetappe liegt Stanthorpe von Byron Bay entfernt, zumindest dann, wenn man wie wir über Nebenstrecken durch das Hinterland fährt. Hier, im Granite Belt, liegt das Anwesen von Annie und Michael. Ein großes, hölzernes Farmhaus liegt am Rande eines lichten Eukalyptuswaldes, gegenüber steht eine recht große Stahlhalle. Abgesehen von zwei Hühnern und zwei Pferden gibt es einen Hund. Von Schafen und Rindern oder anderem Vieh fehlt jede Spur. Annie begrüßt uns herzlich, führt uns herum und zeigt uns das Anwesen. Am Wohnzimmertisch erläutert sie unsere Aufgaben, sie hat sogar einen kleinen Wochenplan ausgearbeitet. Hier stellt sie uns auch den restlichen Familienmitgliedern vor. Außer Michael haben alle für Australier nicht untypische XXL-Maße, besonders die 14-jährige Lilly und der 16-jährige Morgan sind sehr „umfangreich". Schnell wird klar: Annie ist die Leitfigur, um die sich alles dreht und die aufgrund mangelnder Unterstützung durch den Rest des Clans mit dieser Aufgabe überfordert ist. Die Kids verkriechen sich bis zum Abendessen in ihren unordentlichen Zimmern und helfen keinen Handschlag bei der Hausarbeit. Michael ist alles andere als der typische Farmer. Eigentlich arbeitet er bei einer Supermarktkette, in seiner Freizeit beschäftigt er sich lieber mit seinem Computer oder schläft, als eine der unzähligen Baustellen auf dem Gelände anzugehen.

Die eigentliche Farm, die gibt es aber tatsächlich. Circa sieben Kilometer die Straße runter befindet sich der Abzweig zum Gehöft von Annies Eltern. Hier bewirtschaften die beiden mittlerweile 76-Jährigen etliche Hektar Grasland und hüten ihre „nur noch" 400 Schafe. Es waren einmal deutlich mehr, zu Spitzenzeiten an die 2.000, auch Rinder liefen hier umher. Eine ungewohnte, erbarmungslose Dürre hielt die Region bis vor zwei Wochen fest im Griff. Eigentlich ist dieser kühlere, höher gelegene Landstrich berühmt für die Obstproduktion, links und rechts der Straßen sieht man besonders Apfelplantagen häufig. Normalerweise ziehen Tausende Backpacker jährlich zur Erntezeit hier durch, um sich beim „fruit picking" ihre Weiterreise zu finanzieren. Dieses Jahr ist die Ernte aufgrund der Trockenheit so erbärmlich, dass es kaum Arbeit gibt. Tatsächlich ist die Lage für die Landwirtschaft verheerend. Den Bauern fehlt nicht nur ihr Einkommen, sie müssen gleichzeitig Wasser in Tankwagen kaufen, um ihr Vieh tränken zu können. Wir hören von Krimis, bei denen sich die Farmer mithilfe von auf Pick-ups montierten Tanks und mobilen Pumpen gegenseitig das Wasser aus Teichen und Tümpeln klauen. Einige ziehen die Notbremse, verkaufen ihre Viehbestände zu Spottpreisen, denn der Markt bricht durch das rasch aufkommende Überangebot bald zusammen. Andere beantragen Kredite, um diese Zeit zu überstehen, so manch einer hat sich aufgrund der scheinbaren Ausweglosigkeit sogar das Leben genommen. Viele ziehen fort. Auch Annies Eltern haben ihre Rinder fast gänzlich verkauft und die Schafherde reduziert.

Es ist schon beängstigend: In jedem Land, das wir auf dieser Reise besuchen, berichten uns die Bewohner von ungewöhnlichen oder besonderen Wetterphänomenen. Orkane zur falschen Jahreszeit, Brandung und Wellen, die doppelt so hoch sind wie normal, Dürren, jahreszeitlich untypische Regenfälle, Temperaturen, die Rekordwerte erreichen. Hier im Granite Belt hat es vor zwei Wochen zumindest einen Hoffnungsschimmer gegeben: Der lang herbeigesehnte Regen kam zwar nur für kurze Zeit, dafür aber unglaublich heftig. Der von der Sonne verbrannte Boden war hart wie Beton und konnte nur kleine Mengen des kostbaren Nasses aufnehmen. Aber wenigstens die Teiche rund um die Farmen speichern nun wieder etwas Wasser. Die Menschen hoffen auf mehr, auf viel mehr Regen bis zum Ende des Winters. In den ländlichen Regionen Australiens dient das gesammelte Regenwasser nicht nur den Tieren als Tränke, gefiltert kommt es auch aus dem Wasserhahn. Zu weit liegen die Farmen auseinander, um für sie alle ein Trinkwassernetz aufzubauen. Daher werden sämtliche Dachflächen der Gebäude in riesige, zigtausend Liter fassende Tanks entwässert, während das Oberflächenwasser durch Gräben zu kleinen Dämmen und in Weiher geleitet wird, wo es für das Vieh zur Verfügung steht.

Unsere erste Aufgabe besteht darin, alle Durchlässe in den Gräben, die das Wasser auffangen und innerhalb der Dämme kanalisieren, von Geäst und Laub zu reinigen, das von der Sturzflut neulich hinein gespült wurde. Bei der Arbeit bemerke ich einige umgestürzte trockene Bäume. Ich erinnere mich an unser Gespräch mit Annie vom Vortag, in dem sie uns erzählte, dass sie bald eine Fuhre Brennholz für den Winter kaufen müsse, es wird nämlich allmählich frisch hier oben. Beim Abendessen unterbreiten wir der Familie den Vorschlag, jene Bäume zu Brennholz zu verarbeiten, schließlich bin ich Holzfäller außer Dienst. Nur zögerlich willigt Annie ein, sie will uns nicht mit einer solch schweren und mitunter gefährlichen Arbeit belasten.

Am nächsten Morgen werden eine ordentliche Motorsäge, Benzin und eine Axt organisiert, dann legen wir los. Ich zersäge die Baumstämme und spalte die Stücke, Anja hievt alles auf die Ladefläche der Ute, fährt die Scheite zu einem zentralen Platz, wo sie sie säuberlich aufstapelt. Das Holz ist wunderbar trocken, was allerdings das Spalten zu einer zähen und schweren Angelegenheit macht. In den nächsten vier Tagen verarbeiten wir so fünf Stunden täglich drei Bäume zu einigen Kubikmetern ofenfertigem Kaminholz. Dabei machen wir Bekanntschaft mit ein paar Vertretern der australischen Fauna: Ein Skorpion und eine große, grau behaarte Spinne müssen ihre Wohnstätte verlassen, genau wie eine kleine braune Schlange.

Wir buddeln Löcher zur Pflanzung von neuen Obstbäumen, rücken Möbel, erweitern ein Stück Zaun auf der Farm der Eltern und helfen, einjährigen Lämmern Ohrmarken zu verpassen. Nachmittags erkunden wir die Gegend, lesen auf der Veranda oder ziehen uns in unser Zimmer zurück. Alles im Haus ist recht unordentlich und schmuddelig. Das Bad, der Boden, die Küche, alles ist dreckig. Außerdem sind wir nie alleine: Es gibt noch andere „Untermieter", die sich mit ihren vielen Beinen schnell unter die Schränke verkrümeln, sobald man den Raum betritt. Was tut man nicht alles für ein halbwegs ordentliches Bett und um einem winzigen Zelt zu entkommen. Wir haben aber auch Strafe für unseren „Geiz ist geil"-Anfall verdient!

Eines Abends besprechen Morgan und Michael die Vorbereitungen zu einem nächtlichen Jagdausflug auf Kängurus. Tatsächlich stand Kängurufleisch hier schon einmal auf der Speisekarte, außerdem wird es angeblich zum Füttern des Hundes genutzt. Sie fragen mich, ob ich sie begleiten möchte. Obwohl ich selber nie gejagt habe, so machte ich von Dienstwegen doch einige Erfahrungen während meiner Zeit im Forst. Ich bin interessiert und biete an, mit der Ute zu fahren, damit eventuelle Beute einfach auf die Pritsche geladen werden kann statt in den Kofferraum von Michaels Mercedes. Dennoch fährt Michael mit seinem Auto aus Platzgründen voraus, Morgan und ich folgen mit Ute. Michael fährt viel zu schnell, bald ist er in der Dunkelheit verschwunden. Morgan kennt sich nicht wirklich aus und mutmaßt nach einiger Zeit, dass wir uns verfahren haben. Während die beiden miteinander telefonieren, höre ich einen leisen Knall und ein flatterndes Geräusch.

„Wir haben einen Platten!"

Ich bringe den Wagen zum Stehen, hinten links hat sich der Reifen aus unerfindlichen Gründen vollständig zerlegt, es stinkt nach Gummi. Glücklicherweise entdecke ich ein intaktes Reserverad unter der Ladefläche, und auch das Bordwerkzeug ist ordentlich und vollzählig samt Wagenheber hinter der Sitzbank verstaut. Mittlerweile ist Michael bei uns, gemeinsam wechseln wir in völliger Dunkelheit den Reifen. Wir drehen um, denn ich hatte den richtigen Abzweig längst verpasst. Wir sind höchstens wieder zwei Minuten in der Finsternis unterwegs, als ich in letzter Sekunde noch das Känguru sehe, wie es auf die Fahrbahn springt, bevor es dumpf frontal ins Auto einschlägt. Scheiße! Obwohl ich höchstens 60 km/h schnell war gab es keine Chance, dem Tier auszuweichen oder auch nur zu bremsen. Ich halte, schalte die Warnblinkanlage ein und gehe mit der Taschenlampe zurück, um nachzusehen, ob das Beuteltier den Zusammenstoß überlebt hat. Es liegt auf der Mittellinie und regt sich nicht. Aus seiner Nase rinnt Blut, sonst scheint es äußerlich unverletzt. Ich leuchte mit der Lampe in seine geöffneten Augen, seine Pupillen reagieren nicht, auch ist keine Atmung mehr sichtbar. Das Känguru ist tot. An seinem kräftigen Schwanz ziehe ich das arme Tier auf den Seitenstreifen. Zurück am Wagen deutet Morgan auf den linken Scheinwerfer. Der ist zerstört, die linke Blinkereinheit hängt an den Kabeln aus dem Kotflügel. Die massive Rammstoßstange hat wohl einen schlimmeren Schaden von Ute abgewendet. Ich frage Morgan, ob wir das tote Tier aufladen wollen, denn zumindest zu Hundefutter verarbeitet wäre sein Tod nicht umsonst gewesen. Angewidert lehnt er ab.

Wenig später treffen wir Michael am Abzweig zu einem Feldweg, eigentlich reicht es mir für heute. Am liebsten würde ich wieder zurück zur Farm fahren. Die beiden wollen aber ihr Jagdglück versuchen. Morgan ist der Schütze, langsam pirscht er mit seinem Kleinkalibergewehr über Geröll und durch kniehohes Gras, während Michael mit einer starken Handlampe die Gegend nach Beute absucht. Ich folge ihnen mit zwei Schritten Abstand. Offenbar lautet die Taktik, das Känguru mit der Lampe zu blenden. Orientierungslos verweilt es dann für einen Augenblick, das ist der Moment, in dem geschossen wird. Immer weiter schleichen wir hinaus in die sternenklare, kühle Nacht. Nur die wandernden Scheinwerferlichter weniger Autos in der Ferne geben uns einen Orientierungspunkt, wo die Straße verläuft, an deren Rand unsere Autos parken. Die erste halbe Stunde sehen wir nichts außer den Dunst unseres Atems und ich fürchte, dass ich – traurigerweise – heute das einzige Känguru erlegt habe. Doch dann erblicken wir in einiger Entfernung im Unterholz drei Tiere. Vom Licht irritiert bewegt sich der Trupp nur langsam vorwärts. Morgan nimmt die Waffe hoch, lädt durch, entsichert und zielt.

Nach meinem Empfinden sind die Tiere viel zu weit weg. Das größte der drei Kängurus bleibt stehen, richtet sich auf und blickt in unsere Richtung. Im nächsten Augenblick peitscht ein Schuss durch die Dunkelheit. Mit einem gewaltigen Satz springt das Känguru aus dem Lichtkegel und ist verschwunden. Verfehlt. Wir setzen uns wieder in Bewegung, um das Gelände zu durchkämmen. Eine weitere halbe Stunde später stoßen wir in der Nähe einer kleinen, von Sträuchern gesäumten Wasserstelle erneut auf zwei Kängurus. Sie sind etwa 70 Meter von uns entfernt und bewegen sich langsam auf eine kleine Lichtung zu. Wir folgen ihnen so leise wie möglich, bis der Abstand noch höchstens 50 Meter beträgt. Wieder versucht Michael die Tiere mit seiner Lampe zu irritieren, wieder legt Morgan seinen Repetierer an. Ich zucke zusammen, als der Schuss fällt, ich kann nicht sehen, was geschieht. Diesmal sind sich beide absolut sicher: Morgan hat getroffen. Gemeinsam laufen wir zu der Stelle, wo noch vor wenigen Sekunden die Kängurus hockten, aber von ihnen fehlt jede Spur. Etwas halbherzig suchen die beiden nach dem eventuell verletzten Tier, bis mir klar wird worum es hier eigentlich geht.

„Doesn't matter, let´s go home!"

Es geht ihnen nicht um die waidgerechte Jagd und die Gründe, warum man diese betreibt. Es geht auch nicht um die Nutzung des Fleisches. Es geht darum, ein bisschen rumzuballern. Die Australier sind schon etwas komisch, oder gibt es sonst eine Nation, die sein Wappentier so gleichgültig abknallt? Verständlicher wird das Verhalten, wenn man weiß, dass sich seit der Besiedelung des Kontinents durch den weißen Mann und durch seine Viehhaltung der Bestand an Kängurus verdoppelt hat. Nicht nur Rinder und Schafe trinken an den angelegten Brunnen und Bohrlöchern, auch Kängurus laben sich daran. Wasser ist plötzlich nicht mehr der limitierende Faktor für die Spezies. Für die Australier sind sie mancherorts eine Plage und eine angebliche Futterkonkurrenz für die Viehwirtschaft dazu.

Zwei Tage später ist unser Aufenthalt auf der Farm schon vorüber, der durchaus eine interessante Erfahrung war. Zwischenzeitlich hat die Ute einen neuen Scheinwerfer und einen Blinker von einem Schrottplatz erhalten, auch ein gebrauchtes, aber intaktes Ersatzrad hängt wieder unter der Pritsche. In einem weiten Bogen wollen wir zurück nach Ipswich fahren, nicht jedoch ohne die Gelegenheit zu nutzen, Nimbin zu besuchen. Dieser kleine Ort ist seit den

Siebzigern legendär, besonders bei Hippies und jenen, die gerne mal einen Joint rauchen. Die Gebäude sind schrill, ebenso wie die Menschen, die wir entlang der Hauptstraße beobachten. Skurrile Frisuren, auffällige Kleidung, bunte Tattoos, zahlreiche Piercings oder fehlendes Schuhwerk fallen uns auf. Es gibt kleine Läden für Handgemachtes, für Wohlfühlaccessoires, natürlich Kneipen und andere Lokale, Schaufenster, die über den „richtigen" Drogenkonsum informieren oder über die Zerstörung der Umwelt. Früher war Nimbin wohl ein Ort der Freiheit, Gemeinsamkeit und Spiritualität. Auch heute ist das Flair deutlich spürbar, aber auch die auffällige Polizeipräsenz. Ab und an patrouilliert ein Streifenwagen auf der Hauptstraße oder halten zweiköpfige Trupps von Polizisten auf den Gehwegen ein wachsames Auge auf die Menschen in der Stadt. Jahrelang war der Konsum von Haschisch und Co in Nimbin bekannt und der freizügige Lebenswandel der Einwohner von den Behörden geduldet worden. Nicht erst durch das Internet wurde der Ort über die Grenzen des Landes hinaus bekannt und zog Leute an, die nicht nur entspannt einen Joint rauchen und Reggae hören wollten, sondern die Duldung ausnutzten, um härtere Drogen zu konsumieren und zu verkaufen. Irgendwann zogen die Behörden die Notbremse: Razzien, Kontrollen und Festnahmen waren die Folge, genauso wie die permanent hohe Polizeipräsenz heute, unter der das Gefühl unbeschwerter Selbstbestimmtheit und Freiheit sicherlich leidet.

Zum Glück können wir wieder bei Andreas unterkommen, während wir die letzten Tage auf diesem riesigen Kontinent verbringen. In gut einer Woche werden wir Down Under von Sydney aus verlassen – nach nun sieben Monaten. Die Frage, wie wir die etwas über 1.000 Kilometer von Brisbane nach Sydney zurücklegen sollen, bereitet uns noch etwas Kopfschmerzen. Die günstigste und vermutlich effektivste Art wäre wohl zu fliegen. Da wir aber nur per Flugzeug reisen wollen, wenn es keine andere Möglichkeit gibt, scheidet dieser Weg aus. Öffentlichen Personennahverkehr mit Bus und Bahn im europäischen Sinne gibt es hier kaum und wenn, dann nur zwischen den Metropolen. Tatsächlich fahren sowohl Züge wie auch Fernbusse diese Passage, der Preis pro Person übersteigt jedoch unser Budget und liegt fast bei dem Doppelten eines Flugtickets. Per Anhalter wäre wohl auch eine Option, jedoch bietet diese Variante wenig Planungssicherheit, auch ist es eher unwahrscheinlich, innerhalb eines Tages ans Ziel zu gelangen. Schlussendlich registrieren wir uns dennoch bei einer Art Mitfahrzentrale, wo Fahrer und Passagiere gleichermaßen inserieren können, um für eine geplante Fahrt zueinanderzufinden und Kosten zu sparen. Eher zufällig stoße ich beim Durchstöbern der Seite auf das Inserat eines populären australischen Campingfahrzeugvermieters, der Fahrer für Überführungsfahrten sucht. Der Deal klingt nicht schlecht: Drei Tage hätten wir Zeit, um das Auto bei der Filiale in Sydney abzuliefern, eine Pauschale soll die Treibstoffkosten abdecken, wir dürften während der Überführung das Auto voll nutzen und darin schlafen und kochen. Das wäre es! Rasch bewerben wir uns, die anvisierte terminierte Fahrt würde für uns perfekt passen. Schon eine Stunde später haben wir die Bestätigung. Großartig!

Frühmorgens verabschieden wir uns von Andreas. Wir hatten eine tolle Zeit zusammen, mit interessanten Gesprächen, schönen Ausflügen in Bars und Restaurants und gemütlichen Abenden bei einem Glas Wein auf seiner hölzernen Veranda. Wir sind dankbar und froh, dass er sich überlegt hatte, sich ausgerechnet in der Nähe von Brisbane nieder zu lassen.

Die Formalitäten in der Mietzentrale in der Nähe des Flughafens sind zügig erledigt. Nach einer kurzen Unterweisung laden wir unsere paar Habseligkeiten in den Mercedes Sprinter und düsen los. Ungewohnt leise cruisen wir den Highway hinunter Richtung Süden. Obwohl wir beide Fans rudimentärer, robuster und altmodischer Technik sind, überzeugt dieses Raumschiff in Sachen Reisekomfort. Der aktivierte Tempomat lässt den „ nkreuzer“ bei immer gleichen 100 km/h die Autobahn entlang gleiten, dabei thronen wir auf komfortablen Polstermöbeln mit Armlehnen, das Fahrwerk federt jede Unebenheit sanft ab, nur ein leises Surren des Windgeräusches verrät, dass wir recht zügig unterwegs sind. Es ist so leise, dass wir uns in ganz normaler Lautstärke unterhalten können. Ein Fahrgefühl fast wie im ICE von Köln nach Frankfurt. Wahnsinn und kein Vergleich zu unserem harten, blattgefederten Major, dessen Motordröhnen, Vibrieren und Abrollgeräusch der riesigen, grobstolligen Reifen jedes Gespräch bei unserer normalen Reisegeschwindigkeit von circa 75 km/h fast zu einem Gebrüll entarten und auf das Nötigste beschränken lässt.

Unsere Fahrt verläuft komplikationsfrei und ohne Zwischenfälle. Auch in Sydney haben wir einen wertvollen Kontakt. Damir, ein Kollege von Andreas, den wir bei einem gemeinsamen Abend kennenlernten, lebt mit seiner vierköpfigen Familie eigentlich in Sydney, und zwar mitten im Zentrum. Er bietet uns an, sein Gästezimmer bis zu unserem Abflug zu nutzen, während wir Sydney erkunden. Zentraler geht es kaum: Direkt am Darling Harbour können wir von der Dachterrasse seines Apartmenthauses den Hafen und das nahe Zentrum überblicken. Für Touristen wie uns natürlich perfekt, dankend nehmen wir an. Und dennoch können wir nicht so richtig viel mit der Stadt anfangen. In den Straßen Downtowns strömen Touristen wie Geschäftsleute hektisch die Gehwege auf und ab. Zwischen den hohen Häuserblocks fließt zäh der Verkehr aus Lieferwagen, Taxis und Pkw von Ampel zu Ampel, begleitet von gelegentlichem Hupen. In den Schaufenstern der teuren Kaufhäuser werden neben angesagter Mode stylishe Accessoires angeboten.

Es ist laut, immer, auch nachts. Nie hört dieses unterschwellige Brummen auf, das typisch ist für Städte dieser Größe. Bei einem Kaffee in einem Hinterhof denke ich über eine Studie nach, die ich kürzlich las. In dieser geht der Autor davon aus, dass in wenigen Jahrzehnten mehr als 80 Prozent der gesamten Menschheit in Großstädten und den urbanen Gebieten drum herum leben wird. Für mich eine nicht nachvollziehbare Entwicklung. Natürlich verstehe ich, dass es in Städten mehr Jobs und allgemein mehr Möglichkeiten gibt als im ländlichen Raum. Aber ist die Lebensqualität dort nicht viel höher? Und Wohnraum verhältnismäßig unglaublich viel günstiger? Für mich sind Ruhe und grüne Natur Balsam für die Seele, dieser ständige Lärm in einer Umgebung aus Beton und Asphalt würde mich krank machen. Wir trauen uns nicht, Damir zu fragen, was er für seine Wohnung in dieser Lage in einer Stadt wie Sydney an Miete bezahlt.

Es ist bereits dunkel, als die Boing gegen 21 Uhr langsam zur Startbahn rollt. Schweigsam hängen wir beide unseren Gedanken, Eindrücken und Erfahrungen nach, während die Maschine nach kurzer Zeit in einer weiten Schleife über dem Lichtermeer der Stadt abdreht.

Verschlafen und überrascht blicken wir uns an, als der Kapitän mit einer Durchsage ankündigt, dass wir in gut einer halben Stunde mit dem Landeanflug auf Athen beginnen. Wir haben fast den ganzen Flug verschlafen, der vor beinahe zehn Stunden in Singapur begann. Insgesamt sind wir ziemlich gerädert, betrug die Gesamtreisedauer von Sydney nach Athen mit Zwischenstopp in Singapur doch mehr als 43 Stunden. Wir sehnen uns nach einer heißen Dusche und einem gemütlichen Bett, um uns richtig auszuruhen. Ein freundlicher, sonniger Morgen heißt uns in Griechenland willkommen. Der Himmel ist blau, wir spüren angenehm milde Frühlingstemperaturen. Mit dem Bus machen wir uns auf den Weg nach Piräus. Hier sitzt die Agentur, die wir beauftragt haben, den Container mit unserem Major aus dem Hafen zu holen und die Fracht- und Zollformalitäten zu erledigen. Gleich am nächsten Morgen wollen wir uns nach umfangreichem E-Mailverkehr dort persönlich vorstellen, um das Prozedere einzustielen und um weitere Verzögerungen zu vermeiden. Denn zwischenzeitlich ist klar geworden, dass der Container mindestens eine Woche später im Hafen von Piräus ankommen wird. In Ningbo, China, musste er umgeladen werden. Zu eng waren die Ankunftszeit unseres Containers und die Abfahrtszeit des nach Europa fahrenden Schiffes, sodass er dieses verpasste. Eine Woche wurde die Fracht also dort geparkt, bis ein anderes Schiff auf dem Weg nach Europa in Ningbo vorbeikam. Somit bleibt uns Zeit, viel Zeit, um alles vorzubereiten und uns Athen anzuschauen. Daher freuen wir uns sehr, als Christian und Julia, ein befreundetes Pärchen, sich spontan ankündigen, um uns – quasi als europäisches Empfangskomitee – ein wenig dieser Zeit zu vertreiben. Gemeinsam verbringen wir drei Tage in der griechischen Hauptstadt und genießen das mediterrane Flair. Athen hat natürlich viel Kulturelles und Historisches zu bieten. Die Stadt selbst ist von den wirtschaftlichen Schwierigkeiten gezeichnet. Viele Straßen und Gehwege sind kaputt, genau wie Fassaden von Gebäuden. Die Menschen in der U-Bahn wirken mürrisch und verschlossen. Still geht jeder seines Weges, gelacht wird selten. Wenn es jedoch einen Industriezweig gibt, der das Land aus der Krise führen kann, dann ist das wohl die Herstellung und der Vertrieb von Sprayfarbe. Denn der Bedarf ist scheinbar riesig: Jeder Zug, unzählige Häuser und Brücken, selbst Mülltonnen sind mit Graffitis und Schmierereien übersäht. Nicht wirklich schön und für uns nach der langen Zeit in Australien, wo alles absolut sauber und aufgeräumt ist, wo der Rasen immer schön gemäht ist und der Großteil der Autos glänzend neu sind, zunächst etwas gewöhnungsbedürftig.

Inzwischen sind auch Stacey und Jordan in Athen eingetroffen. Die beiden Anfang 30-Jährigen sind die Besitzer jenes Toyotas, der gemeinsam mit unserem Major in der Dunkelheit des Containers ausharrt. Wir sind uns sympathisch und teilen uns bis zur Ankunft unserer gemeinsamen Fracht sogar ein Apartment. Natürlich sind wir im ständigen Kontakt mit unseren Agenten.

Es dauert nach dem lang ersehnten Anlegen des Schiffes noch volle drei Tage, bis endlich ein gigantischer Gabelstapler die 40 Fuß lange Stahlbox von einem Lkw hebt und vor unseren Füßen in den Staub absetzt. Die Aufregung steigt. Schnell ist die Zollplombe durchtrennt, sind die Türen entriegelt. Quietschend klappen sie auf, dahinter steht gut verzurrt unser Landy. Exakt vor 50 Tagen hatten wir ihn in Brisbane dem Frachtdepot übergeben, und wir freuen uns, unser Zuhause nun endlich wiederzuhaben und unsere Reise zu Ende zu führen. Ich klettere in den Wagen, klemme die Batterien wieder an und setzte mich aufgeregt hinters Lenkrad. Ich drehe den Schlüssel herum und ohne Zögern erklingt das vertraute Tuckern des Dieselmotors. Langsam und vorsichtig manövriere ich den Major rückwärts aus der Box. Links, rechts und auch oben sind nur wenige Zentimeter Platz. Auch der Toyota der beiden Australier springt sofort an, beide Fahrzeuge haben die Überfahrt unbeschadet überstanden. Keine Beschädigungen durch das Laden, kein Schimmel im Innenraum, alles super! Nach etwas Räumerei verlassen wir das Depotgelände und biegen in die geschäftige Hauptstraße ein. In den nächsten Tagen werden wir uns sehr darauf konzentrieren müssen, auf der „richtigen“ Straßenseite zu fahren. Über ein Jahr fuhren wir in Ländern mit Linksverkehr. Beides fühlt sich nun für uns richtig an.

Einiges gibt es zu erledigen, bevor wir tatsächlich weiterreisen können: Wir müssen Diesel und Wasser auftanken, die Gasflaschen befüllen und natürlich einkaufen. An einer kleinen Tankstelle an einer Straßenkreuzung halten wir, um zunächst zu tanken. Beim Verlassen des Geländes möchte ich links abbiegen, um unsere Fahrt aus der Stadt fortzusetzen. Ein roter Kleinwagen hält, die Fahrerin will uns einbiegen lassen. Ich blicke nach rechts, fahre los und – übersehe das Auto, das gerade auf der zweiten Spur angefahren kommt. Anja ruft noch etwas, der Fahrer des grünen Fords versucht auszuweichen, ich kann noch bremsen, dennoch ist ein Zusammenstoß nicht zu verhindern. Der Kleinwagen rutscht einmal über die gesamte Länge an der Stoßstange des Majors vorbei. Mist! Da sind wir ohne Schaden und Zwischenfall monatelang in den verrücktesten Verkehrsszenarien Asiens unterwegs gewesen, und nun haben wir ausgerechnet in Europa und nach nicht einmal einer Stunde einen Unfall. Wir vergewissern uns, dass niemand verletzt ist. Beide, Fahrer und sein zehnjähriger Beifahrer, deuten, dass sie okay seien. Der Junge spricht erstaunlich gut Englisch und übersetzt zwischen seinem Vater und uns. Passanten halten, die Mutter des Jungen und ein Onkel kommen hinzu. Alle sind sehr freundlich, keiner wird laut oder beschuldigt uns, im Gegenteil: Man kauft uns in einem nahen Bistro erst einmal einen Kaffee. Der Major hat abgesehen von einer leicht eingedrückten Stoßstange so gut wie keinen Schaden – im Gegensatz zu dem grellgrünen Ford. Eine der Bergeösen unseres Autos hat sich zuerst in seinem rechten vorderen Kotflügel verewigt, bevor sie an der Türkante hängen blieb und diese nach außen bog. Faktisch ist jedes Blechteil der rechten Fahrzeugseite beschädigt. Auf die Polizei müssen wir über zwei Stunden warten, aber auch hier läuft alles unproblematisch ab.

Stacey und Jordan sind in der Zwischenzeit weiter gefahren, um einen Stellplatz auszukundschaften und einzukaufen. Als wir sie auf einem kleinen Schotterplatz am Meer antreffen, warten sie mit tröstenden Worten und einer dampfenden Gemüsepfanne auf uns. Wir reisen gemeinsam weiter und stehen auch am folgenden Abend wieder zusammen. Griechenland schlummert im Schlaf der Vorsaison. Die meisten Campingplätze sind noch geschlossen, nur wenige andere Reisemobile treffen wir auf der Straße. Als wir auf einem kleinen Parkplatz bei einem Dorf den Sonnenuntergang über dem Meer bestaunen, nähert sich ein griechisches Rentnerpärchen und ist vollkommen aus dem Häuschen, als sie bemerken, dass der weiße Toyota aus Australien stammt. Nun können wir die Aufregung und Gastfreundschaft der Menschen, die uns so oft entgegengebracht wurde, auch andersherum und auf europäischem Boden beobachten. Drei Mal fragen die beiden nach, ob Stacey und Jordan wirklich aus Australien mit dem Auto nach hier gekommen seien. Es stellt sich heraus, dass fünf der Brüder des Rentners nach Down Under ausgewandert sind. Begeistert erzählt er von Besuchen dort.

Am nächsten Morgen kommt er wieder mit seinem Auto vorbei und deutet Jordan und mir einzusteigen. Zögerlich folgen wir seiner Bitte und finden uns wenig später in dem bunten Gemüse- und Obstgarten hinter seinem Haus wieder. Hier sollen wir für uns so viel pflücken, wie wir möchten. Ein paar Früchte ist ihm nicht genug, am Ende kehren wir mit je einem Eimer Zitronen und Mispeln sowie Salaten, Zwiebeln, Eiern, Oregano und selbst gemachtem Gebäck zu unseren staunenden Frauen zurück, für die wir sogar einen Strauß Blumen bekamen.

Bei Patras trennen sich unsere Wege. Die beiden Australier wollen den Süden der Halbinsel erkunden, während wir es vorziehen, uns auf nördlicher Route der Grenze zu Albanien zu nähern. Unser Weg führt uns vorbei an den Klöstern von Meteora. Bekannt wurde diese imposante Gebäudegruppe, deren Klöster allesamt in waghalsiger Höhe auf verschiedenen Felsspitzen erbaut wurden, durch den britischen Geheimagenten 007. In dem Film „In tödlicher Mission" erklimmt zum Showdown James Bond alias Roger Moore die beinahe senkrechte Felswand des Klosters Agias Triada. Wir nehmen lieber einen schmalen, ebenfalls sehr steilen Wanderpfad, um das historische Gebäude zu erreichen und besichtigen das noch immer bewohnte Kloster aus dem 15. Jahrhundert.

Bei strahlend blauem Himmel und sommerlichen Temperaturen folgen wir den teils einspurigen Bergstraßen durch ein alpenähnliches Panorama. Im Nachbarland Albanien nehmen wir bald Kurs auf das Inland. Hier soll sich der Major noch einmal, vermutlich letztmalig auf dieser Reise, einer ordentlichen Offroad-Herausforderung stellen. Draußen vor dem Fenster sehen wir Szenen einfachster Landwirtschaft. Teils mit Hacke, Schaufel und Eselskarren wird hier die Feldarbeit betrieben. Die Gegend ist dünn besiedelt, die Landschaft wunderbar grün mit den hoch aufragenden Bergen der „albanischen Alpen" im Hintergrund. Unser Ziel ist das Theth-Tal. Dieses Hochtal ist über zwei verschiedene Strecken zu erreichen, wir entscheiden uns für die anspruchsvollere südliche von Prekal her. Bereits wenige Kilometer hinter der Ortschaft geht die ohnehin schmale asphaltierte Straße in eine schlechte einspurige Piste über. Diese schlängelt sich eng an eine oft senkrechte Felswand geschmiegt stetig bergauf, immer dem türkisblauen Flüsschen Kir folgend. Dieses strömt weit unter uns durch eine enge, steile Schlucht. Schroffe Überhänge, tiefe wassergefüllte Auswaschungen, glitschige runde Felsbrocken erfordern die volle Konzentration des Fahrers. Langsam, meistens nur im ersten Gang, gehts voran. Manchmal führt der Weg für einige Meter durch wasserführende Bachläufe. Nicht selten passieren wir Kreuze oder steinerne Mahntafeln. Die dort eingravierten Namen erinnern an Menschen, die in der

Vergangenheit diese Passage nicht überlebt haben und vermutlich samt Fahrzeug in die Tiefe stürzten. Wir sind vorsichtig und geben uns größte Mühe, dass uns nicht ein ähnliches Schicksal ereilt.

Als der Abend hereinbricht, befinden wir uns mit 1.200 Metern auf der höchsten Stelle des Passes. Ein stählernes Gipfelkreuz markiert den höchsten Punkt, gleich darunter schlagen wir auf einem kleinen Plateau unser Lager auf. Es ist diesig und nebelig, der Himmel ist dunkelgrau verhangen. Die Wolken wabern tief in den umliegenden Tälern, viele der Hänge sind mit krüppeligen Buchen und Hainbuchen bewachsen. Am nächsten Morgen haben wir Glück: Der Himmel ist wolkenlos und strahlend blau, der Schnee auf den steilen Gipfeln glänzt in der Sonne. Gegen Nachmittag erreichen wir Theth. Der kleine Ort hat nicht sehr viel zu bieten, allenfalls Bergwanderer finden in den vielen verstreut liegenden Pensionen einen hervorragenden Ausgangspunkt für alpine Touren. Viele dieser nur durch Schotterpisten verbundenen Unterkünfte sind neu gebaut, selbst eine schicke Touristeninformation ist darunter, auch wenn sie noch nicht eröffnet ist. Der Aufschwung des Tourismus ist spürbar, im Sommer ist man hier sicherlich nicht so alleine unterwegs wie wir jetzt. Kaum haben wir die Berge verlassen, als das Wetter kippt und immer schlechter wird. Penetranter Dauerregen bei Temperaturen zwischen drei und sieben Grad vermiesen uns jede Aktivität in der freien Natur. Wir hatten von anderen Reisenden viele tolle Tipps bekommen, sowohl für Bosnien als auch für Kroatien, Montenegro und Slowenien. Doch aufgrund des üblen Wetters entscheiden wir uns erst einmal weiter zu fahren und auf die kroatische Küste zuzuhalten. Vielleicht wird das Wetter am Meer besser. Tatsächlich ist es entlang eines schmalen Streifens an der Küste trocken und sogar die Sonne lässt sich blicken, in den Bergen jedoch bleibt es regnerisch und kalt. Entspannt und gemächlich fahren wir weiter Richtung Norden, genießen die tolle Kulisse des Mittelmeeres, auch wenn an Schwimmen aufgrund des klirrendkalten Wassers nicht zu denken ist. Bald verlassen wir die kroatische Küste, passieren Slowenien und haben die Grenze zu Österreich vor Augen. Das erste Mal seit fast zwei Jahren sind die Verkehrszeichen wieder in unserer Landessprache zu lesen, uns wird deutlich: Wir kommen unserer Heimat näher.

Freunde aus Süddeutschland beschließen spontan, uns ein Stück entgegenzufahren. Auf einem Campingplatz im Norden Österreichs treffen wir Tim mit seinen beiden Kids. Die Wiedersehensfreude ist groß, gemeinsam verbringen wir die Nacht in den Bergen und berichten uns am Lagerfeuer gegenseitig, was in der langen Zeit, während der wir fort waren, geschehen ist.

Genau in dem Augenblick, als wir über die deutsche Grenze rollen, beginnt es zu regnen und hört für die nächsten Tage nicht mehr auf. Es ist ein merkwürdiges Gefühl. Die Freude darüber, bald wieder unsere Lieben zu sehen, vermischt sich mit Unsicherheit und Argwohn gegenüber dem Alltag und der Normalität, die hier auf uns wartet. Selbst eine solch lange Reise ist längst nicht nur aufregend oder beschert jeden Tag packende Erlebnisse. Auch hier schleicht sich nach einiger Zeit Routine und Gewöhnung ein, werden Dinge alltäglich. Obwohl unsere Reiselust für den Moment gestillt ist, sind wir uns einig: Das Leben on the road ist trotzdem spannender, purer, unmittelbarer, intensiver und abenteuerlicher. Und dieses Abenteuer neigt sich nun dem Ende zu.

Die verbleibenden 700 Kilometer nach Hause legen wir in leichtem Zickzackkurs zurück, da wir an verschiedenen Orten Freunde besuchen. Die letzte Station ist in Koblenz, von hier sind es noch knapp 150 Kilometer, bis wir unser Zuhause erreichen, den Punkt, von dem aus wir vor 681 Tagen zu dieser großartigen Reise gestartet waren. Still, aber dennoch aufgeregt rollen wir die A61 hinauf, nehmen die Ausfahrt, von der wir schon Hunderte Male zuvor von der Autobahn abfuhren. Alles sieht so vertraut aus, nicht viel scheint sich verändert zu haben. Langsam tuckert der Landy die Straße zum Haus meiner Eltern entlang. Am Tor in der Einfahrt hängt ein bunt geschmücktes Schild: „Homebase des Major Tom – willkommen!“

Der Major verstummt, 69.721 Kilometer liegen in seinem Rückspiegel. Wir atmen tief durch und steigen aus. Als Erstes kommt uns schwanzwedelnd unser Hund entgegen, humpelnd, alt und grau. Dicht dahinter folgt meine Familie. Mit Tränen in den Augen umarmen wir uns.

Wir sind zurück.

Wir sind wieder zu Hause.

Wer, wie, was: Fragen und Antworten

Unser Held: Major Tom
Gedanken zu Wahl und Ausbau des Autos

Es gab unterwegs nicht wenige Situationen, in denen ich Anja aus dem Augenwinkel beobachtete, wie sie dem Major sanft über die Türverkleidung strich und ihm etwas zuflüsterte, was ich leider nicht hören konnte. Meistens hatte er unmittelbar zuvor eine heikle Geländepassage gemeistert, uns mit letzter Kraft eine steile, sandige Bergkuppe hinauf gebracht, trockenen Fußes über einen Fluss hinweg – oder uns schlingernd und rutschend auf einem matschigen Trail wieder aus einem Dschungel herausbefördert.

Wenn man beschließt, sich mit einem motorisierten Fahrzeug auf eine solche Reise zu begeben, wird der fahrbare Untersatz unweigerlich zu einem zentralen Punkt des Abenteuers. Dabei meine ich nicht die Frage, ob er funktioniert oder ständig mit nervenaufreibenden Pannen für schlechte Laune sorgt, sondern wie das Fahrzeug grundsätzlich konzipiert ist und wie sich dieses Konzept bewährt. Reicht ein Fiat Panda mit Zelt oder muss es ein 16 Tonnen schwerer 6x6-Lkw sein, dessen sieben Meter lange Wohnkabine in Sachen Luxus keine Wünsche offenlässt? Es ist klar: Beide Konzepte bringen ihre Reize wie auch Probleme mit sich. Für beide Varianten gibt es Argumente, die Wahl für dieses oder jenes Fahrzeug wird am Ende durch ganz persönliche Bedürfnisse und Anforderungen bestimmt, und oftmals liegen nicht unbedingt objektive Maßstäbe zugrunde. Somit gibt es hier kein eindeutiges "richtig" oder "falsch". Was für den einen die optimale Lösung darstellt, kann für den anderen ein unbrauchbares Set-up bedeuten. Viel grundsätzlicher ist die Frage: Muss es ein Allradfahrzeug sein?

Aufgrund unserer Reiseerfahrung, nicht nur aus der in diesem Buch beschriebenen Reise, sind wir uns absolut sicher: Wir wären auch in einem Auto ohne Allradantrieb in Brisbane angekommen, wenn auch auf anderen Wegen. Unsere Welt wächst rasant zusammen, die Nähte bilden hierbei oft die Straßen und Verkehrswege. Gute Straßen sind der Schlüssel zu einer effektiven Verteilung der Güter und bedeuten sicheren und schnellen Transport von produzierten Waren ebenso wie auch die Einfuhr und Verteilung von Konsumgütern. Einmal erschlossene Gegenden profitieren von einem nachfolgenden Aufschwung. Daher ist es kaum verwunderlich, dass wir überall teils massive Straßenbauprojekte beobachten konnten, selbst in der Mongolei. Und dennoch: Für uns stand es nie zur Debatte, nicht in einem Allradfahrzeug loszufahren. Der Sicherheitsaspekt, auch weiter zu kommen, wenn die Straße einmal unerwartet schlecht oder steil wird oder der Untergrund weniger tragfähig ist als vermutet, spielt hierbei eine untergeordnete Rolle. Für uns stehen die Gebiete jenseits der "beaten tracks" im Vordergrund, Gegenden, die ursprünglich und kaum besiedelt sind, Regionen, in denen die Wildheit unserer Natur noch unverfälscht spürbar ist. Wir favorisieren Stellplätze, die Ruhe und Abgeschiedenheit mit sich bringen, an denen man ungestört draußen die Abende und die Stille genießen kann. Unter diesen Aspekten werden Eigenschaften des Fahrzeugs wie Allradantrieb und Bodenfreiheit wichtig. Es ist also nicht die Frage, was man braucht, sondern was man sucht.

Aber warum muss es ein beinahe vierzig Jahre alter Land Rover sein? Aufgrund meiner langjährigen Erfahrung und Sympathie für diese Marke hatten wir ursprünglich einen Defender 110 als Basis auserkoren. Besonders die späteren Modelljahre der TDI-Ära gelten als robust, dank fehlender Elektronik als unanfällig für Störungen und als besonders wartungsfreundlich. Stets aber sind es zwei Dinge, die mich am Defender wie auch an den meisten typischen Geländewagen stören. Die geringe Karosseriebreite ist dabei ein Punkt, beim Defender liegt sie bei unter 1,65 Meter. Möchte man in der aufgesattelten Wohnkabine quer zur Fahrtrichtung schlafen, wird diese unabdingbar weit über die ursprünglichen Fahrzeugmaße hinausragen, sowohl seitlich als auch in der Höhe. Der Versatz von Karosserie zur Kabine ist nicht nur ein optisches Manko, sondern schränkt auch die rückwärtige Übersicht besonders bei engen Manövern im Gelände deutlich ein. Die andere Sache ist die lange Motorhaube: Ihre Länge nimmt nicht nur den Überblick nach vorne, sondern sie bedeutet vor allem eine höhere Gesamtlänge des Fahrzeugs – mehr als einen Meter Extralänge, dessen Existenz nicht nur die Wendigkeit verringert, sondern auch sonst ungenutzt bleibt, abgesehen von der "Verkleidung" des Motors. Beim Defender bietet die Haube immerhin noch Platz, um das Reserverad darauf mitzuführen. Viel sinnvoller sind da sogenannte Frontlenkerkonzepte. Hier sitzt der Fahrer quasi an der Stelle, wo sich eigentlich die Motorhaube befindet: über der Maschine! Nicht nur, dass dieser Umstand enorm Länge einspart, sondern gleichzeitig wird der Besatzung der Ausblick aus der Frontscheibe des erhöhten Fahrerhauses durch nichts verwehrt, was besonders offroad ideal ist. Im Lkw-Segment hat sich dieses platzsparende Konzept längst durchgesetzt, in der Klasse bis 3,5 Tonnen ist das Angebot lausig. Sucht man nun auch noch nach Vehikeln, die einen ernstzunehmenden Allradantrieb mit stabilen Starrachsen unter einem soliden Leiterrahmen mitbringen, wird die Luft dünn.

Glücklicherweise baute meine Lieblingsmarke von der Insel in den Siebzigern ein Fahrzeug, dessen Eckdaten in Allradkreisen verführerisch klingen und das auf die Modellbezeichnung Forward Control 101 (FWC101) hört. Als 3,7-Tonner konzipiert, rollt er auf mächtigen 95 Zentimeter hohen Reifen (255/100R16) heran, seine Überhänge sind äußerst kurz, seine massiven Starrachsen hängen an parabolischen Blattfedern und sind über Kardanwellen mit einem sperrbaren Permanentallradgetriebe samt Untersetzung verbunden. Angetrieben wird das Ganze durch den berühmt-berüchtigten Rover V8, einen Benzinmotor, der aus 3,5 Litern Hubraum 125 PS generiert und unverschämt durstig ist. Gebaut wurde der FWC nur in der geringen Stückzahl von 2.667 Stück für das Militär, und das in drei verschiedenen Aufbauvarianten. Die Konstrukteure der englischen Marke hatten nicht besonders viel Mitleid mit ihren Landsleuten in Uniform: Gebremst wird die Fuhre mehr schlecht als recht über manuell einstellbare Trommelbremsen, für den Innenraum ist keine Schalldämmung vorgesehen, die Sitzkissen sind flach, kurz und weich. Somit hockt man in einer Kulisse aus blankem olivgrünen Aluminiumblech direkt auf dem dröhnenden Motor. Klarer Fall: Das Ding ist wohl mehr was für Puristen! Bei mir ist die Sache klar, ob ich allerdings meiner Reisegefährtin ein solches Ungetüm schmackhaft machen kann, bleibt zunächst eine offene Frage.

Ich erfahre von einem Militärfahrzeughändler. Der soll, eine gute Stunde mit dem Auto von uns entfernt, drei Vertreter dieses Typs beinahe vergessen in einer Ecke eingelagert haben. Auch wenn dem 101 durch sein kantiges, pragmatisches Äußeres der militärische Ursprung eindeutig anzusehen ist und seine Designer sicherlich keinen Preis für elegante Linienführung verdient haben, klappt das Rendezvous: Anja ist von den kompakten Abmessungen in Verbindung mit dem üppigen Raumangebot sowohl im Inneren des Führerhauses als auch im Laderaum dieser Ambulanz begeistert. Nur das Preisschild an diesem Exemplar schreckt uns von einem Kauf ab. Nun bin ich im Jagdfieber, und die Jagd währt nicht lange.

Wenige Wochen nach dieser ersten Besichtigung und nach tagelangen Recherchen im Internet stoße ich auf das Fahrzeug, welches 15 Monate später mit uns in ein langes Abenteuer starten wird. Wegen eines kapitalen Motorschadens hatte der Besitzer ihn neben Bussen und Lkw auf einem Schrottplatz abgestellt. In den folgenden drei Jahren fand er keine Zeit oder Mittel, die Reparatur anzugehen, die weite Distanz von 200 Kilometern durch einen Umzug wirkte sich auch nicht förderlich auf die Fortführung des Projekts aus.

Als ich an einem Samstagnachmittag bei typisch englischem Wetter mit Nieselregen und grauem Himmel nahe Winchester auf das Gelände einbiege, ist meine Aufregung riesengroß. Da steht er: Drei Reifen sind platt und porös, eine schwarze, löchrige Plane deckt sein Dach ab und wird durch faulige Kanthölzer an Ort und Stelle gehalten. Moos wächst an den Fenstergummis, überall blättern die unzähligen Schichten Farbe von seiner beuligen Aluhaut, innen haben Spinnen mit ihren Netzen Lenkrad und Sonnenblende verziert ...

Ich streife um den Wagen herum, blicke hierhin und dorthin, öffne Türen und Luken. Ob er ahnt, was für ein neues Leben auf ihn wartet? Sein Inneres ist noch komplett original erhalten. Im Führerhaus gibt es Filterkartuschen und Leitsysteme für Atemluft, ein kleines Schiebefenster bildet jetzt noch die einzige Verbindung zum Sanitätsbereich. Auch der erweist sich als vollständig: Halterungen für Sauerstoffflaschen nebst Atemmasken, Regeleinrichtungen, ein Stuhl für das ärztliche Personal, vier Liegen samt Hebeeinrichtung und vieles mehr ...

Eine gute Stunde später ist der 101 mithilfe einer Seilwinde auf den Anhänger verladen und seine Ausbürgerung nach Deutschland beginnt. Hier wird er in eine kleine Halle auf einem Bauernhof einziehen und komplett bis auf die letzte Schraube zerlegt werden.

Chassis und Kleinteile werden sandgestrahlt und verzinkt, wir rüsten das Auto vom Rechts- zum Linkslenker um, der TDI-Motor eines Defenders samt generalüberholtem Getriebe und Verteilergetriebe nebst angefertigten Kardanwellen werden angepasst und montiert, eine Servolenkung folgt. Die Achsen werden neu gelagert, die Bremsen komplett mit Neuteilen ausgerüstet. Es wird ein neuer Kabelbaum angefertigt und enorm viel Aufwand mit der Dämmung und Verkleidung des Führerhauses betrieben.

Als wir uns daran machen, die ehemalige Ambulanzkabine zu überarbeiten, wird klar, dass diese viel zu massiv und dazu mit unendlich vielen Kältebrücken konstruiert ist. Alleine der Boden besteht aus einer durchgängigen, bleischweren 34 Millimeter starken Siebdruckplatte. Also ersetzen wir das Holz durch eine Aluminiumgitterkonstruktion, die anschließend isoliert wird. Auch die Wände werden zum Großteil aus Sandwich-Paneelen neu gebaut, was eine deutliche Verbesserung der Isolierung bewirkt und das Gewicht weiter reduziert. Zum Schluss fertigen wir ebenfalls aus Sandwich-Paneelen und – um containertauglich zu bleiben – so flach wie möglich das Klappdach an. Jetzt geht es an den Innenausbau, den wir leicht und stabil aus sechs Millimeter starkem Birkensperrholz anfertigen.

Zuletzt erfolgt die technische Ausrüstung. Eine 260 Wp-Solaranlage soll eine Batteriebank mit zwei 120 Ah AGM-Batterien mit Energie versorgen. Ebenfalls aus Gewichtsgründen haben wir nur diese beiden Batterien und verwenden sie stets ungetrennt sowohl zum Starten als auch für die Versorgung des Aufbaus. Das bringt zudem Vorteile bei der Ladung des Akkus und bei der effektiv verfügbaren Kapazität. Ein Spannungswächter verhindert, dass die Spannung so weit absinkt, dass wir nicht mehr starten können. Unser Wasserhahn wird von einer automatischen Druckwasserpumpe versorgt, welche wiederum aus vier 19 Liter-Kanistern mit Wasser gespeist wird. Wir finden die Verwendung von Kanistern sinnvoller, da man flexibler bei der Wasserbeschaffung ist und sich die Kanister im Gegensatz zu fest eingebauten Tanks leichter reinigen und überprüfen lassen.

Eine heiße Dusche sollte bei einer solchen Reise nicht fehlen. Wir verwenden einen elektrischen 12 Volt-Boiler für die Warmwasseraufbereitung, den wir entweder während der Fahrt einschalten oder wenn wir die volle Leistung der Solaranlage zur Verfügung haben. Unsere Vorräte werden in einer 40 Liter fassenden Kompressorkühlbox gelagert, gekocht wird auf einem zweiflammigen Gasherd. Für dessen Versorgung haben wir zwei 5-Kilogramm-Gasflaschen an Bord. Obwohl wir fast immer selber kochen, reicht uns eine Flasche für circa drei Monate. Wird es empfindlich kalt, schalten wir eine 2-Kilowatt-Luftstandheizung ein, die den Innenraum innerhalb kürzester Zeit wohlig warm macht.

Für uns ist das Konzept nach wie vor optimal und hat sich auf den zurückgelegten 70.000 Reisekilometern bestens bewährt. Wir genießen das hohe Maß an Flexibilität, das insbesondere durch die Wendigkeit, die kompakten Abmessungen, aber auch durch den Allradantrieb und die hohe Bodenfreiheit gegeben ist. Natürlich spielt auch das niedrige Gewicht des Majors hierbei eine wichtige Rolle: Sein Leergewicht beträgt nur 2.660 Kilogramm. Alles vollgetankt, ausgerüstet und mit uns beiden auf den Sitzen liegt das Gewicht immer noch unter 3,3 Tonnen.

Als am nervigsten und wartungsintensivsten empfanden wir das Bremssystem, dessen Konstruktion nicht mehr zeitgemäß ist und uns einige Schreckmomente bescherte. Trotz des Austauschs sämtlicher Komponenten vor der Reise hatten wir drei Komplettausfälle der Bremse. Neben dem beschriebenen Bruch der Leitung führten zwei undichte Radbremszylinder zu Bremsversagen. Hier gibt es sicherlich noch Optimierungsbedarf, genau wie bei der Frage, ob ein Gaskocher die beste Lösung ist. Auch dieses Gerät funktionierte häufig nicht einwandfrei, da einer der Brenner sich aus unerfindlichen Gründen einfach abschaltete. Gepaart mit dem hohen Platzbedarf der Flaschen und dem leidigen Thema der Füllung im Ausland macht dieses System nicht unbedingt den Eindruck, der Königsweg zu sein. Auch eine Toilette wie beispielsweise eine Porta Potti würden wir beim nächsten Mal mitnehmen. Ein eigenes Klo wäre sicherlich nicht nur aus hygienischen Gründen entspannter.

Fazit: Unser Major Tom ist ein lautes, langsames und puristisches Geländefahrzeug. Seine simple, leicht zu wartende Technik und die hohe Geländegängigkeit lassen uns jedoch gerne die Unannehmlichkeiten bei dieser kompromissbehafteten Frage in Kauf nehmen. Sein gemütlicher, warmer Innenausbau ist uns ein angenehmes Zuhause, auf das wir uns oft nach langen Wanderungen freuen. Seine Ausstattung bietet alles, was unsere Bedürfnisse verlangen.

Wo stehst du?

Sicherheit, Navigation, Stellplätze

"Und wie findet ihr immer einen guten Stellplatz?" Eine Frage, die uns so oder so ähnlich oft gestellt wird und ganz nebenbei eigentlich alle drei oben genannten Aspekte vereint. Dabei gilt es, sich erst mal zu fragen, was denn eigentlich ein "guter" Stellplatz ist. Für viele fühlt es sich gut an, wenn sie in oder zumindest in der Nähe von Ortschaften und Städten übernachten. Diese Nähe vermittelt Sicherheit und schnelle Hilfe, sei es im Falle eines Überfalls oder in einem medizinischen Notfall. Letzteres ist sicherlich ein Aspekt, der nicht zu leugnen ist. Darüber hinaus haben wir jedoch die Erfahrung gemacht, dass es gerade im Umfeld von Siedlungen am ehesten zu unangenehmen Situationen kommt. Es ist ein bisschen so wie die Sache mit dem dunklen, finsteren Wald, vor dem sich gerne besonders in der Nacht gefürchtet wird. Ganz objektiv betrachtet, müssten doch gerade menschenleere Gegenden am sichersten sein. Jemand, der kriminelle Absichten hat und beispielsweise nach einem Opfer für einen Raub Ausschau hält, wird wohl kaum abends in den Wald gehen, um dort zu suchen. Er muss davon ausgehen, dass er dort wohl am ehesten niemanden antrifft. Dies unterstreicht auch unsere Erfahrung. Entlang unseres Weges suchen wir nach abgelegenen Orten. Sackgassen, Waldwege, Plantagen oder Ähnliches sind dabei ideal. Hauptsache, man ist nicht schon zu nahe an eine Stadt herangefahren. Denn dort findet das Leben statt, da treiben sich Leute wie auch Gauner herum, fahren Autos und Roller und man wird mit Sicherheit Begegnungen mit neugierigen Zeitgenossen haben.

Wichtig ist auch, dass der Stellplatz gefunden ist, bevor es dunkel wird. Ist es erst einmal finster, wird die Suche ungleich schwerer, egal, wie viele Scheinwerfer am Auto montiert sind. Die Ausleuchtung reicht immer nur für das relative Nahfeld, ein Überblick über die Gesamtsituation und die Umgebung ist nicht mehr möglich. So glaubten wir auf unserer ersten Reise Glück gehabt zu haben, als wir unter dem Flutlicht unserer Scheinwerfer einen passablen Stellplatz fanden. Als wir bei Tageslicht am Morgen das weitere Umfeld überblicken konnten, bemerkten wir, das sich etwa 1,5 Kilometer entfernt eine Militärbasis befand, die uns in der Dunkelheit vollkommen verborgen blieb – und deren Personal nun unangenehme Fragen stellte.

Zur Navigation benutzten wir auf der Reise eine offline basierte Software (Locus Map Pro), die wir auf einem kleinen Tablet installierten. Nach kurzer Zeit waren wir in der Lage, auf den Kartendarstellungen mehr als nur unseren Weg zu finden. Wir entwickelten ein Auge dafür, die Höhenlinien, Geländefärbungen und -marken so zu lesen, dass wir bald recht mühelos schöne, mindestens aber annehmbare Stellplätze fanden.

Hierbei gelten bei uns zwei Prinzipien: Zum einen müssen wir uns beide an dem Platz gut und sicher fühlen, sonst suchen wir weiter. Zum anderen bleiben wir – meistens jedenfalls – nur eine Nacht an der gleichen Stelle. Das soll verhindern, dass zwielichtige Gestalten uns und unsere Gewohnheiten auskundschaften können, um Überfallpläne zu schmieden. Ein weiteres Sicherheitsmerkmal ist, dass wir den Major nie über Nacht alleine lassen, um zum Beispiel auf eine mehrtägige Wanderung zu gehen. Für uns haben diese Verhaltensweisen bisher bestens funktioniert und dazu geführt, dass wir keine bedrohliche Situation erlebten oder Diebstähle beklagen mussten. Reguläre Campingplätze und die Verpflichtung, diese zu nutzen, sind ein weiteres großes Thema. Insbesondere in Europa ist das Wildcampen oftmals verboten oder eine geduldete Grauzone. Wir haben uns selten die Mühe gemacht, die jeweiligen Bestimmungen herauszufinden, sondern suchten Übernachtungsplätze und verhielten uns dort respektvoll. Das bedeutet: kein Lärm, niemanden belästigen, keinen Müll oder Flurschäden im Gelände hinterlassen, auch kein Klopapier! Eigentlich verstehen wir unser Vorgehen ohnehin vielmehr als ein Übernachten als ein Campen: Wir treffen am frühen Abend ein und reisen gleich morgens weiter oder packen zumindest zusammen, falls wir zum Beispiel auf einem Parkplatz stehen. Wie das die entsprechenden Ordnungskräfte sehen, bleibt ungeklärt. Spätestens wenn man die Türkei erreicht, ist es mit den Campingplätzen ohnehin so gut wie vorbei. Zwar gibt es diese auch hier noch, aber sie werden nach Osten hin immer spärlicher, da sich hier der Rand des Universums des typisch europäischen Reisemobilisten befindet. In den Ländern, die sich in östliche Richtung anreihen, ist das Wohnen und Übernachten im Auto – noch jedenfalls – weitestgehend unbekannt, eine Infrastruktur dafür somit nicht existent.

Wer dennoch unsicher in Sachen Stellplatzsuche ist, für den hält das Internet eine Vielzahl von Apps bereit. Diese informieren bequem auf dem Smartphone, wo ein guter Platz für die Nacht zu finden ist, was es dort gibt oder eben nicht gibt, wo man Wasser tanken kann, wo der nächste Supermarkt, die nächste Tankstelle, der nächste Friseur oder die nächste Apotheke ist und vieles mehr. Man braucht also nur anzuhalten, wenn man seinen Fahrtag beenden möchte, und auf seinem Telefon nachschauen, was die Umgebung zu bieten hat. Ohne Frage sind diese Apps sehr hilfreiche Tools, dennoch finden wir sie langweilig, zum Teil gar bedenklich. Für uns ist es Teil der Herausforderung einer solchen Reise, ein Gespür für Land und Leute zu bekommen, die Infrastruktur des jeweiligen Landes zu erkennen, sich darauf einzustellen und es somit hinzubekommen, auch dort gute Plätze zu finden und sich zu versorgen. Es bedeutet, sich und seine Fähigkeiten besser einzuschätzen, sei es im Hinblick darauf, Etappen verantwortungsvoll und unabhängig zu planen und Proviant und Kraftstoff vorzusehen oder aber Geländepassagen zu bewerten, ohne sich dabei auf Kommentare und Hinweise aus dem Netz zu verlassen. Wir trafen in Australien spätabends auf eine vierköpfige Gruppe Reisender an einem schönen Stellplatz. Ihr Wasservorrat war nahezu aufgebraucht, da sie fest der App vertraut hatten, dass es hier möglich sei Wasser aufzutanken. Dies war aber nicht der Fall, der Brunnen war wegen der ungewöhnlich langen Dürre ausgetrocknet. An anderer Stelle halfen wir zwei Backpackern in ihrem Mietwagen mit Kraftstoff aus, da die auf ihrem Smartphone angezeigte Tankstelle in dieser entlegenen Gegend nicht oder nicht mehr existierte. Solche Beispiele zeigen, wie sich Leute bequem und unkritisch auf die Informationsflut aus dem Netz verlassen und gar Basics einer guten Planung vernachlässigen.

Eine App zu benutzen wäre für uns wie aufgewärmtes Essen aus der Konservendose und ist nicht mit unserem Entdeckergeist und unserer Abenteuerlust vereinbar. Was befindet sich hinter der nächsten Kurve oder hinter dem Horizont? Wir würden ganz viel an Spannung und Reiz einbüßen, wenn wir auf die Informationen, die mit den ungezählten Punkten anderer Reisender verbunden sind, zurückgriffen und somit immer schon vorher die Antwort wüssten. Und ist es nicht gerade diese Frage, die uns Overlander antreibt?

Zudem sorgen die Einträge auf den Apps zu einer Überfrachtung dieser ehemaligen Geheimtipps, was oft zu deren Vermüllung führt und nicht selten zu Restriktionen und Verboten. Die Einheimischen haben keine Lust mehr, dass jeden Tag da unten am Fluss ein fremdes Auto steht, dessen Insassen dort ihren Müll liegen lassen und die Reisenden Klopapier und mehr zwischen den Büschen platzieren. Denn eines ist klar: Heute steht man hier vielleicht alleine, gestern war aber möglicherweise auch schon jemand hier und morgen kommt der Nächste – gelenkt und konzentriert durch die Empfehlungen der Apps.

Übrigens schließt sich da der Kreis zu der eingangs behandelten Frage der Sicherheit: Auch Gauner sind nicht dumm und sind möglicherweise ebenfalls bereits mit den entsprechenden Apps ausgestattet, falls sie sich auf Überfälle von Reisefahrzeugen spezialisiert haben. Theoretisch bekommen sie damit ein ideales Werkzeug an die Hand, um ihre „Arbeit" zu erleichtern. Denn jetzt ist es nicht mehr nur Zufall, wann und wo sie auf ein potenzielles Opfer treffen – die App zeigt ihnen, wo sie bequem nachschauen können. Das vergrößert die Wahrscheinlichkeit und Häufigkeit, an jenen Plätzen eines zu finden.

Das liebe Geld

Woher es kommt – und wohin es geht

Die Umsetzung des Traums einer großen, langen Reise, vielleicht ebenfalls mit einem selbst ausgebauten Fahrzeug, scheitert in der Regel an zwei Dingen. Entweder fehlt den Leuten der Mut, den ersten berühmten Schritt aus der Komfortzone heraus zu tun und sich auf die Unwägbarkeiten während aber auch nach der Reise einzulassen. Oder es fehlt an finanziellen Mitteln, um mindestens für die Dauer der Reise in dieser Hinsicht ungebunden zu sein und um das entsprechende Equipment anschaffen zu können.

Schon in meiner Jugend bewunderte ich bei der Lektüre der verschiedenen Reiseberichte stets, wie die Leute das machten, lange zu reisen und dabei kein Geld zu verdienen. Wie geht so was? Ich lernte schnell, dass es unter dem Aspekt der Finanzierung eines solchen Vorhabens ebenfalls zwei Faktoren gibt, die leicht in die Irre führen und somit den Traum platzen lassen können.

Der erste ist die Frage nach der Größenordnung, was ein solches Abenteuer wohl kostet. Hat man hier keine Erfahrung mit individuellen Campingreisen, ist man leicht versucht, den Maßstab eines erlebten Pauschalurlaubs zu übertragen: Soll heißen, man skaliert die Kosten für eine Woche Mallorca einfach rauf auf die gewünschte Reisedauer. Die Summen, die hier entstehen, haben jedoch mit dem tatsächlichen Bedarf nichts zu tun. Sicherlich ist zwischen den Zeilen unserer Geschichte zu lesen, dass Geld auch für uns eine große Rolle spielt, besonders das Abwägen, wofür wir wie viel von unserem Budget ausgeben möchten. Die Logik dahinter ist keine Wissenschaft: Je mehr Geld ich an den einzelnen Tagen verbrauche, umso schneller komme ich an den Punkt, meine Reise nicht weiterführen zu können. Sparsamkeit ist wegen der Begrenztheit der Mittel also angebracht. Dieses "geschärfte Budgetbewusstsein", wie ich es an einer Stelle umschreibe, sollte nicht in totalem Geiz ausarten, was wiederum bedeutet, dass die Reisekasse nicht zu knapp kalkuliert sein sollte. Wir trafen Traveller, die sich ständig und überall darüber beschwerten, wie teuer doch alles sei und wie ihnen ihr Geld zwischen den Fingern zerrinne – und verdarben sich mit dem Groll oftmals den Spaß an ihrem einzigartigen Abenteuer. Für uns mit unserer Art zu reisen, aber auch im Hinblick auf unser Fahrzeug ergab sich ein Durchschnitt pro Kopf, der bei circa 10.000 Euro pro Jahr, also ungefähr 850 Euro im Monat oder gut 28 Euro am Tag liegt. Diese Summe beinhaltet alle unmittelbar durch die Reise anfallenden Kosten: Verschiffungen, Verpflegung, Ersatzteile und Reparaturen, Kraftstoff und Eintrittsgelder, sogar die Krankenversicherung und Souvenirs sind dabei inklusive. Aus Gesprächen mit anderen Overlandern haben wir gelernt, dass die Größenordnung recht verbreitet ist. Grundsätzlich gilt: Je länger eine Reise dauert, umso geringer ist das Tagesbudget, desto teurer wird jedoch die Gesamtreise.

Natürlich gibt es Parameter, die den Bedarf nach oben oder auch unten korrigieren können. Verschiffungen sind zum Beispiel immer ein großer Kostentreiber. Wer also von vornherein weiß, dass er sich auf der großen Spielwiese Europas und Asiens zwischen Westfrankreich und Wladiwostok im Osten Russlands austoben wird, der kann das tun, ohne eine einzige Fähre nutzen zu müssen. Sein Budget wird also niedriger anzusetzen sein. Der Aufenthalt in großen Städten ist beispielsweise immer teuer. Hier gönnt man sich gerne mal etwas, bezahlt Eintrittsgelder, genießt in einem guten Restaurant die einheimische Küche, kauft Souvenirs, bezahlt womöglich kostenpflichtige Stellplätze, Parkgebühren und auch mal Strafzettel. Hier muss also jeder selbst abwägen, wo seine Prioritäten liegen, dementsprechend wird sich der Wert korrigieren.

Ebenso subjektiv verhält es sich bei der Wahl des Fahrzeugs und der Impact dessen auf die Kostensituation. Der Kraftstoffverbrauch und die Reparaturanfälligkeit sind nur zwei Faktoren, ob man Reparaturarbeiten selbst ausführen kann oder professionelle Hilfe braucht, ein weiterer. Gravierend sind auch die Größe und das Gewicht: Ist geplant, in einem Lkw zu verreisen, sollte klar sein, dass nicht nur der Dieselverbrauch drastisch höher ist. Auch andere Kosten wie Fährpassagen, Mautgebühren, Campingplätze oder Überseeverschiffungen werden erheblich teurer sein.

Wie man unterwegs an die Reserven kommt, die auf dem heimischen Bankkonto schlummern, ist heutzutage absolut kein Problem mehr und vollkommen unspektakulär. Keine Travellercheques oder große Dollarmengen, die irgendwo tief in einem Geheimfach im Auto versteckt sind: Heute geht man einfach mit seiner EC-Karte in irgendeinem winzigen Dorf im Dschungel Indonesiens an den Bankautomaten und zieht Bares. Wir waren selbst oftmals überrascht, wo und an was für Automaten das problemlos funktionierte. Eine entsprechende Kreditkarte hilft dort, wo die EC-Karte nicht funktioniert. Weltweit gibt es nur wenige Ausnahmen, wo nach wie vor auf Bargeld nicht verzichtet werden kann und die heimischen Karten nicht helfen. .

Der zweite eingangs angekündigte Aspekt betrifft nicht so sehr das "Wie viel" als vielmehr das "Woher" und hat für ein solch rationales Thema ungeahnt philosophische Züge.

Zunächst muss ich vielleicht ernüchternd sagen, dass es kein Finanzierungswundermittel gibt, sondern die Antwort auf diese Frage für viele Verzicht bedeutet – und zwar im weiteren Sinne. Es geht nicht nur um das simple Sparen, um das Nicht-Ausessengehen oder um das nicht gekaufte neue Handy, bis die Kasse voll ist. Jene, die sich aus ihrer Alltagssituation heraus mit dieser Frage beschäftigen, unterliegen häufig dem Irrtum, dass sie annehmen, die Overlander hätten all die "normalen Dinge" zu Hause auch noch. Die Reise fände also neben dem Unterhalt des Hauses, dem schicken Cabriolet und diversen luxuriösen Gadgets des Alltags statt. In Wahrheit ist es aber bei vielen, die wir trafen – so wie bei uns übrigens auch – mehr ein Tausch als ein "on top". Es ist kein Urlaub, der zusätzlich stattfindet, es ist vielmehr eine tiefer gehende Einstellung. Wir nutzen unsere finanziellen Möglichkeiten lieber, um dem Reiz eines solchen Abenteuers nachzugeben und gestalten unser Leben zu Hause flexibel und ohne uns durch ein Haus und dessen Abzahlung zu binden. Durch das Geld, das wir nun mal unwiederbringlich unterwegs ausgeben, verzichten wir eventuell sogar auf die Möglichkeit, dies später nachholen zu können. Es ist also in erster Linie eine Frage der Prioritäten: Was ist mir wichtiger, was will ich erleben/erreichen? Offensichtlich ist auch, dass ein Ausstieg auf Zeit wohl vermutlich für die meisten Karrieren und Lebensläufe eher schädlich als zuträglich ist. Somit kann sich auch hier durchaus ein Verzicht ergeben, ein Verzicht auf Perspektiven im Beruf.

Wir trafen einige, die während ihrer Reisevorbereitungen ähnlich vorgingen wie wir: Sie verkauften ihr Hab und Gut mindestens teilweise, kündigten Job und Wohnung. Ihr Leben findet künftig unterwegs statt, das Vorherige soll nicht belastend oder fordernd daran rütteln oder Gedanken und Aufmerksamkeit nach Hause lenken.

Dennoch muss das so nicht sein. In unserer liberalen Arbeitswelt gibt es mittlerweile ungezählte Möglichkeiten, eine Auszeit anzugehen. Durch das zunehmende Verlangen nach individuellen Erlebnissen steigt auch die Flexibilität vonseiten der Arbeitgeber. Sei es unbezahlter Urlaub oder ein Sabbatjahr: Vielen tut es sicherlich gut, nicht alles hinter sich zu lassen und das vormals mühsam Aufgebaute, sei es im Job oder privat, zu gefährden. Die eigenen vier Wände werden kurzerhand befristet untervermietet, der Wiedereinstieg in den Job und somit ein festes Gehalt in einer bekannten Höhe ist sicher kalkulierbar.

Die Wege, eine solche Reise zu gestalten und zu finanzieren, sind also mindestens genauso individuell wie das Vorhaben selbst. Es gilt, im Vorfeld die eigenen Prioritäten fein zu gewichten. Solange jedoch die Frage nach der Finanzierung des Abenteuers eine wichtige Rolle spielt – und das wird wohl bei den meisten so sein – wird deren Beantwortung sicherlich mit Verzicht in der einen oder anderen Weise verbunden sein.

Einer für alle – alle für einen
Partnerschaft unterwegs

"Also wenn wir so eine Tour machen würden wie ihr, da wäre längst einer von uns heimgefahren und hätte die Scheidung eingereicht!" So oder so ähnlich klangen oftmals die Reaktionen auf die Umstände unserer Reise. Was sicherlich als Witz gemeint war, hatte einen deutlich ernsteren Kern, als man vielleicht vermuten mag. Wir trafen durchaus nicht wenige Paare, die zusammen starteten, von denen aber jeder für sich alleine heimkehrte, oder aber die Beziehung ging kurze Zeit nach der Reise in die Brüche. Lässt man sich die Bedingungen einer solchen Reise für die Partnerschaft einmal auf der Zunge zergehen, und zwar ohne Schönfärberei, dann wird klar, dass ein solches Unterfangen durchaus zu einer Probe für ein Team werden kann – gleichgültig, ob es aus zwei oder mehreren Leuten besteht.

Mann und Frau sind für die Dauer des Abenteuers 24 Stunden am Tag zusammen, jeden Tag, und zwar nicht in einem geräumigen Haus, sondern in einem engen Fahrzeug. Es gibt äußere, unabänderliche Einflüsse, die zu Stress und Spannungen führen: Hitze, Regen, korrupte Zöllner, aufdringliche Menschenmassen, Pannen und Probleme mit dem Auto, Krankheiten und vieles mehr. Auch der Faktor „Mensch“ ist nicht zu unterschätzen. Jeder erlebt die verschiedenen Situationen einer solchen Fahrt auf seine eigene Art und muss mit psychischen Höhen und Tiefen umgehen.

Dazu addiert sich, dass alle in der Gruppe das Gleiche erleben, es gibt also mangels individuellem Input keinen Austausch über den Alltag des anderen.

Alle diese Randbedingungen sind besonders im Vergleich zu den Lebensbedingungen zu Hause. Dort ist viel Platz, sowohl räumlich als auch zeitlich. Unstimmigkeiten und Konflikte, die selbst hier im gewohnten, sicheren Umfeld entstehen, können ganz anders beigelegt werden. Man geht sich aus dem Weg, zu Freunden oder zum Sport, verbringt viele Stunden am Arbeitsplatz, hat Zeit, alleine über alles nachzudenken und vielleicht Gesprächspartner, denen man sich anvertraut, um seinem Ärger Luft zu machen. Unterwegs ist es nicht selten, dass der Reisepartner für die Dauer von vielen Wochen der einzige Gesprächspartner in der Muttersprache ist.

Wir sind der Überzeugung, dass mindestens zwei Parameter in einer Beziehung und bei der Planung des Abenteuers stimmen sollten, damit dieses nicht im Fiasko endet. Beide Partner sollten das gleiche Interesse an der Reise haben. Sollte einer von beiden den jeweils anderen übermäßig motivieren müssen, damit es losgehen kann, wird sich das mit großer Wahrscheinlichkeit später rächen. Das betrifft beispielsweise auch die Fahrzeugwahl. Sollte sie vielleicht den großen Lkw von Anfang an nur mittelmäßig finden, zu groß, zu schwer oder zu protzig, dann wird sich das Ungleichgewicht rasch zeigen, spätestens wenn eine Situation unterwegs unangenehm wird. Schuldzuweisungen sind dann die Folge. Schließlich war es ja die Idee des anderen, sich dem Ganzen hier auszusetzen oder mit diesem riesigen Gefährt loszumachen. Andersherum gilt selbstverständlich das Gleiche: Ist das Fahrzeug zu klein, zu eng oder zu spärlich und ungemütlich ausgerüstet, als dass es den Komfortbereich aller Reisenden ausreichend abdeckt, sind Spannungen vorprogrammiert. Es macht also keinen Sinn, seinen Partner zu überreden, gemeinsam auf Langfahrt zu gehen: Zu groß können die Entbehrungen sein, zu schwerwiegend der Verzicht auf Freunde, Haus und Heim, wenn nicht alle im Team die gleichen Prioritäten haben. Alle sitzen im gleichen Boot und sollten davon überzeugt sein, dass es das richtige ist – sowohl das richtige Ziel als auch das richtige Boot.

Deutlich wurde ja bereits, dass es nicht viel Raum gibt für langwierige zwischenmenschliche Auseinandersetzungen. Zu eng, geradezu untrennbar ist der Alltag aller Beteiligten miteinander verwoben, als dass man über Unstimmigkeiten einfach hinweggehen könnte oder sie aussitzt. Hier ist es unabdingbar, dass man gelernt hat miteinander zu reden, und zwar am besten sofort. Es hilft nichts, schmollend Probleme auf die lange Bank zu schieben oder irgendetwas in sich hinein zu fressen, mit dem man nicht einverstanden ist. Die Probleme addieren sich auf, werden größer und mitunter sogar unlösbar. Natürlich gab es auch an Bord des Major Tom gelegentlich Unstimmigkeiten. Jeder für sich empfindet Orte oder Situationen nun mal anders, fühlt sich mitunter wohler als der andere oder ist gelangweilt. Es gibt Momente, in denen ist man schlichtweg anderer Meinung.

Für uns ist wichtig, dass darüber gesprochen wird, direkt und ehrlich, damit sich die dicke Luft rasch verzieht und der Ärger sich entladen kann. Es bringt niemandem etwas, über Tage hinweg einen Konflikt zu schüren, auf seinem Recht zu bestehen oder nachtragend einige Zeit später die Situation wieder auf den Tisch zu bringen. Das verpestet nicht nur die Stimmung untereinander, sondern nimmt auch den Spaß an der ganzen Reise, gefährdet im Extremfall sogar deren weiteren Verlauf.

Für uns hat sich dieses Konzept auf nun bereits über 120.000 gemeinsamen Reisekilometern bewährt. Wir sind uns sicher: Es ist die Basis, um gemeinsame Erinnerungen zu schaffen, die nicht nur unvergänglich sind, sondern eine Beziehung festigen.

Zum Autor

Christian Ebener, Jahrgang 1981, entdeckte für sich sehr früh die Neugier auf das Unbekannte in der Ferne und die Begeisterung für unberührte Wildnis und grenzenlose Freiheit. Nach einer begonnen Ausbildung zum KFZ-Mechaniker fand er anschließend durch den Beruf des Forstwirts einen Weg, viel Zeit draußen in der freien Natur zu verbringen. Ab 2009 verschrieb er sich konsequent der Leidenschaft des Individualreisens und konstruierte Fernreisefahrzeuge für Gleichgesinnte – entsprechend seiner Neigung zu der englischen Marke auf Land Rover-Basis.
Schon im Alter von zwanzig unter-
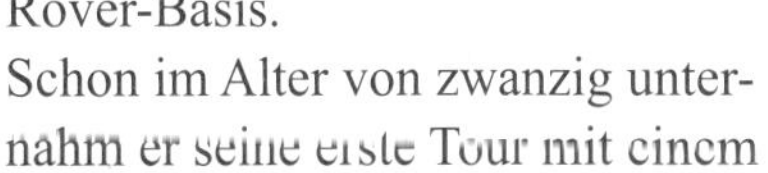
nahm er seine erste Tour mit einem motorisierten Untersatz: Ausgerüstet mit Zelt und Campingkocher ging es in einem alten Jeep CJ7 nach Skandinavien. Danach folgten mindestens jährlich weitere Touren: entweder im Allradfahrzeug oder mit Wanderstiefeln und Kanu, stets auf der Suche nach ursprünglichen Lebensräumen. 2013 brach er gemeinsam mit seiner damaligen Freundin und heutigen Ehefrau Anja im Land Rover zu einer mehrmonatigen Reise durch den Orient auf. Die Erlebnisse dieses Abenteuers fasste er in seinem ersten Buch „Vier Quadratmeter Freiheit – Als Dachzeltnomaden durch den Nahen und Mittleren Osten“ (ISBN 978-39817174-19) zusammen.
Heute lebt der Abenteurer in seiner Wahlheimat Hamburg und arbeitet dort als freiberuflicher Autor.

Christian Ebener

Vier Quadratmeter Freiheit

Als Dachzelt-Nomaden durch den Nahen und Mittleren Osten

Eine Abenteuerreise im Defender durch die Türkei, nach Iran, die Vereinigten Arabischen Emirate, Oman, Saudi Arabien, Jordanien und Israel

Was ist alles nötig, um sich auf eine großartige Reise zu begeben? Und wie viel Vorbereitung ist notwendig?
Nicht viel, denken sich Anja und Chris, als sie im Sommer 2013 mit einem kleinen, rudimentär ausgestatteten Land Rover Defender aufbrechen. Eigentlich wollen sie nur bis in die Türkei reisen, aber es gibt gute Gründe für sie, dort den europäischen Kontinent zu verlassen und nur mit Karte und Kompass bewaffnet ihren Weg zu suchen, der sie immer weiter Richtung Osten führt.
Acht Monate lang durchstreifen sie Landschaften und Kulturkreise bis in den Mittleren Osten, Reiseziele, auf denen sie ihren ganz persönlichen Zugang zur Bevölkerung finden. Aus ihrem individuellen Blickwinkel und ohne Schönfärberei schildern die beiden die Unwägbarkeiten einer Abenteuerreise, begegnen den charismatischen Bewohnern des Iran, reisen durch Oman, Saudi Arabien, Jordanien und Israel/Palästina. Sie werden unterwegs irrtümlich verhaftet. Aber überall treffen sie auf unverhofft warme Gastfreundschaft.

Eine Geschichte über die Welt da draußen, so wie sie wirklich ist – jenseits der beängstigenden Horror-Nachrichten in unseren Medien.

Taschenbuch, 220 Seiten, mit vielen Farbfotos

Stock und Stein Verlag Krefeld – ISBN 978-3-9817174-1-9